·新闻与传播系列教材·

言语沟通学概论

吕 行 著

清华大学出版社
北京

版权所有,侵权必究。举报:010-62782989,beiqinquan@tup.tsinghua.edu.cn。

图书在版编目(CIP)数据

言语沟通学概论/吕行著. —北京:清华大学出版社,2009.12(2023.8重印)
(新闻与传播系列教材)
ISBN 978-7-302-20682-8

Ⅰ. 言… Ⅱ. 吕… Ⅲ. 口才学－教材 Ⅳ. H019

中国版本图书馆 CIP 数据核字(2009)第 125588 号

责任编辑:纪海虹
责任校对:王凤芝
责任印制:沈 露

出版发行:清华大学出版社
网 址:http://www.tup.com.cn,http://www.wqbook.com
地 址:北京清华大学学研大厦 A 座 邮 编:100084
社 总 机:010-83470000 邮 购:010-62786544
投稿与读者服务:010-62776969,c-service@tup.tsinghua.edu.cn
质 量 反 馈:010-62772015,zhiliang@tup.tsinghua.edu.cn
印 装 者:北京建宏印刷有限公司
经 销:全国新华书店
开 本:185mm×235mm 印 张:13.5 字 数:252 千字
版 次:2009 年 12 月第 1 版 印 次:2023 年 8 月第 5 次印刷
定 价:48.00 元

产品编号:031447-02

美国迪堡大学的吕行教授请我为她的汉语新著《言语沟通学概论》写序,我慨然允之。因为于公于私,我都义不容辞。

本人硕士学位论文《礼乐传播初探》的核心观点"礼乐是大众传播的原始形态"当时很有争议。建华兄当时还是复旦研究生,就在一次传播学研讨会上对这个观点给予批判,论文答辩委员会主席陈韵昭教授也写下委婉的答辩评语。然而,我对论文这个观点还是深信不疑,甚至还加以发展。后来我讲授媒介史,总是把口语时期的图腾比喻为那个时代的"四项基本原则",把原始礼仪比喻为那个时代的"CCTV",我企图以此来告诉学生,文字前的口语时代具有非常丰富的内容。因此,在坚守稻粱谋所需"大众传播"之余,"口语传播"也一直是我留意的领域。

由于留意口语传播,我有幸体会到了人生一段"以文会友"的乐趣。从文献检索中发现了 *Rhetoric in Ancient China, Fifth to Third Century B.C.E.: A Comparison with Greek Rhetoric* 这本书。经电子邮件联系,我在 2004 年认识了该书作者吕行教授。一见面我就万分惊讶,因为这本论及春秋战国时期儒、道、墨、名诸家论辩思想的厚实专著,在我想象中其作者必定是位皤然长者,想不到眼前竟然是位"美女教授"。后来"中华传媒网"上有条讨论"传播学界著名的华裔、海归学者"帖子,我也写了条跟帖,算是当时对吕行教授的印象:"刚查了 ACCS,现任会长 Lu Xing,此人中文名为吕行,黑龙江人,气质绝佳,绝对是个美女教授。吕为北京二外毕业,在美国取得博士留下来任教。她在 rhetoric 方面成果颇佳,其 *Rhetoric in Ancient China, Fifth to Third Century B. C. E: A Comparison with Classical Greek Rhetoric* 一书得过美国传播学会的年度著作奖(什么奖我忘记了)。此书写得极有功力,古汉语要读得通先秦诸子,英文要能学术写作,才有可能写出此书。搞传播学能通古汉语与英语的人,当今世界上极少。当年我读了此书,就很佩服,见面时知道是女学者,更为佩服,能通古汉语的女学者少之又少。另今年她又有新著 *Rhetoric of the Chinese Cultural Revolution: The Impact on Chinese*

Thought, Culture, and Communication(Published Date：08/01/2004)，此书我还未读，不敢评价。祝建华曾说过,搞中国古代传播的人都是些不懂传播学的人,他这句话在吕行前面就绕不过去了。就我所知,把中国的传播学介绍到国际上,吕做得最好,但她做的是所谓的 speech comm. 的 rhetoric(旧译修辞学,有人说要译为'论辩学')为国内不太了解,所以多说了两句。"

不久,我就用"在厦门大学创立大陆第一个口语传播系"为说辞,极力鼓动她到厦门大学应聘"讲座教授"(Chair Professor)。在厦门大学的三年讲座教授期间(2005—2008),吕行教授怀拳拳之心,奔波于太平洋两岸,倾心打造"大陆第一个口语传播系"。她在厦门大学讲授了"言语学理论基础"、"说辩批评学"、"西方说辩史"、"说服学"、"公众演讲学"、"辩论学"六门课,学生非常欢迎,我们保留的课程录相和课程大纲,成了厦门大学口语传播教学的宝贵资料。在厦门大学除了教学,她还发起"世界华人传播学学术研讨会",邀请著名口语传播学者赴厦讲学,培养了言语传播的青年师资,收集了言语沟通学图书资料,提供了美国大学相关课程的教学大纲。最后,她亲自草拟并完成了厦门大学"传播学专业"的报告,为中国大陆的第一个口语传播系勾画了蓝图。令人高兴的是,在她三年讲座教授即将期满之际,这个报告得到批准,厦门大学传播学新专业2009年正式招生。可以说,厦门大学传播学新专业的创办,处处都有吕行教授的汗水与心血。现在,摆在读者面前的《言语沟通学概论》就是见证之一。

本书是为厦门大学口语传播课程急需的教材而写,可以说是中国大陆口语传播教材的开山之作。因此,它以教材形式呈现在我们面前:内容简明扼要,文字深入浅出,举例生动妥帖,每章后面都有"关键词"、"讨论题"和"练习题"。与我读过的吕行教授的学术专著判然不同,表现出吕行教授的一面多面手。我相信,本教材使用起来一定很方便,学生学起来也一定很快捷。它的出版,使厦门大学传播学新专业的教材建设有了个很好的开端。

上面"开山之作"四字,说实在话,我对此犹豫再三。后来想到《左传》上的"筚路蓝缕,以启山林"一语,才有了落笔的决心,以表达万事开头难这层意思。我们知道,海外华裔学者都是用外语驰骋在学术领域,要把它准确转为汉语确非易事。从本书颇有"海味"的文体中,我们可以体会到吕行教授对汉语遣词用字的良苦用心。确实,要把 speech communication 这一学科"汉化",开始是很困难的。单就 speech communication 这个词的翻译,就让人非常头痛了。20世纪80年代初,中国引进 communication。Communication 的译法,也让多少人头痛,甚至比"吟安一个字,捻断数茎须"还折磨人！最后,到底还是没有"安"好。大家不遵"名正言顺"的古训,却从了徐佳士先生的"旧瓶装新说",希望以"传播"两字来装进"communication"的新义。结果,名不正果然言不顺,"传播"两字使用起来问题多多。20世纪90年代末,民进党尚未上台,有位台湾的朋友给我开玩笑说,传播学像国民党一样。国民党只占了台湾岛,却声称拥有全中国。传播学只管住新闻学,却声称是管了整个人文社会科学。实际上,传播学不能被其他学科所真正理解,就是这个"播"字。正是这个"播"字,使communication原有的"互动交流"的含义荡然无存。今天,我们要讲"互动交流"性很强的speech communication,如果再使用"播"字,怕不只是"名不正言不顺"了,几乎要近于以词"夺理"了——speech communication的许多理论将无法准确表达。对于speech communication,吕行教授舍"传播"用"沟通",可以说是名正言顺,但怎么进一步把它纳进传播学现有的话语体系中,还要努力,这就要向已经蔚为大观的"传播"进行挑战。窃以为,当我们的眼光扩展到以交流互动为主的言语沟通时,特别是在数字化技术使大众传播形态迅速转变,单向已经不再是垄断形式的今天,是向"名不正言不顺"的"传播"挑战的时候了。中国传播学界应该要有学术勇气和智慧,为communication找到像"几何学"(geometry)、"神经学"(neurology)这么神来之笔的译法,从而进一步建立起内容科学、表达准确的自己的话语体系。如果真有好事者挑战"传播",吕行教授的今天"沟通"译法,就可以算作抛砖引玉了。

由于吕行教授在这个领域的长期耕耘和她的学术造诣,这本"简明扼要,深入浅出"的教材,却结构严谨,涵括广泛,并且迭有新意。读后大家会发现,本书的结构与国内的"传播学概论"似曾相识。大部分章节的名称,诸如"自我沟通"、"言语沟通"、"非言语沟通"、"人际沟通"、"小组沟通"、"跨文化沟通",国内传播学界都耳熟能详。可是,只要读下来,新鲜气象就扑面而来。本书章节与国内一般的传播学概论不同之处大约有三类。其一,章节中的不少内容大家已经熟悉,但也有若干新补充,如第五章"非语言沟通",我们可以读到已经熟悉非语言沟通的"身体动作"、"目光接触"、"语气"等内容,我们还可以读到非语言沟通领域新的理论:它具有"重复性、替代性、互补性、调节性、情感表达性、适应性"六个作用。其二,涉及的领域已为大家熟悉,但内容几乎全新,其代表是第二章"自我沟通"。大陆传播学研究伊始,传播学研究先贤余也鲁、林之达诸先生就对"自我沟通"这一领域的合法性质疑过,认为它只是重复了心理学的内容。所幸台湾地区有李茂政先生的《传播学通论》,大陆有郭庆光先生的《传播学教程》,都有专门章节论及,这个领域遂为大家所接受。与李、郭两位先生不同,本书的自我沟通不是心理过程的角度,而是从自我沟通在个人成长和与他人沟通过程中的重要性的角度来介绍,让人耳目一新。其三,完全新的章节,以前传播学概论未曾论及。这共有两章,即第三章"聆听与沟通"、第六章"公共演讲"。我国的传播学论著主要关注大众传播,对"听"与"讲"这两个重要的人际沟通方式,罕有论及。不仅传播论著罕有论及,在实践上我国也是个弱项。我国隋唐以来科举取士,读书人方能学而优则仕,所以重文字轻口语。西方的古希腊直接民主与近代代议制,要求为政者要面对选民演讲,所以雄辩术盛行。两者相比之下,中国人就显得不擅言谈了。本书把口语中最重要的"听"与"讲"做为专章介绍,不仅拓展了传播学研究领域,也将提高我们说话的艺术。我希望我们的学生,不再仅仅只是个"文"人而已。

确实,"电子口语"日益流行,是应该提高我们说话的艺术水平的时候了。电子口语的出现,有力地推动了传播学的发展。马成龙先生对十几年前的美国 Speech Communication Association (SCA)改名为 National Communication Association(NCA)这样分析道:"演讲学与其他口头表达学科结合,形成包容性极大的 speech 领域。等到有些学科宣告独立后,speech 又因吸收了社会科学的研究而逐渐迈向广义的 communication,这样却与本来看似无关的广电新闻领域找到了交集,而造成另一次学术合流。这次合流形成了今日美国传播学的新貌。"马先生文中所说的造成 speech communication 与 mass communication 两大学科合流的"广电新闻领域",更具体地说,就是电子口语。既然口语以电子的形式出现在大众媒介上,speech communication 与 mass communication 还有什么理由不融合呢?可以说,在电子口语时代,如果我国传播学还只是集中研究大众传播,继续忽略口语传播研究,说轻了是固步自封,说重了是抱缺守残。本书引导我们去重视口语研究,特别是每章之后的书目,为我们勾勒出口语传播研究学术地图的轮廓,从这个意义上讲,它不仅只是本教材,还可以视为很有意义的研究指南。

最后我要说的是,本书最打动人的是不时出现在书页上的"我国"两字。海明威说过:"冰山运动之雄伟壮观,是因为它只有八分之一在水面上。"海明威说的是文学作品,对于学术著作来说,文字下藏着的作者情感和思想岂止"八分之七"。作为美籍华裔学者吕行,行文不用"中国"而用"我国",恋国之情跃然纸上。她每向我提及想把自己所学知识介绍回祖国,总会流露出迫切心情,这种心情已经流入了本书的字里行间,并藏到了文字下面。我一直认为,文字下面要存有某种精神,才有可能成为上品。希望读者也能品尝到本书文字下面的某种精神,并与之共鸣。

黄星民

2009 年 8 月

致谢

  这本《言语沟通学概论》的完成凝聚了许多人的大力支持和无私的帮助。我在这里向这些人表示深深地感谢!

  首先我要感谢厦门大学新闻传播学院副院长黄星民教授,厦门大学新闻传播学院的赵梅教授,王晶教授和诸多的硕士及博士研究生对我在厦大任讲座教授期间的支持、关心和鼓励。通过他们,我了解到国内对言语沟通学这门学科的需要,促使我下决心着手这本书的写作。

  在写作期间,有三位教授/学者对书稿的完成投入了他们宝贵的时间。第一位是美国西北大学(Northwestern University)的林秀玲教授。她对全书七个章节做了细致地文字修改。第二位是美国奥伯林学院(Oberlin College)的李恺教授。他认真校对了此书的第六章和第七章并提出了宝贵的修改意见。最后一位,也是对此书贡献最大的学者是国家一级编剧、前哈尔滨市剧协主席、文联副主席关守中先生。关先生仔细阅读了整个书稿,除了在文字上加以润色外,还在内容上提供了一些生动的例子,为阅读和使用此书增加了趣味性。在这里我向三位学者表示深深地感谢!

  另外,我还要感谢北京大学李琨教授向我推荐清华大学出版社。我与清华大学出版社纪海虹女士的合作非常顺利愉快。她雷厉风行的工作作风令我钦佩。清华大学出版社对出版此书的支持增强了我早日完成书稿的信心。

  最后,我要感谢我的丈夫,美国西北大学顾利程教授对我始终如一的支持和在中文打字上的许多帮助。

  言语沟通(Speech Communication)是研究人类在不同场景下,使用语言和非语言的手段,相互交流和沟通的性质、过程和效果的学问。言语沟通学在美国是人文科学的重要组成部分,有着两千多年的学术和实践传统。几乎所有的美国大学里都有言语沟通系或者专业,尤其是近几十年来这门专业的招生率经久不衰(如我执教的DePaul大学,1992年我开始工作时,只有200名本科生,没有硕士生,现在有1200名本科生,300多名硕士生)。这门专业目前是美国最受欢迎,选择最多的专业之一。《华尔街邮报》通过对全美480个企业的调查,企业领导人把沟通能力列为在雇用职工时第一看重的能力。

  言语沟通学,区别于大众传播学,前者重于人际传播,从事以语言和非语言为主要交流手段的研究和实践。涉及的范围有人际关系(包括朋友、同事、熟人等),企业、事业单位里的工作交流(上下级、小组会议、领导风格),跨文化交流(地域、种族、国与国之间),公共场合沟通(演讲、代表政府发言、宣传某一观点和主张)。而大众传播主要研究的是以各种媒体为手段的公共传播和效果。大众传播自20世纪80年初从西方介绍到我国,而言语沟通学在我国教学和学术领域一直是个空白。

  中国30年经济改革的成功举世瞩目。随着经济改革的成功,中国在文化观念上、民主意识上都有很大的改变。政治上逐步开明、明朗化,思维更加多元化。但同时,中国人也比以往任何时候都需要沟通能力的训练和培养,尤其是在对内、对外的公共演讲方面,企事业单位里同事之间、上下级之间,家庭成员之间,夫妻朋友之间,领导人与老百姓之间,外交、谈判和在国际交往方面都需要很强的沟通能力。

  我1987年来美国留学,专攻修辞与沟通博士学位。1991年毕业后一直在美国大学里从事沟通学和修辞学的教学和科研工作。在教学期间就特别想把这门学科介绍给中国学生。2005年我受厦门大学的邀请来厦门大学新闻传播学院任讲座教授。我利用在美国的寒暑假,3年间分5次来厦门大学,开设了六门言语沟通学方面的课程。但因为教材是我从美国带回来的(国内没有)，又都是英文版，学生阅读起来有些困难。为了便于学生更好地掌握这门学科，为了将来中国老师也能继续教授这方面的课程，我决定写一本中文版的言语沟通学教科书，也就是这本《言语沟通学概论》。

言语沟通学是一门跨学科的学问。言语沟通学与心理学、社会学、符号学、修辞学、语言学、伦理学、政治学都有很大关系。它既有很系统的理论体系，采用社会科学和人文科学的研究方法，又有实践和实用的技能训练。言语沟通学关注的是如何通过恰当的口语沟通有效地传递信息，解除误会，调节矛盾；如何使每个人发挥他的潜力和能动性；如何在公共场合下，在工作环境里，在家庭生活里，在人际关系上有效地恰当地表达自己，理解他人，影响和说服他人。人类有效地沟通不但能节省时间，还能提高工作效率和生活质量，促进人文关怀，构建和谐社会。

掌握这门学问的目的是为了使学生成为有责任感，有高度文化素养和文明程度的公民，并能在他们将来的职业领域里取得成功，在生活中找到和谐。学生通过对这门学科的掌握，无论在公共和私人的场合里，都能够有意识地、策略地在沟通中恰当有效地使用言语和非语言信息，适应受众的心理，清楚地表达自己，并能增强理解力、亲和力和批判能力。具体的就业方向可以是企事业单位的管理人才、政府部门的公务员、政府发言人、对外交流、谈判人员、人力资源部门职员和营销职员等。

这是国内第一本系统地、较全面地概括言语沟通学这一领域的最新教科书。书中介绍了西方在言语沟通学方面各个领域里(包括自我沟通、聆听与沟通、言语和非言语沟通、公共演讲、人际沟通、小组沟通和跨文化沟通)的主要理论、概念、研究方法和研究成果。同时也介绍和比较了中国传统文化里与言语沟通有关的概念和理论。本书使用了大量的东西方古代和现代的例子来诠释理论，帮助学生加深理解。在介绍主要西方理论、概念和学者时都配有英文，以便读者查找原文或进行深入研究。每章都提供小结、关键词、讨论题，练习题和参考书目，以便教学方便。每一章还提供电子课件。

全书共分9章。每章都介绍了西方在这一领域的理论和研究方法，同时也加入了中国的传统思想和现代的例子。第一章开头例举了言语沟通在生活中的普遍应用，言语沟通的特点和过程，言语沟通学所涉及的范围。因为言语沟通学与说辩学联系紧密，这一章介绍了说辩学在东西方的历史渊源和研究现状，同时介绍了言语沟通学的研究方法。第二章的题目是自我沟通。言语沟通的起点是先了解自己，经过一个自我认识的过程。这一章讲述"自我"的组成因素，包括信仰、态度、价值观，分析了自我概念与沟通的关系和自我概念构成的诸多因素。这一章还介绍了西方自我沟通的主要理论及中国古人对自我修养、自我认识的论述。最后，这一章为怎样提高自我沟通能力提出了建议。第三章的内容是聆听与沟通的关系。这一章列举了聆听在东西方文化里的作用，从生活工作中的实用性角度强调了聆听的重要性,分析了聆听的过程和在聆听过程中的沟通障碍,最后提供了有效聆听的技巧和如何提高聆听能力的建议。第四章是讲言语沟通。这一章开头举例说明了使用言语的重要性,回顾了儒家思想和道家思想中对言语作用的论述。给什么是言语下了定义,并介绍了西方主要的关于言语作用的理论,举例说明了言语的特征和使用言语的规则。更重要的是这一章讲述和列举了言语的作用,比如标签语、语言与思维的关系和语言对行动的指导作用。在讲述中引用了庄子和西方学者对语言功能的论述,最后提供了如何提高使用语言能力,达到有效沟通的建议。第五章是关于非言语沟通的讨论。这一章解释并列举了非言语行为与沟通的关系和中国传统思想里对非言语行为与个人修养关系方面的论述。讨论了非言语沟通在沟通过程中的功能及非言语沟通的特点,如非言语沟通与文化的关系和与言语沟通的关系。这一章还描述和列举了非言语沟通的范围。最后对如何正确判断非言语行为和如何使非言语行为达到恰当有效的沟通效果提出了建议。第六章描述了公共演讲在西方的传统和实践,介绍了古希腊、古罗马几位杰出的演讲家和演讲理论家,同时也回顾了中国公共演讲从古代到现代的实践和对促进中国社会发展,提高人们文化素养起到的作用。这一章的第二部分讲述了公共演讲的范围,讨论了如何消除恐慌心理,如何准备演讲稿,如何使用语言传递信息,说服和激励受众。这部分还举例说明了说服演讲的诉求技巧,如情感诉求、比喻类比、连锁推理等。最后对有效地使用演讲素材,如何了解受众的类型和如何达到有效、生动的演讲及演讲目的提供了建议。第七章主要讲人际沟通的三个部分。第一部分讲述了人际沟通的三个特点,介绍了西方人际沟通的理论(如吸引力理论,人际交往辩证关系理论),并与中国传统的人际沟通观念和实践进行了比较。第二部分介绍了人际关系发展的四个阶段,讨论了人际矛盾的产生和处理方法,并对如何解决人际矛盾提供了建议。第三部分探讨了人际关系领域里的友谊关系和家庭关系;比较了中西方对友谊和家庭沟通上不同的价值观,对如何通过沟通改善家庭关系提出了建议。第八章介绍了西方在小组沟通过程和小组沟通行为方面的理论。涉及的题目有小组活动的特点、规范、期待、小组思维、小组幻想、权力分配及小组成员的角色在小组沟通过程中的作用。这一章还分析了男性与女性在小组沟通中行为上的差异,介绍了小组决策的不同方法和小组领导者的类型和沟通能力。本章还对如何有效地召开小组会议,如何增强小组的凝聚力和团队精神提出了建议。最后一章跨文化沟通从五个方面讲述了跨文化沟通在世界经济全球化背景下的重要意义,回顾了美国跨文化研究和教学的历史,介绍了主要的跨文化沟通方面的理论、研究结果和研究方向,使用了跨文化沟通的案例,同时探讨了文化认同、文化与思维方式的关系和文化适应方面的理论。最后为如何提高跨文化沟通能力提供了建议,并重点介绍了美国人的文化行为。

本书的对象是大学本科生、大专生和中专生。大学老师可以选本书为传播学或言语沟通学专业的基础教材,可以在有传播系或传播学院的大学里推广,帮助青年教师建立新学科,开设新课程;也可以作为广告专业、新闻专业、管理专业、心理学专业和外交专业的泛读教材;此外还可用作公司管理人员和一般受教育的读者的业余读物。希望本书对推广言语沟通学这门学科具有推动作用,对改善人与人的关系、人与社会的关系,对提高生活质量,维护人类和平有所帮助。这是我一个海外游子的心愿。

目录

第一章 什么是言语沟通学　1

一、言语沟通学的意义和特点 …………………………… 2
二、言语沟通的范围 ……………………………………… 5
　　1. 自我沟通 ………………………………………… 5
　　2. 人际沟通 ………………………………………… 5
　　3. 小组沟通 ………………………………………… 6
　　4. 跨文化沟通 ……………………………………… 6
　　5. 公共演讲 ………………………………………… 6
三、言语沟通与说辩史的联系 …………………………… 7
　　1. 西方说辩学简史 ………………………………… 7
　　2. 中国古代说辩学简史 …………………………… 9
四、言语沟通学的研究方法 ……………………………… 10
　　1. 定量研究 ………………………………………… 10
　　2. 定性研究 ………………………………………… 11
　　3. 批评研究 ………………………………………… 11
小结 ………………………………………………………… 11
关键词 ……………………………………………………… 12
讨论题 ……………………………………………………… 12
练习题 ……………………………………………………… 12
参考书目 …………………………………………………… 13

第二章 自我沟通　14

一、自我的组成因素 ……………………………………… 15
　　1. 什么是自我 ……………………………………… 15
　　2. 不同的自我 ……………………………………… 16

二、沟通与自我概念的关系 …………………………………………… 17
　　1. 自我概念 ………………………………………………………… 17
　　2. 自我概念的构成 ………………………………………………… 19
三、西方自我沟通的概念 …………………………………………………… 22
　　1. 自我暗示 ………………………………………………………… 22
　　2. 社会比较 ………………………………………………………… 23
　　3. 自我袒露 ………………………………………………………… 23
　　4. 自我交谈和自身修养 …………………………………………… 25
四、提高自我沟通的能力 …………………………………………………… 26
　　1. 客观、实际地认识自己,更要敢于解剖自己 ………………… 26
　　2. 保持乐观态度和积极向上的自我交谈 ………………………… 27
　　3. 与乐观向上的人来往 …………………………………………… 27
　　4. 不断地修身养性,自我完善 …………………………………… 28
小结 ……………………………………………………………………………… 28
关键词 …………………………………………………………………………… 29
讨论题 …………………………………………………………………………… 29
练习题 …………………………………………………………………………… 29
参考书目 ………………………………………………………………………… 30

第三章　聆听与沟通　32

一、聆听的重要性 ………………………………………………………… 33
二、掌握"听"的艺术 …………………………………………………… 35
三、聆听的过程 …………………………………………………………… 35
　　1. 接收信息 ………………………………………………………… 36
　　2. 筛选信息 ………………………………………………………… 36
　　3. 集中注意力 ……………………………………………………… 37
　　4. 理解信息 ………………………………………………………… 38
　　5. 评价信息 ………………………………………………………… 38
　　6. 记忆信息 ………………………………………………………… 38
　　7. 对信息的反应 …………………………………………………… 39
四、影响有效聆听中的基本障碍 ………………………………………… 39
　　1. 外界因素 ………………………………………………………… 40

  2. 内在因素 …………………………………………………………… 40
  3. 行为习惯 …………………………………………………………… 41
 五、怎样提高聆听能力 …………………………………………………… 42
  1. 有意识地改变不良聆听行为 ……………………………………… 42
  2. 不要总怀疑别人对你有恶意 ……………………………………… 43
  3. 掌握聆听技能 ……………………………………………………… 43
  4. 聆听中的人文关怀 ………………………………………………… 44
小结 ………………………………………………………………………… 45
关键词 ……………………………………………………………………… 46
讨论题 ……………………………………………………………………… 46
练习题 ……………………………………………………………………… 46
参考书目 …………………………………………………………………… 47

第四章　言语沟通　48

 一、语言与言语 …………………………………………………………… 48
 二、言语在沟通中的作用 ………………………………………………… 49
  1. 言语对现实认识的作用 …………………………………………… 49
  2. 言语的说辩作用 …………………………………………………… 50
  3. 言语的润滑作用 …………………………………………………… 52
 三、言语沟通学理论 ……………………………………………………… 53
  1. 语言符号的三角关系 ……………………………………………… 53
  2. 语言的错轨特征 …………………………………………………… 54
  3. 语言的双重含义 …………………………………………………… 55
  4. 言语沟通的规则 …………………………………………………… 57
  5. 标签语的作用 ……………………………………………………… 58
 四、语言对思维的影响 …………………………………………………… 59
 五、语言与行动 …………………………………………………………… 61
 六、怎样才能有效地沟通 ………………………………………………… 62
  1. 语言仅是描述现实的工具,不是现实本身 ……………………… 62
  2. 意识到语言的概括性 ……………………………………………… 62
  3. 区别事实陈述和推断陈述 ………………………………………… 63
  4. 防止使用偏见性语言 ……………………………………………… 64

5. 防止使用极端化的语言 …………………………………… 64
　　6. 多使用"我语" …………………………………………… 65
　　7. 多使用委婉语 …………………………………………… 66
小结 ………………………………………………………………… 67
关键词 ……………………………………………………………… 68
讨论题 ……………………………………………………………… 68
练习题 ……………………………………………………………… 69
参考书目 …………………………………………………………… 69

第五章　非言语沟通　71

一、非言语沟通的功能 …………………………………………… 72
　　1. 重复性 …………………………………………………… 72
　　2. 替代性 …………………………………………………… 72
　　3. 互补性 …………………………………………………… 72
　　4. 调节性 …………………………………………………… 73
　　5. 情感表达性 ……………………………………………… 73
　　6. 适应性 …………………………………………………… 73
二、非言语沟通的特点 …………………………………………… 73
　　1. 文化影响 ………………………………………………… 73
　　2. 与言语沟通互为矛盾 …………………………………… 74
　　3. 模棱两可性 ……………………………………………… 75
三、非言语沟通的范围 …………………………………………… 75
　　1. 身体动作 ………………………………………………… 76
　　2. 目光接触 ………………………………………………… 77
　　3. 语气 ……………………………………………………… 79
　　4. 面部表情：笑 …………………………………………… 80
　　5. 身体接触 ………………………………………………… 81
　　6. 时间 ……………………………………………………… 82
　　7. 距离—空间 ……………………………………………… 83
　　8. 领域 ……………………………………………………… 84
　　9. 服饰 ……………………………………………………… 85
　　10. 礼物 …………………………………………………… 86

四、怎样判断非言语行为 …………………………………………… 87
小结 ……………………………………………………………………… 88
关键词 …………………………………………………………………… 89
讨论题 …………………………………………………………………… 90
练习题 …………………………………………………………………… 90
参考书目 ………………………………………………………………… 90

第六章 公共演讲　92

一、公共演讲的历史回顾 ………………………………………………… 92
　　1. 古希腊的公共演讲 ………………………………………………… 92
　　2. 中国古代的公共演讲 ……………………………………………… 94
　　3. 中国近代公共演讲的杰出人物 …………………………………… 96
二、公共演讲的种类 ……………………………………………………… 97
　　1. 信息演讲 …………………………………………………………… 97
　　2. 说服演讲 …………………………………………………………… 99
　　3. 礼仪演讲 …………………………………………………………… 106
三、演讲素材的来源 ……………………………………………………… 106
四、受众的类型 …………………………………………………………… 108
五、演讲的准备 …………………………………………………………… 110
　　1. 认真准备演讲稿 …………………………………………………… 110
　　2. 熟悉你的听众和周围的环境 ……………………………………… 110
　　3. 积极地自我对话 …………………………………………………… 111
　　4. 其他准备 …………………………………………………………… 111
六、演讲的形式和技巧 …………………………………………………… 111
　　1. 演讲的形式 ………………………………………………………… 111
　　2. 演讲的技巧 ………………………………………………………… 112
小结 ……………………………………………………………………… 114
关键词 …………………………………………………………………… 115
讨论题 …………………………………………………………………… 115
练习题 …………………………………………………………………… 116
参考书目 ………………………………………………………………… 116

第七章 人际沟通 118

- 一、人际沟通的特点 …… 118
- 二、西方的人际沟通理论 …… 119
    1. 吸引力理论 …… 119
    2. 社交对换理论 …… 120
    3. 人际交往辩证关系理论 …… 121
- 三、中国人的人际交往原则 …… 122
- 四、人际关系发展阶段 …… 123
    1. 初级阶段 …… 123
    2. 保持关系 …… 124
    3. 人际关系的恶化 …… 125
    4. 人际关系的修补 …… 126
- 五、人际关系中的冲突和处理方法 …… 126
    1. 造成冲突的原因 …… 127
    2. 建设性冲突和破坏性冲突 …… 127
    3. 对冲突的处理方法 …… 127
    4. 处理冲突的沟通技能 …… 128
- 六、人际关系的范围 …… 130
    1. 朋友关系 …… 130
    2. 家庭关系 …… 131
- 小结 …… 136
- 关键词 …… 137
- 讨论题 …… 138
- 练习题 …… 138
- 参考书目 …… 138

第八章 小组沟通 141

- 一、小组的构成 …… 141
- 二、小组沟通的特点 …… 142
    1. 相互依赖和共同活动 …… 142
    2. 经常交流和沟通 …… 142

3. 和谐性 ……………………………………………………………… 143
三、小组的规范和角色 ……………………………………………………… 143
　　1. 小组规范 …………………………………………………………… 143
　　2. 小组成员的角色 …………………………………………………… 144
四、小组成员以个人为中心的行为 ………………………………………… 145
五、小组凝聚力 ……………………………………………………………… 146
六、从"挑战者号灾难"看小组凝聚力和小组思维 ……………………… 147
七、怎样避免小组思维的消极因素 ………………………………………… 149
　　1. 小组的领导要多鼓励小组成员独立思考 ………………………… 150
　　2. 不要轻易服从身份比你高的组员的意见 ………………………… 150
　　3. 邀请局外人观察并评估小组的决策过程 ………………………… 150
　　4. 指定一位小组成员为"故意唱反调的人" ……………………… 150
　　5. 把大组分成小组解决问题 ………………………………………… 150
八、小组幻想和小组沟通表现行为 ………………………………………… 150
　　1. 以工作为主的沟通 ………………………………………………… 151
　　2. 以社交为中心的沟通 ……………………………………………… 151
九、小组成员沟通的性别区别 ……………………………………………… 152
十、小组权力 ………………………………………………………………… 153
　　1. 正式合法权力 ……………………………………………………… 154
　　2. 亲和力权力 ………………………………………………………… 154
　　3. 专业权力 …………………………………………………………… 154
　　4. 奖赏权力 …………………………………………………………… 154
　　5. 强制权力 …………………………………………………………… 154
十一、小组解决问题的过程 ………………………………………………… 154
十二、决策的方法 …………………………………………………………… 157
十三、小组会议 ……………………………………………………………… 158
　　1. 会议之前 …………………………………………………………… 158
　　2. 会议中间 …………………………………………………………… 158
　　3. 会议之后 …………………………………………………………… 158
十四、领导和领导能力 ……………………………………………………… 159
　　1. 有眼光和视野 ……………………………………………………… 161
　　2. 有信誉 ……………………………………………………………… 161
　　3. 有沟通能力 ………………………………………………………… 161

十五、电脑渠道与小组沟通 161
小结 162
关键词 163
讨论题 163
练习题 163
参考书目 164

第九章 跨文化沟通 166

一、文化的概念 166
二、跨文化沟通的先驱 167
三、跨文化沟通的重要性 169
四、跨文化沟通研究的历史 172
五、文化的种类 174
   1. 个性特征文化与群体特征文化的区别 174
   2. 权力距离的区别 175
   3. 女性特征文化和男性特征文化 176
   4. 对不确定因素的容忍程度 176
六、文化沟通案例——沙特阿拉伯与美国 177
七、文化认同 178
八、文化冲击 180
九、文化与思维方式 181
十、多元化与全球化 183
   1. 文化扩散 183
   2. 文化霸权 183
十一、美国人的沟通行为 184
十二、怎样提高跨文化沟通的能力 186
小结 187
关键词 188
讨论题 188
练习题 189
参考书目 189

第一章 什么是言语沟通学

人有人言,鸟有鸟语。人言与鸟语,目的都在于沟通、交流。鸟雀社会关系单纯,鸟语就很简单。在繁殖季节里它们以鸣唱来求偶;在休息时,它们以鸣叫来报告危险;觅食时以叽啾来呼朋唤友。甚至还有聪明的鸟雀能听懂其他鸟类的"外语",从而拓展更广阔的生活空间。

而人类则大不相同了。生活方式复杂多样,进化日新月异,沟通的手段不断地花样翻新。但是,最常见、最广泛的沟通方式依然是言语。言语沟通是以语言为媒介进行的人类交流方式。

语言(language),是人们交流信息、感情的约定俗成的符号系统。它不仅是说话,还包括肢体语言,如依靠手势与表情的哑语;还有舞剧中的动作,被称为舞蹈语言;军舰与军舰之间相联系的旗语、信号灯语等等。

言语(speech)则是一种动态的过程,是人们根据一定的规则用语言进行沟通的过程,即说话和听话。说话者有一种思想要表达,利用言语对它进行编码,表现为合乎语法的话语,把深层结构转化为表面结构;听话者则对话语进行译码,把表层结构按其理解还原为深层结构,并对此作出反应。这就是言语沟通的基本过程。但是,言语只有在加入了活动系统时才有意义,这种加入必须用其他非言语的符号系统加以补充。脱离了非言语的手段,沟通过程是不完全的。

言语有多种含义。瑞士语言学家索绪尔(Saussure,1966)把语言分为两部分:言语(parole,即 speech)与语言(langue,即 language)。前者指语言的使用,如口语交际,语言在不同场合下的意义,语言的作用。后者则指语言的形式,包括语法、语句、语意等议题。言语还可以是话语(discourse)的同义词。因为它是语言在不同场景中的应用,所产生的不同含义。言语沟通是从英文的 speech communication 直译过来的。Communication 在我国普遍被翻译成"传播"或"沟通"。两个翻译都包含信息传递和交流的意思。区别在于"传播"更侧重传递人传送信息的内容、过程和手段,对传播对象的背景不一定非常明确,受众的反馈也不一定直接收到。沟通则表现在传递人和收信人(接收信息的人)之间的互动,传递人有明确的受众,传递人根据收信人的反馈调整自己的言语和非言语行为,使传递人和收信人达到交际和交流的目的。在我国,"传播学"一般是指"大众传播"。已经使用的传播学科概念如"媒体传播"、"网络传播"、"组织传播"、"健康传播"都属于大众传播的范畴,即传播的对象是公众;传播的载体也常常是公共手段如广播电视、互联网等。而"言语沟通学"侧重的是人们之间在不同场景下面对面的交流。在我国,虽然有像"沟通"这样的电视节目,也有像《演讲与口才》这样的大众杂志,但"沟通学"并没有作为学科在我国高校里确立。

言语沟通这门学科在西方已具有 2500 多年的历史。言语沟通强调在各种生活场景中通过言语和非言语(如肢体语言)与他人直接沟通的效果。更确切地说,言语沟通学属于交际学、说服学的范畴。它是一门关于怎样使用言语和非言语符号以增进对自己和他人的了解、理解,以及对他人产生影响和说服作用的学问。言语沟通在生活中有广泛的应用性,对提高生活质量、改善人际关系、增强工作效率、建立和谐社会都非常重要。

言语沟通,作为人与人沟通的直接桥梁,其内涵极其丰富。翻阅《辞海》,光是带言字旁的汉字就达 300 多个,其中有很大一部分涉及言语沟通。算上其他部首,涉及言语沟通的词汇就更多了,如"妙语连珠"、"唇枪舌剑"、"暗含隐喻"、"花言巧语"、"口是心非"、"弦外有音"、"食言而肥"等等,简直是不胜枚举。这说明,在中华文化发展史中,对国人在言语沟通过程中的种种表现早就加以透彻的剖析、概括,并且对言语沟通的成效予以不同程度的评价,其中最有分量的评价当属"听君一席话,胜读十年书"了。

我们的先辈,运用言语沟通曾经创造过无数奇迹。例如,在八年抗战中,八路军和新四军共俘虏日军官兵 7118 人,其中有数百人被先后送到陕甘宁边区首府延安,那里设有一所"日本工农学校",担任校长的是日共中央主席野坂参三。学员全部是日军战俘和投诚的日军官兵。让这些杀人不眨眼的"皇军"在一年半载的学习过程中迷途知返,改邪归正,弃暗投明,乃至"放下屠刀,立地成佛"被认为是"不可能的任务"。然而,经过言传身教,这些日军战俘的心结终于被打开,他们悔过自新,并参加了反战组织,为中日人民的友好事业贡献力量。

由此可见,言语沟通在人类生活中起到了推动历史前进的作用,所以世界各国的许多大学的人文学院都把"言语沟通学"列为重点学科。

一、言语沟通学的意义和特点

在现实生活中,人们时常会遇到下列情况:

(1) 在高考选择专业去向时,A 喜欢大众传媒,将来想当记者。可是他的父母却认为应该报考医学院,将来当医生。A 的好朋友则建议他学法律,将来当律师。说服朋友并不难,他的父母却相当固执,A 冥思苦想找不出合适的语言来说服二老,弄得两代人的感情冷若冰霜。

(2) 女孩 B 和男朋友为了一件小事吵架了。他指责 B"说话伤人,总是以自我为中心,让他难以忍受!"后来竟然提出分手。B 完全没有精神准备,感情上蒙受打击,想不出自己说过的哪句话"伤"了所爱之人。

(3) C 在某公司刚刚被提升为部门经理,手下有七八个人归他领导。这几个人对工作漫不经心,能量却很大,把几位前任部门经理都给挤对走了。C 不想认输,决计设法调动部下的积极性,把工作做好,让大家都受益,却不知如何把自己的想法向他们阐述得有条有理。

(4) D 有一次到美国探亲,发现美国人的沟通方式和中国人有很大不同,D 在那里闹出许多笑话,还造成一些误会,但 D 却不知原因是什么。

(5) 一位名人到学校里来作讲座,E 在听讲时发现演讲人虽然很有煽动性,却不同意那位名人的观点。E 想反驳,但不知该从哪个角度入手,不知如何准确地评价他的演说。

(6) 在某一所大学里,校领导向教职员工传达和解读中央的一个重要文件。20 分钟以后,在场的听众开始小声说话,查手机短信,并来回走动。讲话的领导感到很尴尬,可又不知道怎样扭转局面。

(7) E 代表中国与美国就某一项目进行谈判。美方坚持把所有意向都写在合同里,然后才能签字。E 想在今后执行合同时留有余地,不同意这样做。双方出现了僵持。E 不知怎么办好。

以上这些情况都与言语沟通有关,也都可以用言语沟通学的理论来解释、分析,并找出解决办法。孔子说过:"言不顺,则事不成。""顺"者,言之顺理;令对方顺心如意,方式上平顺缓和是也。老百姓的理论是:"话不说不透,砂锅不打不漏。"所谓"透",就是把道理说得圆满、透彻,从而扭转乾坤,化干戈为玉帛。

可见,言语沟通在我们生活中无所不在,言语沟通的质量和效果直接影响到我们的生活质量、工作效益、人际关系,进而影响到社会风气、道德建设,乃至国际形象。

言语沟通有几个显著的特点。第一个特点:言语沟通是一个过程(process)。也就是说,言语沟通没有严格的开头和结尾,也没有可预见性。这个过程伴随着多种因素,并总是在不断地变化当中。这好比气候的变化,由于地球位置的不同、气压的变化、环境的改变,天气可变冷或变暖,潮湿或多云。没有一个言语沟通的过程是简单地重复。人们的关系程度、交流态度、言谈技巧、所处的环境、经历、感觉的不同,沟通的过程和效果也就不同。比如,A 和 B 来自同一个县城,他们的父母也彼此认识,于是他们初次见面就成了好朋友,在一起就说家乡话,上学期间互相照顾,毕业以后也继续保持来往。而他俩和其他同学的关系却没有同样的进展和效果。

言语沟通是一个过程,它的另外一个意思是指言语沟通的多变性。在人们交流的过程中,任何因素都可能影响到交流的效果。比如,某学生下午有课,中午因为有老乡来看望他而未能午睡,下午上课时无精打采,回答老师问题时状态不好,答不出来,在老师和同学面前丢了脸。于是晚上见到女朋友时说话就没好气,使得女朋友生气说不想再见到他了。值得注意的是,言语沟通不能倒转,犹如"覆水难收"。当与别人交谈时,突然意识到话说得不合适,弄得对方很尴尬或生气,坏的结果已经造成,尽管努力弥补,也很难和好如初。所以说沟通是一个过程并充满着变化的意涵,认识到这一点,才可能对这过程中的一些环节有所调整和控制。

第二个特点:言语沟通的过程是一个系统过程(system),它是由多种因素组成的,在这个系统里,任何一个环节出了问题,都会影响其他环节和沟通的效果。这个系统如同我们的身体,头、脚、身是一体的,头痛时,可能与身体的其他部分有关。正如热播的电视剧《金婚》所描写的那对夫妇,他们经常吵架,并不是由于彼此没有感情;正相反,爱得太深反而求之更切。他们争吵不休的原因有"文革"期间的社会氛围使人心情烦躁;还有婆婆偏向男方和她带大的那个孩子;再有男人结婚后把恋爱期间掩饰的缺点暴露无遗等等客观因素。总之在言语沟通这个系统里,各方面因素都会互相产生影响。我们在观察和评价沟通的过程和效果时,要系统地看问题,才能找出问题的联系和原因。

第三个特点:言语沟通的另一个特点是互动(interaction)和同动(transaction)。互动是指在沟通中双方的对应交流。A方发出信息,B方接受信息,B方对A方的反应一般是在接收信息以后才出现的,比如你打电话给家里,告诉父母你这个暑假不回家探亲了,要和同学们一起去旅游;父母听后很不高兴,他们认为你不重视他们,甚至是不孝。你听到这样的指责也很生气,认为他们是限制你的自由。你的回应又进一步影响了你父母对你的态度。他们也可能对你更有气,也可能向你妥协。

然而,在交流互动时,人们对信息的反应也不是有顺序可循的,相反,我们在接受信息时也同时给对方发送信息,这种现象称为同动,也就是说交流是在同一时间双向进行的。比如在课堂上,老师向学生提问题时,学生的面部表情传递了他是否对这个问题感兴趣的信息。如果感兴趣,学生眼神会集中,身体会向前稍倾;如果不感兴趣,表情就可能会麻木、眼光会躲闪。老师会根据这一现象调整自己提出的问题,以此引发学生的兴趣,从而达到更好的效果。同动的表现方式可以是口语的或非口语的。

第四个特点:言语沟通分有意识的和无意识的(intentional or unintentional)。一般来说,有意识的信息传递是指传递人有明确的受众并了解受众的价值观、社会阶层和心理需要,传递的信息也是经过认真思考和具有目的性的。无意识的言语沟通正相反,传递者没有明确的目的和对象。在言语沟通中,传递人无的放矢。有意识的或无意识交流可能会造成几种情况发生。第一种是传递人并没有明确的目的性,而接受人却认为这是针对他或他们的,所谓"言者无心,听者有意"。例如甲跟乙说自己如何忙碌,只是想告诉对方,自己现在的生活节奏发生了变化。可是乙却理解为甲是婉言谢客,随后又传给丙丁,说甲不愿意被别人打扰,所以老友渐渐地不与甲联系,甲对失去许多朋友感到茫茫然。

另一种情况是你要表达的意思是有意识的、有目标的,但对方并没有理会,比如许多电视广告是有针对性的,但受众不一定感兴趣或盲目接受,很可能是不屑一顾,正是"言者有意,听者无心"。最后一种现象是,"言者无心,听者无意",即传递和接受信息的双方都是无意识、无目的的。这种情况经常反映在非言语沟通的现象上,比如衣着打扮、对时间和空间的处理等,总之沟通无时不在发生,不管你是有意识的,还是无意识的。

二、言语沟通的范围

言语沟通的范围很广,主要表现在言语和非言语在不同场合下的使用及其沟通效果。这些场景的不同主要是以沟通的人数、目的和形式来划分的。下列所述是言语沟通的主要范围。

1. 自我沟通

人最难了解的是自己,最难说明的往往也是自己。老子曰:"知人者智,自知者明。"在许多情况下,我们在与他人交流之前或之后,往往要进行自我沟通(intrapersonal communication)、自我认识、自我理解。在生活中,有许多经历和体会是仅属于我们自己的。我们从这些经历和体会中不断地自我学习、自我反思、自我说明,然后对事情产生自己的看法,并做出行动的决定。自我沟通的过程有时是在与别人沟通的刺激下产生出来的,是对与别人沟通的反应或准备。例如,有的人在年轻时狂妄自大,不知天高地厚,一旦进入能人堆里,方显出自己幼稚可笑,于是收敛傲气和自负,变得谦虚谨慎起来。还有的人有点权势便放任自己,直至碰了钉子,才懂得"知耻而自制"。这里边牵扯到个人的思维方式,解决问题的方法,性格和情感等因素。尽管在与别人沟通时你可能得到对方的理解,但没有人能真正百分之百地读懂你。自我沟通可以脱离其他的沟通形式而独立存在,但其他的沟通形式如果没有自我沟通则不会存在。

2. 人际沟通

两个人在一起或在两地交流信息,发展人际关系的过程称为人际沟通(interpersonal communication)。人际沟通的对象有朋友、配偶、同事、父母或子女等。人际沟通的方式可以是面对面的对话、谈心;还可以通过电话、电子邮件、因特网、发短信等其他电子方式与对方进行交往。学者们在人际沟通方面主要研究在交往过程中人际关系的发展阶段，包括自我认识、矛盾的解决、沟通技巧、聆听能力的培养等。人际沟通活动也在小组沟通和面试等场合下进行。

3. 小组沟通

小组沟通（small group communication）的研究着重在小组成员在交流过程中出现的一些问题和现象，比如小组成员的角色、领导能力和决策方法、小组规范、小组思维、小组成员的权力分配和互相影响等。小组沟通一般表现在工作单位和团队建设的范围里，也可以表现在家庭成员和朋友圈子里。小组沟通的形式和效果，与所在国家的文化很有关系，如在对群体和个人概念的认识上，东西方文化有很大差异，人们在小组里的沟通行为自然也会有所不同。

4. 跨文化沟通

随着科技的发展，信息的传递已经全球化。世界各地的人们通过旅游、贸易、国际交往等方式开始了广泛的接触。在接触中除了互相的友好与尊重外，在有些环节上和事情的处理上可能由于文化习惯的不同而产生焦虑、误解、冲突和矛盾。跨文化沟通（intercultural communication）研究是通过深层的文化分析来理解文化的表层现象，并对不同文化价值和行为加以认识，使跨文化的交流产生积极的效果。

5. 公共演讲

公共演讲（public speaking）的特点是一个人向多数人在公共场合下传递信息。演讲有多种目的和形式。古希腊时期的演讲主要有三种类型：政治型（deliberative oratory）、诉讼型（judicial oratory）、礼仪型（epideictic oratory）。现在演变为信息传递型、说服型和礼仪型。演讲的场合可以是在教室、教堂、集会场所或会议中心。虽然公共演讲与其他沟通形式有相似之处，都需要信息传递人和听众，都要有反馈，但公共演讲不同于其他沟通形式之处是它的高度形式化，如国家领导人讲话或教堂里牧师的布道都要有一定的形式。公共演讲的语言使用一般比较正式，传递的方式也比较严肃，穿着也比较讲究，因为在演讲时一般观众不会打断演讲者，演讲人应在演讲前做好充分的准备：演讲稿的结构、层次要清楚，语言要生动、幽默，口齿要清晰，词句要流畅，节奏要铿锵有力，要有生动活泼的表情和强烈的感染力，切忌枯燥地照本宣科。中西方历史上有许多著名的演讲家如林肯、孙中山、毛泽东、马丁·路德·金。

近几十年来，言语沟通的范围不断地扩大，它还包括组织传播、大众媒体传播、网络传播、健康传播以及性别沟通等。由于篇幅有限，本书仅包括以上所列五个最基本的言语沟通范围。

三、言语沟通与说辩史的联系

1. 西方说辩学简史

言语沟通学在西方是一门历史悠久的人文学科,它最早可以追溯到古希腊的辩说实践和理论构建。其实,比较开始有系统地研究语言的效用可追溯到意大利西西里岛(Sicily)上的塞瑞克斯城(Syracuse)的两位说(拼音为 shuì)辩家——柯若斯(Corax)和逖谢斯(Tisias)。他们师徒联手在公元前 467 年合著了《说辩的艺术》(*The Art of Rhetoric*)一书。该书主要是提供演讲技巧方面的知识,帮助人们提高在政界辩论或法庭上自我辩护的演说能力。后来在塞瑞克斯城出现了数十名说辩家,也称诡辩家(Sophists)。他们精湛的口才赢得了社会的仰慕和尊重,被公认为西方历史上最早传授说辩实践的教师。公元前 5 世纪,他们陆续来到雅典,为雅典刚刚兴起的民主政权培养了一大批演说家和政治家。当时最有名气的诡辩家是高尔吉亚(Gorgias)和普罗泰戈拉(Protagoras),还有希腊本土著名的说辩教育家伊索克拉底(Isocrates)。

公元前 5 世纪至公元前 4 世纪,雅典的社会结构是民主城邦制(city-state or Polis)。城邦政府由政务会和议会组成。两会的成员经常在会议中陈述自己的治邦观点,并对有争议的事项加以辩论。18 岁以上的雅典公民都可以在公开场合下发表自己的政治观点,谁的观点有说服力就采纳谁的观点,这也是雅典年轻人从政的通道。在法庭上,辩护人一般没有律师,只能为自己陈词辩护,因此演说能力的培养就十分重要。这时古希腊正在经历从相信神到相信理性的思维转型。能够成功地通过演说来说服他人是理性思维的体现。这些演说家往往是文化精英,他们享有很高的社会地位,也备受雅典人的尊重。这种说辩实践后来被柏拉图、亚里士多德演绎为说辩理论。

柏拉图最初曾极力反对这种说辩活动,认为这是一种很不道德的行为。他认为诡辩者们传授的说辩实践对雅典社会伦理道德的构建充满着危害,而且这种以煽情和演说者个人魅力为特征的实践只能起到操纵并控制无知民众的作用。他写了《高尔吉亚》(*Gorgias*)一书,痛斥了这一行为。老年的柏拉图对辩说的理论和实践有了新的认识。在他的著作《斐德罗》(*Pheadrus*)里,他指出说辩可以用来探索并发现真理,它和逻辑推理紧密相连。柏拉图的学生,亚里士多德归纳了柏拉图的理论,提出说辩的说服力要建立在三种重要的依据(proof)之上:它们是伦理依据(ethos)、情感依据(pathos)和逻辑依据(logos)。在古罗马时期,说辩学(rhetoric)得到了前所未有的发展,成为年轻人从政和发展事业必备的能力。古罗马的教育也把这一能力的培养列为教学课程的主要内容之一。在长达 1000 年的中世纪时期,辩说活动主要表现在基督教牧师的传教和布道范围内。在文艺复兴时期,古希腊和古罗马的人文说辩传统在欧洲又得到了恢复。社会和政治生活里充满了说辩活动。说辩实践不仅是为了个人演讲能力的提高,也主要是为了解决社会生活中的具体问题,如怎样构建一个自由、平等、民主的社会,怎样培养公民的素质、责任感和文明行为。19世纪末,说辩学从欧洲被介绍到美国。说辩学成为人文教育的核心课程。美国许多重点大学都设有说辩学教授头衔,这门课由许多有成就的教授承担,比如约翰·亚当斯(John Quincy Adams,1767—1848)曾在哈佛大学任这一誉职,后来成为美国第六届总统。

说辩学后来发展为理论与实践相结合的学科。实践方面主要是公共演讲课,即对学生演讲技巧、演讲道德,及言语使用等方面的训练;理论方面则涵盖哲学、逻辑学、说服学、心理学、社会学和文艺批评学等领域。20世纪初,美国学者杜威(John Dewey)提倡政治哲学理论对社会实际生活的应用,认为传播手段(面对面、媒体、宣传)对推进民主政治、思想交流和社会进步起着决定性作用。杜威的思想推动了说辩学(rhetoric)向沟通学或传播学(communication)的转型,扩大了传播学的范围,如小组沟通、大众传播、跨文化沟通。美国在1950年成立了全美言语传播学会(Speech Communication Association of America),现在改名为全美传播学学会(National Communication Association of America)。学会每年举行一次年会,为学者们在这一领域的研究和交流提供了平台。在美国许多大学里,言语传播学(Speech Communication)是本科生的必修课,该学科还设有硕士和博士学位。

在我国,rhetoric被翻译成"修辞",并有着很悠久的研究历史。最早的修辞研究可追溯到刘勰(465—532)的《文心雕龙》。刘勰在书中提出语言使用的三种类型:精言、夸饰、征实。宋代陈骙的《文则》是修辞学的第一部专著。"五四"以后修辞学在中国成为独立学科。现代最有名的修辞研究是陈望道的《修辞学发凡》。

"修辞"这个词在《易经》里就出现过:"修辞立其诚",也就是后来孟子说的"诚言",实际上是包含口头或言语说服的意思。但现代的意思却是文体的修饰和写作的技巧,这是因为这个词后来是从日文转译过来的。根据Hui Wu(2009)的研究,中日甲午战争以后,清朝政府向日本派了公费留学生。留学生中的汤振常和龙伯纯从他们的日本老师那里学了修辞学,是他们的日本老师在1890年把英语的"rhetoric"翻译成"修辞"的。在日文里,这个翻译仅包括文体的修饰,却漏掉了在西方传统里"rhetoric"的另一个含义,那就是口头的说辩理论和实践。所以把"rhetoric"翻译成"修辞"在很大程度上限制了国人对这一学科的认识,也阻碍了这一学科的研究和发展。正如刘亚猛教授所说,"在当代美国话语中流通的'rhetoric'一词与在当代中国话语中流通的'修辞'一词所代表的是大不相同的两个概念和两种实践,将两者等同起来是一种误解和误译"(2004,p.3)。因为当它被归为语言学的范畴时,研究目的则局限在对文学作品的赏析,增强言辞的修饰或文句效果的艺术手法等方面;而西方对于这一学科的研究,如上所述,却远远超出了这个范畴。

2. 中国古代说辩学简史

在中国古代历史上,说辩活动曾很普遍,《尚书》、《左传》、《国语》、《战国策》中都有很多说辩事例的记载。但中国传统的说辩实践主要局限于宫廷内帝王和大臣之间的说服活动。春秋战国期间,最活跃的一批人是辩士和游说者,他们周游列国,四处游说,斡旋在各个小国之间为国王提供信息与谋略。当时以苏秦、张横为代表的纵横家享有盛名。孔子、孟子、墨子、荀子、韩非子等也都参与了游说活动。他们的大部分游说活动是面对面口头沟通的。根据郭志坤教授的描述:

> 孔子走南闯北,周游列国,诲人不倦,勤于说教。即使在乱兵包围,绝粮七日等相当危急的情况下,他还坚持说教,"讲诵弦歌不衰"。
>
> 孟子打着"捍先王之道"的旗号,游说诸国,在齐国答齐宣王问,在梁国答梁惠王问,在宋国答宋臣戴不胜问,在魏国答周霄问,在滕国答滕文公问,等等,以答问和辩说的形式宣传了自己的学说。
>
> 墨子谈"遍从人而说之",坚持走出去"行说"。为了反对侵略战争,他冒着生命的危险,到处奔走,"裂掌裹足,日夜不休",以他善于辩说的口才折服不少人。
>
> 荀子年十五便开始游学,游说了不少国家,在齐国稷下学宫被拜为"最为老师"。他更注重文字宣传,"著书布天下"。
>
> 韩非虽不能道说,但善著书,其著有"博喻之富",甚为感人。他力主将法令"设之于官府,而布之于百姓",以达到广泛的宣传效果。(1985,pp.2~3)

先秦诸子不仅有丰富的说辩实践,同时也在辩论的理论和逻辑方面有不同的阐述。诸子百家中的名家出现了邓析、惠施、公孙龙这样有影响的辩者和中国最早的逻辑学家。列子形容邓析"操两可之说,设无穷之辞"(《列子》)。邓析最早提出说服他人要考虑"三术",即:以天下之目视,则无不见。以天下之耳顺,则无不闻。以天下之智虑,则无不知(《邓析子·转辞篇》)。《吕氏春秋》里记载了邓析用这些说辩技巧为别人出谋划策的例子。惠施的"合同异"和公孙龙的"白马非马"的观点成为中国2000多年的逻辑命题。孔子在《论语》里用"仁"和"礼"的道德观阐述了语言使用对道德的影响,用"中庸"和"正名"为手段来调剂人际关系,以此来维护社会的稳定。孟子继承了孔子的说辩思想,提出了"诚言"在帝王和大臣之间的说服功能。韩非子则在《问辩》和《说难》中从心理的角度分析了说服过程中的技巧和受众的心理状态。郭志坤教授称先秦诸子们的说辩活动为"宣传活动",并认为他们的宣传活动"对于促进中国各地区之间的文化交流,推动学术繁荣起过重大作用"(p.1)。

美国学者斯迪文·库博斯(Steven Combs)2005年出版的《说辩中的道》(*The Dao of*

Rhetoric)对中国道家的说辩思想给予了很高的评价。他认为,道家的说辩思想为达到最好的说服效果提供了清楚的方法和途径。它允许受众在说辩中进行自我说服,而不是强迫别人接受说辩者的观点。因此,道家的说辩思想是对多元说辩学的发展和研究的一大贡献(Combs,2005)。

笔者曾在 1998 年出版的《中国古代名辩思想:与公元前五世纪至公元前三世纪古希腊说辩思想的比较》(*Rhetoric in Ancient China, Fifth to Third Century B. C. E.: A Comparison with Classical Greek Rhetoric*)一书中试着从本土化的视角,以文本分析的方法,介绍了春秋战国时期诸子百家的说辩活动和思想,并与古希腊的说辩思想进行对比。笔者发现,中国古代说辩思想与古希腊的说辩思想有许多相似之处。比如,双方都非常重视说辩者的道德人格,都对象征符号在心理说服和认识世界的作用上有精辟的观察和论述;都强调了理性和情感在说服他人的过程中所起到的作用。但道家的"无为"和"不争"的理念与古希腊强调争辩和取胜的目的却截然不同。

在中国的近代史上,有许多说辩活动和演讲范例,孙中山、毛泽东都是名声卓著的演说家。他们通过公共演讲、阐述革命理论、动员参与意识、改变人们的思想,终于推动了中国历史的进步。遗憾的是说辩学并没有作为一门系统的人文科学在中国进行研究。"Rhetoric"被翻译成"修辞学",使对言语作用的研究仅限于语句的修饰作用,也限制了言语沟通学在中国的发展。

虽然大众传播学自 20 世纪 80 年代被介绍到国内,媒体传播逐渐成为中国学者们的研究学科,大众传播的课程也在各大学开设,但言语沟通学这一领域却尚未很好地挖掘。

四、言语沟通学的研究方法

言语沟通学的研究方法主要是从其他学科借鉴而来。概括起来有三种方法。

1. 定量研究

定量研究主要靠收集数据信息,使用统计数字来表现事物的现象和求证课题假设。比如在美国纽约,79%的公司在招聘人才时很注重应聘者的沟通能力就是一例。定量研究的主要方法包括调查(survey)、发调查表(questionnaire)、面试(interview)或试验(experiment)。学者们经常把沟通中的某一因素和另外的因素加以比较,以观察其产生的影响和相互作用。比如某单位领导的诚信度(credibility)对说服其员工从事某项工作是否有直接的关系;员工与领导之间的沟通形式是否对员工的工作效率和满意程度产生作用;某一小组成员的沟通方式对这一小组的决策产生什么样的影响等。

2. 定性研究

定性研究用于研究那些沟通行为不能完全数字化的题目,比如人们的一些特殊经历或沟通范围内的礼仪形式。定性研究有三种具体的方法,一是以文本数据为素材(textual analysis)。比如单位里领导与下属之间的电子邮件交流反映出怎样形式的上下级关系(正式的还是非正式的,民主的还是权威性的)。二是人类学的研究方法。研究者对某一沟通现象进行观察分析和总结。比如笔者曾对美国芝加哥的中文学校培养华裔子女的汉语能力和文化认同进行过调查。为了得到第一手材料,笔者在某一中文学校参与学校的活动,收集学校的教材,调查学生和家长的感受,采访了数十名家长。最后用文化认同的理论分析学生和家长的文化认同模式。三是历史分析法,主要是对过去的人、事、物进行描述,重新阐释,从中理解历史对现实产生的意义。比如笔者做的中国说辩史和古希腊说辩史的比较研究,使用的就是历史分析的方法。

3. 批评研究

20世纪六七十年代美国的民权运动和妇女解放运动,对沟通学的研究方法产生了很大影响;同时,受法国的结构主义学者福柯(Foucault)的影响,许多学者开始重视权力和话语的关系。他们的研究对象是社会的弱势群体的话语权。他们研究的目的是提高社会的平等意识,并挑战权威,让弱势群体有自己声音的平台,为他们提供自我授权的策略和方法。比如当电视广告中出现对种族偏见的形象和语言时,相关学者就会对此提出分析和批评,指出这类形象和语言对社会的负面影响。也有学者收集大量的妇女杂志,指出杂志里的妇女形象只是年轻瘦削型的。这种形象与现实脱节,使一些没有批判能力的妇女产生自卑感,并影响她们的身心健康。还有学者批评某些电视节目中对中东人的偏见。中东人被描写成恐怖分子,是野蛮、残酷、非理性的文化群体。对此,学者们纷纷站出来予以批判。

值得注意的是这三种研究方法并不总是单一使用的,许多学者把这几种方法结合起来研究某一课题,这种方法叫"三角法"(Triangulation)。另外,随着科学技术的发展,对网络沟通中的言语和非言语现象及对人们的心理、人际关系、社会交往产生的作用也逐渐被学者们重视,成为研究的焦点。

小结

这一章介绍了言语沟通学的基本概念。语言是一个有规则的系统符号,是社会性的。言语则是有变数的沟通形式,是个性化的。言语沟通学研究的是言语和非言语(肢体语言)在不同场合下的使用形式和效果,以期达到预定的沟通目的。言语沟通在我们生活中无处不在,具有多变性、系统性、互动性、同动性、有意识和无意识的特点。言语沟通不仅是传递信息,而且还有影响他人和说服他人的作用。言语沟通的范围包括自我沟通、人际沟通、小组沟通、跨文化沟通和公共演讲。这也是此书将要包括的内容。

言语沟通学在西方具有悠久的历史。来自于古希腊的说辩学(rhetoric),是西方人文思想和历史发展过程中的重要成分,也是西方教育的核心内容之一。在中国古代,言语沟通表现在说服帝王和游说活动上。先秦诸子对说辩思想都有深刻的阐述。东西方在言语沟通的理论和实践上有共同点,也有不同点,很值得深入研究。最后,言语沟通学的研究方法包括定量研究、定性研究和批评研究。这些不同的方法用来回答不同的研究课题,但也有学者把几种方法合并起来对同一个课题进行研究。比起大众传播学,言语沟通学在我国是一门新兴学科。对这门学科的掌握能帮助我们更好地了解自己、理解他人,使我们的工作更有效率,生活更和谐美满。

关键词

语言,言语,肢体语言,传播,言语沟通,说服学,系统过程,互动,同动,自我沟通,人际沟通,小组沟通,跨文化沟通,公共演讲,诡辩家,说辩学,修辞,沟通学研究方法

讨论题

1. "语言"和"言语"都有哪些区别?
2. 言语沟通学与大众传播学有什么不同?
3. 举出三个你生活中言语沟通的例子。
4. 言语沟通学都有哪些特点?
5. 言语沟通学都有哪些范围?
6. 为什么公共演讲在西方受到高度重视?
7. 你觉得"修辞"(rhetoric)和"传播"(communication)的中文翻译是否合适?
8. 中西方说辩实践和理论都有哪些不同?
9. 言语沟通学都有哪些研究方法?
10. 你认为中国言语沟通学的研究方向和课题都有哪些?

练习题

1. 把你每天与别人沟通的活动记录下来。在这些沟通活动中,大约百分之多少是自我沟通,百分之多少是人际沟通,百分之多少是小组沟通,百分之多少是跨文化沟通,百分

之多少是公共演讲？在这些沟通活动中，哪个占的比例最大？

2. 举出1~3个你在与别人沟通时经常出现的问题，如误会、猜疑、冲突。找出问题的原因，分析你自己的沟通方式是否合适、有效。

3. 你认识一对夫妻，结婚多年，但总是因为一点小事吵架，争执不休。如果你是他们的好朋友，你会给他们什么样的劝告？

4. 举出一个中国古代运用言语说服帝王的例子。你认为古代说服技巧在现代社会是否还适用？

5. 比较面对面的沟通与网上沟通的不同。各自都有哪些优势和缺陷？在电视剧《中国式离婚》里，丈夫冒充第三者与妻子在网上交流，产生了感情，虽然在现实生活中他们的婚姻已经破裂。你认为这种沟通方式是否道德？

6. 如果你想研究中国人与美国人在接人待物上的文化差别，你会采取什么沟通学研究方法？为什么？

参考书目

郭志坤. 先秦诸子宣传思想论稿. 福州：福建人民出版社，1985
刘亚猛. 追求象征的力量：关于西方修辞思想的思考. 北京：生活·读书·新知三联书店，2004
Combs S. *The Dao of rhetoric*. New York：The SUNY Press，2005
Lu Xing. *Rhetoric in ancient china, fifth to third century B.C.E.: a comparison with classical greek rhetoric*. Columbia, SC.：The University of South Carolina Press，1998
Saussure de F. *Course in general linguistics.*, New York：McGraw-Hill Book Company，1996
Wu Hui. *Lost and found in transnation: modern conceptualization of Chinese rhetoric. Rhetoric review*，2009. 28，148~166

第二章 自我沟通

人们的生活质量,在很大程度上取决于沟通能力。要想跟别人沟通得好,必须先学会如何跟自己沟通。良好的自我沟通能力有助于控制自己的情绪和心态。积极的心态能够带来良性的行为和有效的行动,随之可以改变自己的命运,获得成功的人生。所以,若想实现卓越的人生,必须掌握自己的心境和情绪。本章试图通过一些事例,讲述如何进行自我沟通,使自己快速摆脱负面的情绪和困扰,开拓自己的潜在能力,与他人建立良好的人际关系,对社会发挥更大的影响力。

我国在700多年出现的《三字经》提到:"人之初,性本善。性相近,习相远。苟不教,性乃迁。"这是说每一个人出生的时候都是一样的,赤裸裸地来到这个世界上,个性本都是纯洁善良的。孩子们之间没有太大的差别。可是当孩子们渐渐长大,后天的学习环境不一样,为人处世也就有了好与坏的差别。有的人成为专家、学者、医生、老板、艺术家;有的人却成为罪犯、吸毒者、地痞流氓。为了不让孩子变坏,长辈们从小就要专心致志地对孩子进行教育。后天教育的环境因素,在很大程度上决定了孩子们的人生观和一生的命运。

《三字经》以仁、义、礼、智、信这五种法则作为为人处事的标准,苦口婆心地强调学习要有恒心,要有"头悬梁,锥刺股"的刻苦精神,不用别人督促而自觉勤奋苦读,努力向善。《三字经》还以刺激性的语言告诫学子:"犬守夜,鸡司晨。苟不学,曷为人。蚕吐丝,蜂酿蜜。人不学,不如物。"就是说,人如果不能用心学习、迷迷糊糊过日子,就没有资格称为人。而人要是不懂得学习,以自己的知识、技能来实现自己的价值,简直连动物都不如。

古人在年轻人面前树立起用格言、警句做成的镜子,让后生晚辈时常引以为戒认识自己,鞭策自己。这个对照、认识、鞭策自己的过程,就是一种自我沟通的过程。它旨在培养健康向上的心理环境,这是人生旅途步入快乐驿站中的第一站。

一、自我的组成因素

每个人在自己生命的某一阶段都会自问:"我是谁?"这个问题看来简单,却很难回答。你可以说"我是一个学生","我是北方人","我是基督徒"……但是这种种回答,都不能概括一个人的全部自我。

1. 什么是自我

记得在1980年5月,有一个叫潘晓的女青年在《中国青年》杂志上发表了题为《人生的路呵,怎么越走越窄》的文章。文章中讲述了她生活中的不幸遭遇与她所受的高尚品德教育,如"人活着是为了使别人生活得更美好","为了人民献出生命也在所不惜"格格不入。她在文章结尾时说,"我体会到这样一个道理:任何人,不管是生存还是创造,都是主观为自我,客观为别人。就像太阳发光,首先是自己生存运动的必然现象,照耀万物,不过是它派生的一种客观意义而已。所以我想,只要每一个人都尽量去提高自我存在的价值,那么整个人类社会向前发展也就成为必然了"。潘晓的文章一石激起千层浪,在全国展开了空前的大讨论。当时的人们刚刚从"文革"的禁锢中苏醒过来,在思想认识上有许多迷茫和困惑。在这之前,人们受的教育是人应该是"无我"和"无私"的。通过这场讨论,人们认识到自我的存在和作用。

心理学家凯瑞·霍尼(Karen Horney)把自我定义为"内在的中心力量,是人类普遍共有的,但对每一个人却又是独特的"(1950,p.17)。每一个人对自己的认识,对自己的主观描写,或是对自己的印象,都属于自我概念的范畴。自我概念和别人对你的印象可能是一致的,也可能是相矛盾的。比如你自己认为你是一个外向性格的人,可你的同学都认为你是内向性格;你在一种场景下会很轻松自由,而在另一种场合下则可能会拘谨、紧张。你有时会对自己要求很严格,有时却很放纵;你有时做事很理性,有时却很感情用事。你自己有时也很难搞清楚你是谁。每个人都是一个矛盾的复杂体,有很多不同的自己。

人的一些基本素质和经历在很大程度上会影响一个人的自我概念。总的来说,有三种主要因素决定人的自我概念:第一是态度,第二是信仰,第三是价值观。

态度(attitude)是指一种对事物表示喜欢或厌恶的倾向。但这种倾向不是天生的,是后天学来的。比如你喜欢西餐、喜欢看足球赛、喜欢旅游;你不喜欢爱吹牛的人,不喜欢吃胡萝卜,不喜欢一个人待在家里。

信念(belief)是指你对现实世界认识的方式,常以真伪来区分。比如你认为人是进化而来,不是上帝创造的。你认为你的父母是爱你的,你认为经常吃维生素会保持身体健康,你认为坚持锻炼就不会生病。

价值观(value)是自我概念的核心部分,也是最持久的观念体系。它常引导我们对思想或行为作出判断。比如我们认为一个人应该诚实,做事认真,有正义感,爱国,有爱心等。价值观在我们很小时候在父母的教诲和影响下就形成了,后来又在学校和社会环境里进一步得到巩固,因此也是最不容易改变的。反之,一个人的态度或者是喜好倒是比较容易改变的,也是比较容易伪装的。

这三个因素尽管有区别,但却又紧密关连:

价值观(最理想的):每个人都应该珍惜朋友。

信念(坚信不疑):朋友在我们的生活中十分重要。

态度(感觉或倾向):朋友多,不亦乐乎。

如果你的价值观是珍惜朋友,你就会把朋友看得很重,和朋友在一起时你就会很高兴,很快乐。你的朋友也会越来越多。如果你的价值观认为每个人都是独立的,朋友有时会成为负担,你就不会把朋友看得很重,和朋友在一起时你不会觉得开心,甚至觉得浪费时间。久而久之,你就会失掉朋友。

2. 不同的自我

每个人都有许多的自我,哲学家威廉·杰姆斯(William James,1890)把人分成了三个自我:物质的自我、社会的自我和精神的自我。

物质的自我:主要是指人的身体和他所占有的财物,如汽车、房子。物质的自我,在生活中占有很大部分。比如对人的体形,尤其是女人体形的认识。在中国唐代,女子丰满微胖是一种美,是雍容富贵的象征。大家熟悉的杨贵妃和敦煌壁画上的歌女就是这种形象。现代社会对体形的认识给女人造成了很大压力,认为只有苗条的,高个的才是美丽的,矮小体胖的则被认为很难看。在资本主义的商品经济中,苗条的身体也成了资本,甚至成了商品。许多年轻女孩子为了减肥得了厌食症,严重地损害了身体健康和她们的自信心。许多广告鼓励女士们丰胸、减肥、祛斑,都是在鼓励人们对物质自我的投资,以换来一个良好的自我感觉,冀求被社会接受。

社会的自我:这一部分自我是从你与他人的联系和交往来界定的,对自己在社会上的地位和作用的认识。每一个人在社会上、家庭里都扮演着不同的角色,每一个人在与不同的人交往时所扮演的角色也不一样。比如当你和家人在一起时,你会很放松,很自如地表达自己的想法。可在你的老师或上司面前,你可能会很拘谨,很寡言。所以在不同的沟通场景下你可能有几个社会的自我。

精神的自我:精神自我是你内心的思想活动,也包括你的兴趣爱好。更重要的是,这部分自我是你的价值观和道德标准的自我认识、自我感觉,并同你的信仰和精神追求紧密相联。这部分自我也可称作你的灵魂。你的精神自我在不断地探索"我是谁?""我究竟是谁?"这个问题。我是一个有爱心、愿意奉献的人,还是一个自私、唯利是图的人?我是一个追求物质的人,还是崇尚道德修养完善的人?

三个自我的比重很大程度上决定了一个人的行为和追求。物质自我很强的人更容易追求物质的满足。开一辆好车或住一所大房子会给他们的自我带来很大的荣誉感和虚荣心。社会自我强烈的人则比较容易与不同的人交往,表现出很强的交际能力。社会自我强烈的人对名誉、地位和给别人好感特别在乎。精神自我占主导的人不会太在乎物质条件,他们更在乎内心的充实和感受。这种人会花更多的时间读书,欣赏艺术,讨论哲学宗教,在才智上发展自己。

二、沟通与自我概念的关系

1. 自我概念

自我概念是一个如何看待和认识自己的问题。言语沟通学著名学者威廉·威茂特(William Wilmot)曾说过"每个人对自己的认识都在影响着他自己的行为和他与别人的沟通"(1987,p.61)。也就是说,人们对自我的印象决定与别人沟通的方式和效果。一般来说,一个自信心很强的人所表现出来的行为是积极的、主动的,其适应新环境的能力也比较强。自信心不足的人往往对别人的批评比较敏感,反应比较消极,与人相处也较不主动。

著名的心理学家乔治·米德(George Herbert Mead,1934)认为自我不是天生就有的,而是在与他人沟通的过程中形成的,我们经常是通过别人对我们的看法形成了自我概念,这种通过别人的眼光看自己的过程叫"镜中自我"(Looking-glass self),最早是由查尔斯·库利(Charles Horton Cooley,1912)提出来的。

我们的自我感觉来自于我们与他人的沟通;他人告诉我们自己是什么样的人,长相如何,以及他们对我们的感觉如何。那么什么人对我们的自我概念影响最大呢?根据米德的说法主要有两部分人,一部分叫"特殊他人"(particular others),另一部分叫"普遍他人"(generalized others)。特殊他人主要是我们生活中最重要和最有影响力的一些人,如父母、兄弟姐妹、老师、配偶、好朋友。一个孩子从小经常从父母和老师那里得到表扬,经常听到"这孩子真聪明","这孩子真漂亮"这样的话,孩子就会认为自己是一个聪明的、美丽的孩子。如果经常听到"这孩子真笨","这孩子真难看"这样的话,孩子就会真的认为自己笨,长得难看,在别人面前抬不起头来。如果一个人几次恋爱不成功,他的好朋友告诉他"看来你和异性交往的能力很差",这个人可能就会认为自己确实如此,结果对他以后恋爱经历可能会有负面的影响。

"普遍他人"是指社会的规范,我们在社会中扮演的角色和社会中其他人所持的态度对自我概念形成的影响。这主要表现在媒体和我们所属的群体对我们的影响,比如在美国一些电影和电视剧中,亚裔男性扮演的角色通常是功夫强手或书虫,亚裔女性则是妓女、杀手,或是温顺服帖的贤妻良母,这些影视形象都严重地影响了亚裔人的自我概念、自我认识和与其他种族的沟通行为。

自我概念以所处文化和团体的价值观为目标基础。通过确立态度、信念,你所处的文化环境告诉你什么样的行为算有能力和符合道德规范,你所属的团体告诉你他们对你的期望。作为一个学生,你在学校能够很好地完成学业并且获得很好的成绩,而且还参与一些公益活动,成为公众瞩目的人物。你周围的人对你的行为加以赞许和肯定,你就会认为自己有能力、有发展前途。如果你是一个教师,学校就会告诉你,每年应该给本科生担任什么课程,上多少节课,应该达到什么要求,如何用心去影响学生,应该完成多少科研工作量等。在中国,教师是一个神圣的职业,教师为人师表,是学生的楷模。在2008年5月12日汶川大地震后,许多教师用自己的身躯保护了学生,自己却献出了年轻的生命,感动了中国,受到了国家和人民的讴歌。个别老师却在危难时自己先逃生,没有先去保护学生,事后还为自己的行为辩护,不认为教师的职业是神圣的,而强调震后的逃生意识是本能的反应。后者的行为被许多国人指责、唾弃,甚至谩骂。

当你所生活的文化环境改变了,周围的人对你的期待会有所改变,你的自我概念也会受到影响。电视剧《新结婚时代》里的男主人公来自农村,在北京上学、工作,然后成家。北京的岳母和太太期待他的思维和行为都要像个受过高等教育的城市人,可他农村的父亲期待他做事还是按照农村的规矩。他的自我概念在两种文化背景下,两重期待中矛盾和挣扎。他要在特殊他人(他的亲人)和普遍他人(社会规范)双重压力下寻求自我概念上的平衡。

正确的自我认识对于培养健康的心理有着重要的意义。自我认识问题是个哲学问题,是人生发展的最高层次。正确的自我认识对一个人是否能成功,占有关键性的地位。你认为自己是怎样的人,就会怎样去表现,这两者是一致的。你觉得自己是个有价值的人,结果你就会变成有价值的人,做有价值的事。成功、快乐的起点,就是良好的自我认识。在你真正喜欢别人以前,你必须先接纳自己。在你未接纳自己之前你无法确定动机、设定目标,更不用说积极思考了。在成功、快乐属于你之前,你必须先清楚地认识到做这些事情很值得。具有不良自我认识的人,容易看到自己是为别人工作,而不是替自己工作。一个人能不能成功,决定因素不在于他拥有多少优越条件,而在于他如何评价自己,而这种自我评价也决定了别人对自己的评价。

让我们通过一些杰出人物的墓志铭,看看他们的自我评价吧——

卢梭:"睡在这里的,是一个热爱自然和真理的人。"

马克·吐温:"他观察着世态的变化,但讲述的却是人间的真理。"

贝多芬:"他总是以他自己的一颗人类的善心对待所有的人。"

冯玉祥:"平民生,平民活,不讲美,不讲阔。只求为民,只求为国。旧志不懈,守诚守拙。此志不移,誓死抗倭。尽心尽力,我写我说,咬紧牙关,我便是我,努力努力,一点不错。"

通过上述墓志铭,我们可以感受到,名人之所以成为名人,就是因为他们能真正"知己",能活得精彩,死得豁达。

2. 自我概念的构成

沟通学学者朱丽·伍德(Julia Wood)认为自我概念与四种沟通行为有直接关系。第一个因素是直接定义(direct definition),指的是沟通过程中别人使用标签语描述我们的行为,尤其是家长、老师和好朋友的话对我们的影响。比如家长可能会向女孩子说,"你是女孩子,要文静一些";"你要学会烧饭,以后结婚成家后才能照顾好丈夫和孩子"。如果是男孩子,家长可能会说,"男孩子要坚强,不要动不动就哭";"男孩子要有本事,长大了好能养家糊口"。当屡次听到类似的话语,我们从小就会对男女性别行为形成固定的模式,并照着这种模式去做事并与别人交流。直接定义可分积极的和消极的两种。积极的直接定义,如"这孩子真聪明,将来一定能成大事";"这孩子有音乐天赋,将来一定能成为音乐家"等。沟通中表达这些积极的定义可以帮助孩子培养自信和自尊。消极的直接定义,如"你根本就没有学数学的脑子","你是个没出息、不可救药的孩子"等。这类消极定义会打击一个人的自信心和自尊心,容易产生负面影响。

家长、老师和朋友对一个人做事的反应也是直接定义的范畴。如果一个人平时爱开玩笑,朋友们评价他时,可能会说,"这人很幽默,每次听到这人讲笑话都被逗得哈哈大笑"。这人就会认为自己是个有幽默感的人。可如果老师或家长一听他开玩笑就说他"不着调,没正经的",或听到他开玩笑反而板起面孔,这人的自尊心就会受到挫伤。

华人家长无不望子成龙,认为孩子考试只有全得"A"才是好学生。孩子拿个"B"成绩回家,有的家长就把孩子骂一顿,说孩子太笨,又不用功。时间久了孩子就会产生自卑感,可能就会自暴自弃。所以经常表扬孩子,对他们的努力加以肯定,为他们每一个小小的成绩欣喜喝彩,使孩子从小就对自己有自信心,为他们的心理健康打下很好的基础。根据贝瑞·博宰顿(Berry Brazelton,1997)博士的研究,婴儿出生八个月以后父母对婴儿的反应就已经决定了孩子对将来的生活是成功还是失败的期待。当然一个人到了成熟年龄以后,对特殊他人的直接定义可以不屑一顾,在自我认识和自我概念上可以不受任何直接定义的影响。

第二个因素是他人评价(reflected appraisal)。这是指别人的评价和观点对自我认识的影响。家长、老师和朋友们的评价经常给我们很大的影响。他们的评价像一面镜子,反射出我们是什么样的人。比如一个家里有四个兄弟姐妹,妈妈对别人总是夸奖大姐和小妹,对弟弟和大妹总是批评。这两种截然不同的评价对弟弟和大妹的自尊心会有很大的负面影响。一般来说,在我们生活的环境里有三种人:第一种是鼓励型的。他们总是先看到我们的优点,总是善意地且恰到好处地给予我们表扬、鼓励和支持。与鼓励型的人在一起,我们感到快乐,我们的潜力得到发挥。第二种是泄气型的。这类型的人总是挑剔我们的毛病,抓住一点,不计其余,给我们的理想泼冷水。比如有的家长会对孩子说,"你想当科学家?你根本就不是那块料,死了这份儿心吧。"长期与泄气型的人相处我们容易只注意自己的弱点,缺少自信。但也有人听了泄气的话不服劲,要用行动证明对方是错的,泄气话反倒成了一种动力。在美国的学校和家庭里,老师和家长总是表扬和鼓励孩子,认为这样做孩子长大了才有自信,才能成功。中国的老师和家长倾向于批评孩子,怕他们骄傲。这种方式教育出来的孩子或者很成功,或者很不自信。第三种人是劫掠型的。劫掠型的人具有泄气型的行为,其行为比泄气型的有过之而无不及。这种类型的人时时刻刻盯着别人的缺点,并用这些缺点作为攻击对方的武器,用来刺伤对方的自我价值。比如,你买了一件新衣服穿上给她看,她会说,"这件衣服你穿上真难看,你这人本来体形就难看,又没有审美观。大概你穿什么都不会好看。"如果你写了一个报告给你的上司看,他看后张口就说,"你写的东西简直不像样子,亏了你还是中文系毕业的,你干脆回家看孩子算了。"和这种人在一起,你的自尊心随时都受到挫伤,自我价值随时受到攻击。看看你周围的人都是哪一种人。为了有一个健康的自我,你应该多和鼓励型的人在一起,远离泄气型和劫掠型的人。

在我们的一生中,我们总是被不同的人评价着。小时候是家长评价我们,告诉我们是听话的孩子还是淘气的孩子。上学后老师告诉我们是笨学生还是聪明学生。工作了以后领导告诉我们是有工作能力,还是不适合做某项工作。在社交圈子,至亲好友会评价我们的为人是否正直、善良、慷慨;处事是否成熟、稳重、周到。这些评价都会对自我概念、自我认识的形成起重要作用。

20世纪50年代至70年代,我们的长辈在参加工作,参加党、团组织之后,经常开生活检讨会,民主评议会。人们按照"知无不言、言无不尽;言者无罪、闻者足戒"的精神,把每个与会者的大大小小优缺点和盘托出。有些发言多多少少还有点儿参考价值,但更多的情况下,人们的讲评都有些夸张,被肯定为先进人物的人,浑身上下都是优点;被视为落后人物者,即便做过一些好事也很难得到表扬。然而十年浩劫时,革命群众对"黑帮"的"声讨"和无限上纲的大批判,则远远地离开了被批判者的本来面目。那是不折不扣的人格摧残。

第三个因素是"认同脚本"(identity script)。我们生活中的许多行为规范是由认同脚本编写好了的。认同的范围可以是道德的、宗教的、经济的、文化的、行为的等诸多方面。脚本是在我们很小的时候家长老师就给我们写好了的。比如家长告诉我们,"我们家虽然穷,但人穷志不穷。我们不要在富人面前低三下四,要有自己的尊严。一定要学习好,长大才有出息。"还有的家长会说,"我们信仰上帝,对人要善良,有爱心,尽量去帮助别人。节省是咱们家的传统,做事要有责任心。"

在美国,我经常告诉我女儿:"你在美国出生,在美国长大成人,是美国公民。但你别忘了你的根在中国,你一定要会讲祖宗的语言——汉语,一定要保持中华文化的许多优良传统。"女儿从4岁起就在美国上华人办的中文学校学中文,直到高中毕业。她现在能说一口流利的汉语,为自己是一个中国人感到骄傲。

这些脚本,在我们很小的时候就烙印在我们的脑海里,对自己属于什么类型的人,应该怎样说话做事有一些行为的准则。成人之后,我们对自己的认同随着经历和所受的教育而有所改变,对我们的认同脚本也会有调整或新的注释。比如我认识一位美国女教授,她从小受很深的基督教影响,但长大后,发现自己是同性恋,并找到了自己的生活伴侣。这与基督教教义是背道而驰的。她重新修正自己的宗教认同脚本,一度成了无神论者,并开始怀疑上帝的存在。到了中年以后,她又重新意识到宗教信仰的重要,又开始去教堂,但这是一个很开放的教堂,对同性恋教徒接纳和同情。

最后一个因素是接触方式。主要指父母或其他抚养人与婴儿和儿童的接触方式。这种接触方式给一个人后来的沟通行为带来很大的影响。约翰·保比(John Bowlby,1973,1988)研究了三种接触方式:

第一,安全接触方式。父母或抚养人给予婴儿和儿童很多的爱和注意力,孩子从小就认为自己是被爱的,别人是可以信任的。这样的孩子长大后比较开朗,与人接触很自如放松,有较强的自信和自尊。他们感情上也较能独立,对生活中的挑战也能泰然处之。

同时也要看到,中国在实行"独生子女"政策之后,一个孩子(特别是男孩儿)通常有父母、祖父母、外祖父母、叔叔、伯父、姑姑、舅舅、姨娘、婶子等一大群亲人围拢着,他们备受呵护和溺爱,而养成娇惯的个性,简直是"捧起来怕吓着,含着怕化了"。在这样环境里长大的孩子,很容易产生"以我为中心"的思维方式。到了社会上,对人际间平等竞争极不适应,碰了几次钉子之后,极易丧失自信心和自尊心。

第二,恐惧接触方式。有些教会孤儿院,个别父母或抚养人对婴儿和儿童的接触方式是排斥的、消极的,甚至是虐待的。孩子从小就认为没有人喜欢自己。这样的孩子长大后会有自卑感,不愿意和别人接触,害怕被人拒绝或被伤害。他们与别人相处时经常有不安全感。但也有另外一种情况,有些孩子并不认为自己是被冷落或不被疼爱的。这种情况的孩子容易形成瞧不起别人,轻视别人的行为。他们在与别人相处时往往非常敏感,总是处于防卫状态的心理。

第三,焦虑/模棱两可接触方式。这种接触方式的主要表现形式是父母或抚养人对婴儿和儿童的接触没有固定模式。他们有时给予孩子许多爱和注意力,有时却又对孩子很冷漠。他们与孩子的沟通行为无规律可循。这样的孩子长大后会有自卑感,认为是因为自己有问题才给别人带来麻烦。在自己的沟通行为上也没有固定模式,有时他们会很开朗,有时又很封闭。

这些接触方式虽然在我们幼小的时候就形成了,但也会带到我们的成年时期,对自信和自尊产生深远影响。尽管如此,这也不是一成不变的。许多人的接触方式随着人的经历和所受的教育不断地调整。

三、西方自我沟通的概念

1. 自我暗示

自我沟通可定义为外界信息传递到内心世界的一种反应,它的沟通形式是自我对话,或是"内心话语"。在自我沟通的过程中,自己的思想和行为与自我暗示有直接关系,自我暗示(self-fulfiling prophecy)是指你对自己的认识和评价成为引导你自己思想和行动的指南,并在现实生活中得到了证实。换句话说,你的行为结果完全是由于你的自我暗示造成的。比如,你自己认为你只适合学文科,没有学理工科的脑子,每次做数学题、物理题你都做得不好,反而你的文科成绩却很好。其实你在理工科方面可能并不是没有天分,而是你对自己的这种暗示导致了你不在理工科上下工夫。

前面提过,我们对自己的认识常常是由我们身边对我们有影响的人给予的评价造成的,由于他们经常这样评价你,你就把这些评价当做你的本质,性格长处或缺点。比如你的小学老师常跟你说:"你长大一定能成为一名科学家。"你就会自觉或不自觉地往这方面努力,最后真的能成为一名科学家。笔者从小学到大学一直认为自己体育不好,所以就什么运动也不参加,也不去学。当别人约我去打网球或乒乓球时我总是说我不行,直到我42岁时,我丈夫提出教我打乒乓球,我开始时拒绝学,但在他的坚持和鼓励下,我同意试试。结果他只教了我几次,我就会打了,后来越打越好,我真后悔没有早点开始类似的体育训练。另一个例子是我小时候非常喜欢唱歌,后来上学工作一直没有机会唱,直到20多年后卡拉OK出现了。在一次中学同学聚会时我第一次唱卡拉OK,唱完后,一位老同学过来对我说,"这么好的歌让你唱砸了。"我当时很沮丧,认定自己嗓子不好,唱歌难听,从此再也不唱歌了。这种"自我暗示"消极地影响了我许多年。直到去年,在女儿的鼓励下,我参加了一个声乐班,开始重新学唱歌。老师说我经过训练完全可以唱得很好。

使自我暗示产生作用的是"标签语句"的使用。"标签语句"是给自己定性,限制在一个固定的范围内,如"我是个笨人","我没有音乐细胞","我没有语言天赋","我是一个孝顺的女儿","我是个有爱心的人"。负面的标签语常常给我们的生活带来负面的影响,正面的标签语常常带给我们成就感,自信心,被人欣赏等,这就是自我暗示的作用。记得刚学英文时,跟别的同学学了一首歌叫"我想我能"(I think I can …)。这就是一个积极自我暗示的例子。

2. 社会比较

我们对自我价值的认识往往是与别人比较而产生的,比如,"我唱歌难听"(是因为别人唱得比我好);"我社交能力很差"(是因为别人的社交能力比我强);"我饭做得很难吃"(是因为别人做的饭比我做得好吃),这里存在一个社会比较(social comparison)的问题。常常跟别人(尤其是比你强的人比较)有时会给自己带来努力向上的动力,但也会让你感到很自卑。如果你的比较不切实际,常常会使自己的自信心受到挫伤。不是所有人都能像比尔·盖茨(Bill Gates)那样富有,不是所有人都有一个苗条的身材和优越的家庭环境。不切实际的比较是指用不适合自己的标准来衡量自己,或是用别人的标准来评价自己。一般来说人们应该与自己身份、年龄、学历等方面相似的人比较。中国有句老话,"比上不足,比下有余",保持一种平常心,正确地面对现实,就会有一个健康的自我。健康的心灵是幸福的源泉。

3. 自我袒露

自我袒露(self-disclosure)是自己主动向别人传递有关自己的信息或倾诉情感,比如内心的希望、恐惧、个人认识、个人经历和奋斗目标,我们常常在自我袒露的过程中认识自己。

但对不同的人我们袒露或倾诉的程度是不一样的。对单位里的同事,尤其是有利害关系的同事,你可能不会向他袒露你对上司的不满,因为如果这些话传到上司的耳里,可能会给你带来麻烦。但与你最好的朋友,你可能会向他袒露你的真实想法和内心活动,甚至你的隐私。别人对你自我袒露的反馈也会影响你的自我认识和与他人的沟通方式。当沟通的气氛比较和谐,对方给予许多鼓励和赞许,自我袒露的成分就会更多。如果对方的反馈是负面的或者根本没有反应,自我袒露的成分就会逐渐减少。自我袒露与文化背景有很大关系。比如有些美国人善于跟陌生人自我袒露。我多次在飞机上遇见美国人向我袒露他们的家庭情况、个人感受,甚至隐私。中国人更喜欢与熟悉的人袒露。还有一些人,无论是中国人还是美国人,不愿意向任何人袒露。

美国学者约瑟夫·拉福特(Joseph Luft)和哈瑞·印哥翰(Harry Ingham)发明了一个自我认识与自我袒露相关的模式,称为"Johari Window"或约哈瑞窗口(两个人名字的合成),约哈瑞窗口把每个人分为四个自我:

窗子的第一格是公开的自我,这部分关于自己的信息是自己知道,别人也知道的,比如你的名字、专业、爱好等。

窗子的第二格是隐蔽的自我,这部分自我是别人知道或看得清楚的,可你自己却看不见。比如别人认为你很有领导能力,可你自己却从来不这样认为。你的朋友认为你很吝啬,可你一直以为自己很慷慨大方。别人看到你的缺点,说你傲慢、自私,你却从来没有意识到。

窗子的第三格是潜藏的自我,这部分的自我信息和自我认识只有自己知道,不愿意跟别人袒露,尤其是如果你过去有过不愉快的经历,如离过婚、有过外遇、进过监狱、吸过毒,你可能会隐藏起来,不让别人知道,甚至对你的亲人和最好的朋友,你也保留一点你的隐私。

窗子的第四格是未知的自我,指的是那部分别人不知,你自己也不知的自我。这部分的自我可能是由于你还没有足够的经历和认知程度来挖掘这方面的自我。这是你有潜力的部分。有时这种潜力要靠机会和别人提示才能认识到。比如,我从小的理想是当外交官,但后来当了教授。外交官这方面的能力/潜力就没有被挖掘和培养。

	自己知道的部分	自己不知道的部分
别人知道的部分	自我公开的部分 (open area)	自我隐蔽的部分 (blind area)
别人不知道的部分	自我潜藏的部分 (hidden area)	自我未知的部分 (unknown area)

图 2-1　约哈瑞窗口图(Luft,1984)

我们对自我的认识是一个不断地认清潜藏的自我、不断地挖掘未知自我的过程。这就需要有自我意识,有思考有策略地与别人沟通,然后反馈为自我沟通;同时又要不断扩大潜藏的自己,让别人更多地、更全面地了解你,使你与他人的关系更融洽、更和谐。让健康的自我袒露帮助我们对自己有一个客观的全面的认识。

我们每个人的个性、天赋、才能、所处的环境等都是不一样的,而我们所要做的,不是抱怨自己不如别人,而是认真分析自己的特点,找出适合自己的工作。只有这样,才能最大限度地发挥自己的聪明才智,并进一步在自己的职业规划中取得成功。

做自己所爱的,爱自己所做的。对自己所选择的工作应该充满激情和想象力,对前进途中可能出现的各种艰难险阻无所畏惧。当确定好自己人生的核心目标后,才能有奋发前进的动力。

工作态度折射人生态度,人生态度决定事业成就。马斯洛说(Abraham Maslow, 1954):"心若改变,你的态度跟着改变;态度改变,你的习惯跟着改变;习惯改变,你的性格跟着改变;性格改变,你的人生跟着改变。"不论做什么样的工作,都要追求卓越,并认真地去完成,即使是洗马桶,也要做到最好。把每一件简单事情做好就是不简单,把每一件平凡的事情做好就是不平凡。现在的年轻人有不少眼高手低,只想做大事,对小事不屑一顾。结果在求职中高不成,低不就,终以失败而告终。汪中求先生在《细节决定成败》一书中说:"能做大事的人很少,不愿做小事的人极多。"这正是对当代大学生的真实写照。我们要改掉这个坏毛病,要有理想,有干大事的雄心,但一定要从小事做起,有把小事做细的韧劲。老子曰:天下大事,必作于细;天下难事,必作于易。

4. 自我交谈和自身修养

沟通学者多娜·伍克得(Donna Vocate,1994)强调自我交谈(self-talk)是自我沟通的主要形式,自我交谈主要有两种形式,一种是无声的心底里的自我对话,另一种是发出声音的自我对话。在自我交谈中,自己既是信息的发送者也是信息的承受者。用米德(Mead,1934)的观点看,这是一个反思意识的过程;或采用维高斯基(Vygotsky,1934/1962)的说法,这是一种"内心话语"(inner speech),是自我对话(dialogue with the self),也是用语言思维的过程。反思意识是个人成长和变化的必然条件。

米德(Mead,1982)认为在自我沟通的过程中,有两个自我在进行对话。一个是主我(I),这是指原本的自我,另一个是客我(me),是通过别人的影响而认同了的自我。实际上这种两个自我的沟通就是个性化自我与社会化自我的互相碰撞、协商,或是互相妥协的过程。比如你个人的意志可能是无论以什么方式,只要学到真本领就行了,但是社会化的自我却要求你以考学的方式,应试的手段,一步步完成知识的积累和掌握。

个人的自我交谈主要起三个作用。第一个作用是通过自我交谈使个人与个人所处的环境发生联系,个人与他的语言社区的关系得以表现,使个人产生文化认同。比如在美国的华裔,他们的公众语言和工作语言是英语,但当他们自我交谈的时候,一些人可能使用的语言是他们的母语——汉语。这种用母语进行深层次的自我交谈反映了语言使用者的文化认同。第二个作用是促进思维的发展。语言与思维是紧密联系的,人类脱离了语言就不能思维。第三个作用是调节个人的和他人的行为。人们在自我交谈中进行了自我说服、自我论证、自我矛盾,最后产生结论,导致行动。许多人在自杀前,都要进行这样的思想斗争。著名的心理学家博儒诺·贝特翰(Bruno Bettelheim)在他1990年3月13日自杀前接受采访时说,"我再也不能做我喜欢做的事情了。这个社会不知怎样对待老人,把他们推开不管……我觉得自己没用了,继续活下去很艰难。自从我太太去世后,我非常想念她……我很羡慕那些相信来世能和相爱的人团聚的人……"(Fremon,1991)。这个例子告诉我们自杀的人在自杀前是怎样用自我交谈来说服自己采取行动的。

比利时哲学家佩雷尔曼(Perelman,1912—1985)在他著名的《新修辞学》(New Rhetoric)一书里谈到我们每个人都是自己的第一个受众。我们在说服他人之前先要说服自己。佩雷尔曼称这种过程为"自我考虑"(self-deliberation)。在自我考虑时,人们进行理性和逻辑思维,总结出强有力的理由,提出让人信服的观点。这是一个自我论辩和认知的过程。我们通常是用能够说服自己的理由去说服别人。

自我交谈与自身修养紧密相连。在中国文化传统里,古人非常强调在修身养性时自我认识的重要性。老子曰:"知人者智,自知者明。胜人者有力,自胜者强。"(《道德经》第33章)就是说真正了解自己的人,才是聪明的人。真正能够战胜自身弱点的人,才是坚强的人。儒家思想的核心是修身养性齐家治国平天下。孔子强调君子应"修己以敬,修己以安人,修己以安百姓"(《论语·宪问》)。孟子提倡每个人要"善养浩然之气"(《孟子·公孙丑上》)。荀子也讲过"以治气养生,以修身自名"(《荀子·修身》)。这里的修身和养气就是自我修持的过程和目的,就是用高道德标准要求自己,不断反思自省。只有具有仁义的情操,自身的修养,才能与人平和相处,才能国泰平安。孔子教他的学生曾子说:"吾日三省吾身:为人谋而不忠乎?与朋友交而不信乎?传不习乎?"(《论语·学而》)孔子还告诫我们:"躬自厚而薄责于人,则远怨矣。"(《论语·卫灵公》)如果我们在与他人交往中具有这样的境界,我们与别人的沟通一定是愉悦的。

在印度的哲学思想里,自我认识(self-knowledge)和自我沟通是很重要的组成部分。与西方的沟通模式相反,印度哲学认为沟通的目的不是向外传递信息,影响他人,而是向内自我认识,自我反省,自我提高。自我认识是靠对现实的直觉反映,而不是像西方那样靠理性思维和对概念的理解(Kincaid,1987)。

四、提高自我沟通的能力

1. 客观、实际地认识自己,更要敢于解剖自己

不管别人怎么评价你,自己对自己要有一个客观的评价。一切不实际的想法和做法都有可能导致自尊心、自信心的挫伤。如果要想改变自己,必须先从小事做起,切实可行地去改变自己,逐步往理想递进。对自己要宽容,尽量不要和他人比较在自己身上不能实现的目标。对于别人对自己的不切合实际的期待也要抱以冷静的态度,不要让别人牵着你鼻子走。保持健康的自我概念,很重要的一条是接受自己,知道自己的优

缺点。

作家杨绛在她的《走到人生边上》谈到她有三面镜子,每面镜子的光照不同,照出的容貌也不同。

> 一面镜子最奉承我,一面镜子最刻毒,一面最老实。我对奉承的镜子说:"别哄我,也许在特殊情况下,例如'灯下看美人',一霎时,我会给人一个很好的印象,却不是我的真相。"我对最刻毒的镜子说:"我也未必那么丑,这是光线对我不利,显得那么难看,不信我就是这副模样。"最老实的镜子,我最相信,觉得自己就是镜子里的人。(2007,p.140)

最可笑的一种人是自以为是,看不到自己的真相。这样的人往往容易有愚蠢的行为。在莎士比亚著名剧作中,有许多片段涉及对不同人物的评价,如:"聪明人变成了痴愚,是一条最容易上钩的游鱼;因为他凭恃才高学广,看不见自己的狂妄。愚人的蠢事算不得稀奇,聪明人的蠢事才叫人笑痛肚皮;因为他用全副的本领,证明他自己愚笨。"(《罗密欧与朱丽叶》)

2. 保持乐观态度和积极向上的自我交谈

乐观的态度是追求人生幸福的良剂,保持乐观就要经常使用积极的、有益的、有趣的话语与自己交谈,甚至有时自嘲自讽。这样会使你更能充分认识自己的价值并能和别人更好地沟通。反之,悲观的态度和消极的自我沟通会成为你成功的障碍,会给你增添烦恼,更会加剧你和别人的矛盾。

最近,美国内布拉斯加州(Nebraska)有人为自己做了气管切开术。55岁的男子怀尔德患有喉癌,多年来呼吸困难。上周的一个晚上因不能呼吸而惊醒,他很清楚地意识到,他的呼吸通道彻底堵死了,如果自己不敢冒险动刀,注定就要死亡。于是他赶紧从厨房里取了一把餐刀,在自己的喉咙上扎了一个小洞,让空气进入。他当时没有先打"911"急救电话,因为他认为,等到急救车来了把自己接到医院,那就会在途中因窒息而死亡,很可能直接送到停尸房去了。幸运的是,医生检查后说:伤口一旦缝合,怀尔德不会有什么后遗症。可见,他在动刀之前及时的自我交谈是何等重要!

3. 与乐观向上的人来往

在一个人的生活中,总会遇到形形色色的人。有些人生活态度乐观,即使遇到困难也向积极的方面看;有些人却总是发牢骚,对什么都不满意,看什么都不顺眼,好像全天下人都对不起他。你若要想保持自己的自尊,对自己有明确的认识,就要尽可能地与前一类人交往。与乐观积极的人交往,你会经常听到他们的赞许和鼓励,增强自己的自信心。后一种人的消极情绪也会影响你自己看别人、看事物、看自己的态度。如果你没有选择,周围的人都只属于后一种人,你至少可以躲避他们或少与他们接触。如果他们发牢骚,你就岔开话题,尽量不要把那些话搁在心里。

4. 不断地修身养性,自我完善

一个内心充实的人不会轻易受别人和社会的影响。内心的充实是可以培养的。比如通过阅读书报和艺术欣赏获得满足感,通过经常与乐观和有思想的人交谈,并从中取得智慧。这些都是自我修养的渠道。内心的充实来源于对生活有明确的目标,对生命有明确的认识;来源于不被物质、名利和虚荣所迷惑的心态;来源于敢于自我批评的勇气;来源于一颗博大精深的爱心。

这里,我想以宋代大文学家苏东坡为例。当他身处逆境的时候,苏东坡善于在寂寞中反省过去,意识到自己以前最大的毛病是自鸣得意,过分炫耀,没有自知之明。正像余秋雨描述的那样,"苏东坡的这种自省,不是一种走向乖巧的心理调整,而是一种极其诚恳的自我剖析,目的是想找回一个真正的自己。他在无情地剥除自己身上每一点异己的成分,哪怕这些成分曾为他带来过官职、荣誉和名声。他渐渐回归于清纯和空灵……习惯于淡泊和静定。艰苦的物质生活,又使他不得不亲自垦荒种地,体味着自然和生命的原始意味。这一切,使苏东坡经历了一次整体意义上的脱胎换骨,也使他的艺术才情获得了一次蒸馏和升华……与古往今来许多大家一样,成熟于一场灾难之后,成熟于灭寂后的再生,成熟于穷乡僻壤,成熟于几乎没有人在他身边的时刻。"(1995,109~110)这里,苏东坡通过冷静地自我沟通,大彻大悟,完成了自我实现。

小结

这一章介绍自我沟通在个人成长和与他人沟通过程中的重要性。自我概念是由态度、信仰和价值观组成的。每个人都有许多不同的方面,主要表现在三个自我:物质的自我、社会的自我和精神的自我。自我的倾向性决定了一个人的价值观和行为。自我一部分是通过与在我们生活中有影响的人的沟通过程中逐渐形成的。这些有影响的人称为"特殊他人"。另一部分的自我是由媒体和社会对你所在群体的认识和塑造中形成的。自我概念包含怎样做人的道德标准。自我概念会随着环境的改变而改变。正确地认识自己有助于心理健康。乐观、开放、积极向上的自我能使与他人的沟通更有效和更愉悦。

自我概念与在沟通中别人的定义和评价有直接的关系。积极的、表扬/赞美的话语能帮助孩子从小就建立自信心。经常和鼓励型的人在一起能使我们更快乐,并能发挥我们的潜力。自我沟通时,"认同脚本"为我们提供了做人和怎样生活的行为规范。在一个人的成长过程中,"认同脚本"不断地被修改和调整。但在一个人小的时候,父母或抚养人与婴儿的接触方式会影响他们的性格、自我认识和与他人沟通的模式。

一个人自我沟通时经常会自我暗示。自我暗示常常会限制或激励一个人的行为,最后把想法变为现实。除了自我暗示以外,自我沟通还包括与别人比较和自我袒露。袒露的方式和程度不同,自我表现及与别人沟通的效果就不同。自我沟通的另一个形式是自我对话,或自言自语。自我交谈起到文化认同、促进思维和自我说服的作用。人贵有自知之明至今仍是至理名言。不断地反省自己,认识自己,修身养性能促进成熟的心理和健康的心态。自我沟通的能力就是靠敢于反省自己,解剖自己不断培养的。

关键词

自我,自我概念,态度,信念,价值观,物质的自我,社会的自我,精神的自我,直接定义,他人评价,认同脚本,接触方式,自我暗示,自我袒露,自我考虑,自我对话,反思意识,标签语

讨论题

1. 为什么自我沟通能力很重要?
2. 哪些因素会影响自我概念的形成?
3. 一个人都有哪些方面的自我?你认为哪一部分的自我最重要?
4. 在你生活中哪些人是"特殊他人"?哪些人代表"普遍他人"?
5. 自我概念和价值观是什么关系?
6. 别人的评价为什么会影响自我概念?
7. 约翰·保比的接触方式理论是什么?你小时候经历的是哪一种接触方式?
8. 自我暗示在自我沟通中起什么作用?你是否用自我暗示实现过你的生活目标?
9. 自我袒露的形式都有哪些?你是属于哪一种?
10. 怎样才能提高自我沟通的能力?

练习题

1. 从多方面描述一下"我是谁"(包括你的价值观、性格、优缺点、兴趣爱好)。比如,"我是……";"我喜欢……";"我相信……"。

2. 写下你是怎样看待自己的,你认为你的朋友是怎么看待你的,再让你的朋友写下他们是怎样看待你的。比较这三个方面的自我,找出相同处和不同处。

3. 回忆你在过去的经历和生活中遇到的困难和挑战。你是怎样进行自我交谈、自我暗示和自我说服的。

4. 举出中国古代和现当代通过自我沟通而发生重大世界观转变的典范和例子(如邓小平)。

5. 记录一下你从小父母经常跟你说的话是什么;上学后老师经常跟你说的话是什么;你经常跟你自己说的话是什么。分析一下这些话语对你自我概念和自我认识的形成产生什么影响。

6. 采访一个长者,如老师、亲属、朋友的父母、学校的员工、街头的小贩,询问他们是怎样描述和认识自己的;他们人生的座右铭是什么;他们是否在乎别人怎样看自己;他们认为人生的意义是什么。从他们的回答中,你可以分析哪部分自我对他们更重要。

参考书目

汪中求.细节决定成败.北京:新华出版社,2004
杨绛.走到人生边上.北京:商务印书馆,2007
余秋雨.山居笔记.台北:尔雅出版社,1995
Bowlby J. *Separation:Attachment and loss*(Vol. 2). New York:Basic Books,1973
Brazelton T B. *Building a better self-image. Newsweek*,Spring/Summer Special Issue,1997
Cooley C H. *Human nature and the social order*. New York:Scribner's,1912
Fremon Celeste. *love and death. Los Angeles Times Magazine*. Jan. 17,1991. 20
Horney K. *Neurosis and human growth*. New York:W. W. Norton and Co,1950
James W. *The principles of psychology*. New York:Henry Holt and Company,1890
Kincaid D L(Ed.). *Communication theory:Eastern and western perspectives*. San Diego,CA:Harcourt Brace Jovanovich publishers,1987
Luft J. *Group processes:An introduction to group dynamics*(3rd ed.). Palo Alto,CA:Mayfield,1984
Maslow A H. *Motivation and personality*. New York:Harper and Brothers,1954
Mead G H. *Mind,self,and society*. Chicago:University of Chicago Press,1934
Mead G H. *The individual and the social self:unpublished essays by G. H. Mead*. David Miller(Ed.),Chicago:University of Chicago Press,1982
Perelman C. *The new rhetoric and the humanities*. Trans. William Kluback. Dordrecht,Holland:D. Reidel,1979
Vocate D. (Ed.). *Intrapersonal communication:different voices,different minds*. Hillsdale,NJ:

Erlbaum,1994

Vygotsky L. *Thinking and speaking*. Eugenia Hafmann and Gertrude Vakar(Eds. and Trans.),Mass: The M. I. T. Press,1934/1962

Wilmot W. *Dynamic communication*,3rd ed. New York: Random House,1987

Wood J. *Communication mosaics: an introduction to the field of communication*(4th ed.),Belmont,CA: Wadsworth,2006

第三章 聆听与沟通

明朝东林党领袖顾宪成在无锡创办东林书院,书院门前有一副楹联:"风声雨声读书声,声声入耳;家事国事天下事,事事关心。"上联将读书声和风雨声融为一体,既有诗意,又有深意;下联体现了齐家治国平天下的雄心壮志。如果不能声声入耳,也就谈不到事事关心了。

在"聆听"方面,存在两个极端。一个极端是:充耳不闻,即"如见塞耳,无闻知也"。也就是塞起耳朵,干脆不听,我行我素。另外一个极端是:洗耳恭听。这倒不是说先把耳朵洗一洗再听,而是表示专心地、恭敬地聆听。在真正的大学问家面前,"洗耳"也是值得的。有一位记者问比尔·盖茨,你都读哪些经营管理的书籍?盖茨答道:"除了彼得·德鲁克(Peter F. Drucker)的书外,还有哪些书可以看呢?"假如,被尊为"大师中的大师",对世人有卓越贡献及深远影响的当代管理学之父彼得·德鲁克光临我们学校,即便你的专业与经营管理不搭界,你也会渴望借鉴他那无比清晰的逻辑思考,兴致勃勃地、全神贯注地聆听他的讲演。

常言道:"会说的,不如会听的。"这里所说的"会听",指的是能够抓住讲话人的要领,准确无误地理解。《论语》中说:"六十而耳顺",说是人到了60岁,听到别人的话就能够深刻理解其中的意思。我认为,孔老夫子所说的"六十而耳顺",和他所说的"三十而立"同样,并非每一个30岁、60岁的人都能办到。一般说来,人到60岁,听力不佳倒是非常普遍的。"耳顺"则相当难了。因为"耳顺"意味着"耳闻其言,而知其微旨"。微旨,指的是深远精微的意旨,如"究洞圣人之微旨";另一层意思是,能够听得出对方"隐而未露的意愿",这可不是尽人皆可做到的,首先要有真才实学才行。

社会发展到现代,聆听成了丰富多彩生活的重要组成部分。我们聆听各种领域的大师对学术的阐释,聆听其智慧的精髓,领略大师们历经人生苦难,以理性战胜自己的精神,使我们对学问的感悟更深了,使我们与大师的距离更近了。CCTV《百家讲坛》节目就给我们提供了一个聆听大师们学识和智慧的场所。我们还可以随意选择交响乐、歌剧音乐光盘,聆听艺术大师敞开美丽心灵,演唱、演奏的无穷魅力;品味人类文化的盛宴,把自己置身于无比美妙的精神境界。

然而,这种聆听,是一种求知、欣赏、吸收式的聆听,不可能成为生活的全部。我们一旦进入学府,走向社会,就要与人相处。在群体社会环境中,人人都希望被别人了解,人人都急于向别人表达自己,这是极为正常的现象。可惜的是我们往往并不认真地、耐心地去倾听别人的讲话和"叙道"。就是聆听也无非是机械地"回应",或是简单地复述对方的话。

没有空气,人类就无法生存。真心地倾听有着极强的治疗作用,可为别人提供"心理空气"。这是最根本的一种人性——需要满足了就不会再生出追寻动机。但在物质生活无虞后,人类又生出另一种渴望,就是精神上的满足——被了解、被肯定、被赏识……

在电影《阿甘正传》(*Forrest Gump*)的开头,阿甘在一个公园的长椅上认真地倾听一个老太太讲诉自己的故事。他并不认识这位老人,自己还是弱智,但阿甘却有一颗善良的心,愿意为别人提供"心理空气"。老人特别感谢阿甘的耐心和同情心。

当你能真心地倾听他人说话,可以给对方提供"心理空气",满足对方精神上的需要,这时候你才能集中精力和心力,去解决问题,或发挥影响力。事实上,这种对心理空气的需求,影响着生活中每一方面的交流。必须真正理解对方,才能让对方真正了解自己。相互交心,相互提供"心理空气",相互积蓄感情账户,相互信赖和信任,聆听就成了有效沟通的桥梁。

一、聆听的重要性

聆听的能力不是天生就有的,而是可以后天训练的。在各种场景下聆听是沟通的重要环节,可以说没有聆听就没有沟通。如果没有认真聆听,在沟通过程中难免会造成许多误会。这一章主要是讲述聆听的重要性,聆听的过程;讨论聆听中出现的障碍,并探讨怎样才能成为一个好的聆听者。

一般来说,人们在受教育的过程中,可能接受过说、读、写的训练,但很少有人专门受过聆听的训练(除非是在学外语的过程中)。但事实上,根据莱瑞·巴可(Larry Barker, 1981)和他的同事们证明,美国大学生50%的时间听别人讲话,30%的时间与别人讲话,15%的时间阅读,剩下的时间是写作,由此看来聆听能力有多么重要。

一个聆听能力很差的人,很难跟别人搞好关系,工作质量和效果也会受到影响。比如说,在商场上,他可能会失去赚钱的机会。在人际关系上,他可能会与别人产生误会。在学校里,他可能因为上课不认真听讲,考试得了很差的分数。在公司里,他可能因为没有把老板的意图听清楚,在执行项目时使公司受了损,最后被老板解雇。

据美国的一项调查,每周40个小时的工作时间内,由于员工和老板在聆听上出了问题而浪费掉了40%的时间(Office Team Survey,2000)。某商务公司（SeeCommerce)副总裁吉米·泼斯理(Jim Presley)认为职工与老板有效的互相聆听能使销售额提高30%～40%。一个管理者的成功标志就是他是一个好的聆听者。聆听能力强的领导,能更好地掌握信息,处理矛盾。美国的一份调查发现,1000名人事部门的专业人员认为聆听能力是有效管理企业的最重要的因素(Windsor,Cutis and Stephens,1997)。2007年哈尔滨市的高考状元被采访时告诉记者她在高考前没有上过任何补习班,她能取得好成绩的主要原因是她上课专心听老师讲课。

研究聆听能力方面的专家安朱·沃文(Andrew Wolvin)在他的著作《聆听在高质量企业中的作用》中指出:"在21世纪,有效的聆听是高效率企业的象征,有的企业达到了这一点,有的企业需要发展一个有效聆听的文化氛围……这对企业的发展可谓事关重大,其回报将是巨大的,包括经济的、技术的、政治的和社会的。生活质量的提高全是依靠有效的聆听能力"(1999,p.54)。

高质量、高效率的聆听已被许多企业重视。安朱·沃文(Andrew Wolvin)和凯荣琳·可科里(Carolyn Coakley)(1991)通过他们的调查发现,50%的500强财富集团公司,包括波音公司和奎斯特通讯公司(Quest Communication)都为他们的雇员提供聆听能力的训练。美国甚至还有一个国际聆听组织(The International Listening Association)专门研究怎样提高聆听能力(www.listen.com)。

聆听能力对有些职业至关重要。比如医生,在问诊时,要认真听病人的陈述和感受,才能帮助诊断。可有些医生不等病人把话讲完就已经凭经验或书本知识给病人下了结论,结果可能会造成误诊。在美国因为有些移民有语言和文化的障碍,还有宗教的影响,对医生的医嘱听不明白或根本不听,导致病情严重。在《神抓住你,你倒下》(The Spirit Catches You and You Fall Down)这本书里,作者安妮·菲迪曼(Anne Fadiman)讲述了一个苗族女孩患了癫痫病,美国医生给她开了一些药控制抽风,可女孩的父母认为抽风是因为孩子的灵魂出窍造成的,他们没有听从医嘱,也没有给孩子吃药,而是请了巫医来家里跳大神,驱逐阴魂,后来女孩抽风频繁,变成了植物人。

有效的聆听能丰富我们的生活,给我们带来快乐和健康,也能对别人有帮助。我们每天都要听许多人讲话。大部分听到的信息都与我们日常生活学习和工作有关,比如天气预报、新闻、老师的讲座、领导的指示、父母朋友的劝告等。我们也经常对听来的信息加以分析和评价,比如我们每天都听到许多推销广告,我们听的时候一定要有鉴别能力,不然很容易受骗上当。在听别人讲话时,我们不可避免地要做出判断这人是否值得信任,决定是否继续听下去。在听家人或好朋友讲他们的想法、困惑和寻求帮助时,我们常抱着同情心去倾听,让对方感到我们对他们的关心和理解。

二、掌握"听"的艺术

在机关和企业中,听是管理者与员工沟通的基础。但在现实中很多人并没真正掌握"听"的艺术。实际上,倾听是有层次之分的。

①"听而不闻":如同耳边风,完全没有听进去。

②"敷衍了事":哼哈答应,略有反应其实是心不在焉。

③"选择地听":只听合乎自己的观点和口味的,其他则一概自动被消音或者过滤掉。

④"专注地听":全神贯注地听,确保听到、听懂,但是,即使每句话或许都进入大脑,是否都能听出说者的本意、真意,仍是值得怀疑。

⑤"理解倾听"(empathetic listening)。理解倾听的出发点是为了"了解"而非为了"反应"。也就是通过交流去了解别人的观念、感受。理解倾听不止是理解个别的词句而已,也不仅是为了听懂。它是一种高层次的聆听,也就是说通过言语和肢体语言的交流,明晰对方的思维观念、感受对方的内心世界,做到理解对方,而不是同情对方。同情(sympathy)只是一种情感的表露,而真心实意地聆听是为了寻求理解,是心和心的层次交流,深入到对方的感情与理智世界中去。

被美国《时代周刊》誉为"思想巨匠"的史蒂芬·柯维(Steven Covey)博士,在《高效能人士的七个习惯》一书中认为:人际沟通仅有一成是经由文字来进行,三成取决于语调及声音,六成是人类变化丰富的肢体语言。所以理解倾听要做到下列"五到":耳到、口到(声调)、手到(用肢体表达)、眼到(观察肢体)、心到(用心灵体会)。当我们能用理解的心去倾听别人说话时,自然可以提供给对方心理上极大的满足感和温馨感,这时你才能集中心力去解决问题或发挥影响力、领导力。史蒂芬·柯维虽然说的是领导学,但是"倾听"无论是在工作,还是在学习中,都是人际沟通中需要掌握的重要方法。

三、聆听的过程

在英文里聆听可以用两个词来表示:Listening 和 Hearing。Listening 是一种积极地、主动地听取、选择、注意、理解、评价和记忆的过程。而 Hearing 却是一个消极地让声音从耳边随便而过的生理过程。Hearing 可以翻译成"听",但听者不一定听到,或没有刻意想听到。我们常说,"我在和你讲话,你听到了没有"或是"这个耳朵听,那个耳朵冒出去了"。这种听,只是一个生理过程。Listening 就是我们常说的,"用心去听",听者要有听的愿望,要身心的完全投入,要对听来的信息有所反应,并用心去理解。形体语言是证实你是否在 listen 或是 hear 的状态。如果你有全神贯注的表情,对方可能会判断你在认真地听,给对方尊重和注意力。如果你四处张望,心神不定,对方会认为你没在听。

举个例子。两位同学在校园相遇——

甲:最近好吗?考试顺利吗?

乙:家里来信说我父亲病得很重。考得不好……

甲:我也没考好,考题太难了,考前光顾忙着打工,没好好准备。

乙:我现在拿不定主意,是回家看看我父亲,还是寄点钱?

甲:你干嘛要回家?你父亲怎么了?

乙:噢,(面有愠色)算了,没必要和你讲。(走开)

从他们的对话中可以看出,甲没有认真聆听乙的困扰,而是在关注自己的事情。本来乙是想从甲那里寻求点安慰或建议,可甲的自我中心成了他聆听的障碍,乙当然不愿和他继续对话。在中文的繁体字里,听(聽)是由耳眼心德四个部分组成的字。所以光靠耳朵是不够用的,还须仔细观察,但更重要的是要用心去听。培养良好的聆听习惯是一种美德。

要想达到水乳交融的沟通,首要的是取得对方的信任,而诚于中、形于外的品德,也就是善良的本性,是打动对方的钥匙。在沟通中任何苍白的解释和无力的应付,都是无济于事的。沟通的最佳方法,是掌握真心倾听的技巧,如果能以善良的品德赢得对方的信赖作为前提,再加上丰盈的感情为基础,有效的人际沟通便在掌握之中。

我们在倾听别人讲话时,大脑里一般要经过七个阶段才能达到较好的聆听效果。西方学者把这七个阶段分为:接收信息,筛选信息,集中注意力,理解信息,评价信息,记忆信息,对信息的反应。

1. 接收信息

接收信息(receiving)一般是个消极的被动过程,这是聆听的最初阶段。你只听到一些声音,但声音的内容并没有引起你的注意。就像你一边写作业一边听收音机里的音乐,你的集中力还是放在写作业上,音乐只是背景声音。但如果你突然转移了注意力,听到收音机里播放着你最喜欢的歌曲,你可能会停止写作,用心地去听音乐。这种集中注意力的聆听才是真正的聆听。但是我们聆听的能力和效果有时会被一些身体因素或环境因素所影响,比如身体疲劳,或对方的讲话冗长乏味等。

2. 筛选信息

我们每时每刻都接收到很多声音,比方说,你在房间里写作,你能听到窗外工地推土机的声音,楼下装修房子的敲打声,外面的鸟叫声,卖东西吆喝声,房间里钟表的打点声,空调或冰箱发出的嗡嗡声。我们面对这么多的声音刺激,必须选择哪些声音是我们想听到的,哪些声音要被忽略的,因为没有人会同时对许多的声音刺激给予同等的注意力。这种选择的根据是什么声音对你是重要的、相关的、有紧密联系的。比如你参加一个聚会,会上有音乐,有许多人在说话,可你只是选择了聆听你的熟人叙旧,不被其他的声音所干扰。有时你的期待、你的社会角色和你的文化背景也会影响你对聆听的选择。如果你是东方人,在单位里工作阶层较低,英文不是你的母语,在听西方人的领导讲话时,你可能就更注意听。此外,音量较高的、有特色的,或特别强烈的声音比较能引人注意,更容易被选择。

3. 集中注意力

我们往往习惯于单纯地向别人灌输自己的思路,可要知道沟通是双向的,首先要放弃你身份的架子,以平等的、恭敬的、尊重的心去听。有人向你倾诉其实是一件很幸运的事情,这说明对方把你当作可以敞开心扉的人,通过倾诉,你们可以加深彼此的了解,关系也会变得更融洽亲密。换句话说,如果周围的亲朋好友在面对你时都讳莫如深,那么你会更加孤独。沟通双方通过倾听产生共鸣,才能起到调节心情的效果。在倾听时,要保持环境的安静和相对的私密性,以便让倾诉者的情绪平静下来,尽量不要让其他的事干扰对方的诉说。如果你一会儿接听手机,一会儿东张西望,一会儿书写些别的东西,心不在焉,对方会很快对你失去信任。相反,自始至终保持心无旁骛的倾听姿态,让对方感受到你的理解与支持,会有助于对方说出自己想说的话,并心平气和地商量出解决的方法。

注意力是有效聆听的前提。一般说来,一个人在一分钟内可以听到 300 个字,但在一分钟内却只能说出 100 个字。这就是说,当我们听别人讲话时,我们的大脑有些空余的时间,这些空余的时间很容易使我们分散注意力。注意力一旦分散,就很难全面地听懂对方要表达的意思。当然一般人的注意力(concentration span)也是有限的,对那些冗长、晦涩的、难懂的讲话,听者很难集中注意力。

笔者的中学老师任桂斧先生第一天给我们上课时对我们说"注意力是心灵的窗户,没有它,知识的阳光照不进来"。这句话成了我一生的座右铭。有了注意力才能使接收和筛选出来的信息产生意义。

在沟通中,注意力也是尊重对方的一种表现方式。如果你和一个朋友讲话,他东张西望,一会儿看表,一会儿看手机短信,你会感到很不被对方尊重,或至少是对你讲的内容不感兴趣,这样的沟通是不会有效果的,反而会使对方产生反感。当然在有的场景下一些人可以同时和几个人沟通。比如有的医生,在听一个病人讲述病情时,如果看到另一个看过病的病人进来,会问他:"你怎么样?吃了我上次给你的药,感觉好点了没有?"这位医生看上去没有给第一个病人 100% 的注意力(undivided attention),但医生又不愿意让他曾看过的病人感到被忽视。这种情况在群体特征较强的文化里很普遍。

4. 理解信息

理解信息是聆听过程中很重要的环节,是区分听(hearing)还是聆听(listening)的重要标志。如果你认真听,而且又听懂了,说明你理解了信息的含义。不是所有传递给我们的信息都能被听懂或被理解的。一般说来,人们对他们熟悉的内容,或曾有过的经历,或具体的例子,会理解得快一些,反之就会慢一些或根本不能理解。这就是为什么老师在上课时讲解一个新理论时,要多讲例子,多跟学生熟悉的内容和他们的经历相联系。

如果对信息不理解,甚至产生误解时,就可能会造成认识上的混乱和行动上的错误。比如,当SARS刚在中国出现时,中国人把它翻译成"非典"。媒体开始时对有关SARS的信息也有误导,致使在全国造成很大的精神上的恐慌和经济上的损失。在"文革"初期,林彪说:"毛主席的教导理解的要执行,不理解的也要执行,在执行中加深理解。"现在看来,这番话不合逻辑。在当时却广为流传,造成许多人盲目随从,害己害人。

5. 评价信息

在聆听别人讲话的同时,我们常常对讲话者进行评价。判断他讲的是事实还是个人意见,是理性的观察还是感情的冲动。我们还会猜测讲话人的目的是什么,这个人是传播知识,还是故弄玄虚?你对讲话人的印象是诚信还是欺骗?有时讲话人的外貌和穿着也会对你的评价产生影响。一个衣冠不整的人讲一个很严肃的题目会让你感到很不适宜。你可能根据讲话人的肢体语言判断讲话人是保守型的,还是开放型的,有亲和力的还是傲慢不可一世的?我们对讲话人的评价会影响到我们的注意力和理解力,甚至影响到我们对讲话人产生敬意,还是敌意。一旦对讲话人失去尊重,自然就会东张西望,不时摆弄别的东西,或二郎腿一跷,连连看表。这种拒人于千里之外的态度,意味着对方没有得到基本的尊重。相反,如果你热情地呼应,拉近你们的距离,同时在沟通时用眼睛注视对方,适当地点头,讲到开心时会心一笑,伤心时表示真诚的同情,他喜你则喜,他悲你则悲,很好地利用这些身体语言,试想谁不想跟你说说心里话?

6. 记忆信息

当我们理解和评价接收的信息后,下一步是怎样才能把信息存留在记忆里。我们的记忆力是有限的。根据1931年国际聆听协会的调查,在我们刚刚听到的信息中,如2~3分钟的新闻节目,一般人只能记住50%有意义的内容。一个月之后,一般人只能记住这50%中的一半信息的内容。调查还发现,大多数人只能回忆起25%他们所听到的信息,在这25%中,有80%的成分可能会被歪曲或误解,这样只有5%的信息能够比较准确地被回忆起来。

列宁说："再好的记忆力,也不如笔。"中国有句俗话："好记性不如烂笔头。"如果我们盲目地相信自己的记忆力,会导致被记忆力欺骗。我们就要用别的方式补救记忆力的缺陷,如做笔记、讨论、思考,都会帮助我们加深记忆。现在普遍应用电脑,及时储存必要的信息就更加方便了。

7. 对信息的反应

聆听的主要方法是认真地倾听,自己尽量少说,尤其是不要中途打断对方说话。不要话听一半就急着表达自己的意见,让对方完整说完他的话,是表示对对方的尊重和礼貌,也才能理解对方的真实想法。如果能保持一种第三者的客观心态去听,那就会消除心理上的很大障碍。美国有一位知名主持人,叫林克莱特。他曾在节目中问一名立志当飞机驾驶员的小孩子:"如果在太平洋上,你的发动机引擎都熄火,你会怎样?"那男孩子回答说:"我会让每个人都绑好安全带,然后我跳伞出去。"正当大家都在大笑不止时,林克莱特却继续问那孩子:"为什么?"小孩流着两行委屈的眼泪说:"我不是不管他们了,我跳出去拿燃料,我当然要回来的!"可见,等到对方把话完整地说出来,也许就会有另外的结论呢!

讲话者无不重视听众的反应,从而判断大家是否听懂或理解了讲话的内容。听众的反应可能有几种不同的形式:第一种形式可能是沉默,沉默可能表示没有听懂,或对讲话感到索然无味,或是讲话的内容引起了他们的深思。第二种反馈形式是肢体语言,比如,点头拍手表示同意,自然流露的笑声,或以皱眉、摇头表示不同意。第三种反应是提出问题。听众的反馈,表达了听者对讲话人是否感兴趣,也传达出注意力集中的程度,提问题能够帮助讲话人调整讲话的内容和情绪,使沟通更有效果。在交流时,为了能和讲话人有效地沟通,听者要善于和讲话人合作,比如简单解释讲话人的意图,确认对讲话内容的接收和理解,像"嗯嗯"、"往下说"、"你说得真好,请讲下去"这样的短句给讲话者反馈。反馈要贯穿于整个沟通过程,及时合适的反应,会使沟通过程的气氛更和谐。

有些学生出于礼貌和面子,即使没有听懂也假装听懂了。这样会给讲课老师造成假象,使后来的信息传递和理解更加困难。老师讲一个概念,学生没什么反应,老师问大家听懂了没有,学生没有什么反应。老师会以为学生听懂了,结果到了考试的时候,许多问题学生答不出来,其实这样只能是学生自己吃亏。

四、影响有效聆听中的基本障碍

在聆听的过程中,前面讲的这些阶段往往不是顺利通过的,这是因为在这个过程中,我们经常会遇到些障碍,而影响有效的聆听。这些障碍主要分为三大类。

1. 外界因素

我们都有过这样的经历,正在专心地听一张唱片或一个人说话时,突然受到周围的声音打扰,这声音可能是小孩的哭闹声,邻里的争吵声,电视节目声音,电话铃声,建筑工地的机器声,救护车、救火车的鸣响声等,这些都使得注意力不能集中。外界因素也可能是身体的原因,比如你疲劳,或身体不舒服等,也都会影响聆听能力。还有一种情况是聆听的环境因素,比如讲话人的语言太抽象,过分专业化,内容太复杂,离我们生活太远,远远超过了听众的理解能力,或者是信息量太大(过剩)。在信息时代的社会里,多媒体的功能使我们对信息的承受力达到了极限。上课时,老师使用的电脑幻灯讲义(power point presentation)经常载满了大量的数据,调查结果和理论概念,或是图像、表格。与此同时,老师还在滔滔不绝地讲述自己的见解和观点,使学生不知应该把注意力集中在哪一方面,无所适从。还有一种情况就是讲话人的声音单调、沉闷,或者有较重的地方口音,这些都是阻碍有效聆听的外在因素,常常是听者无法控制的。

2. 内在因素

在许多情况下,真正阻碍有效聆听的因素,不是外在的,而是内在的,是自己给自己设立的。这些内在因素主要表现在我们大脑的思维活动上。比如在聆听过程中本应该集中精力和脑力聆听讲话的内容,可却开始思考其他方面的事情。比如"我今晚与女朋友见面,给她带点什么能使她高兴?""这个周末去哪儿玩?"或者在上这门课之前,你刚考完一个大考,知道自己没有考好,肯定影响期末的总成绩,所以情绪不好,脑子里还在过滤着每一个题的答案,盘算可能得到的分数。

另一种内在因素是对讲话人的偏见和过早地给予评价,或对讲话内容过早地下结论。比如你不喜欢某个老师,认为他讲课没意思,观点偏激,或太保守,使用的例子也不很恰当,你每次听这位老师的课都不能集中注意力,或者讲话人有地方口音,尽管你能听得懂,但还是很不悦耳,有时你还得费力去猜他讲的意思,或者你干脆放弃了聆听的努力。作为教师,应该重视自己的口音是否合乎标准。在美国,有一些外籍教师在大学里上课,因为讲英语带口音,学生给很低的评语。在公司雇用员工时,如果应聘人讲话有口音,雇用单位会认为这人智能低,不能胜任工作。这些偏见和歧视当然是很不公平的,但较重的口音也确实给沟通带来障碍。

还有一些人,自认为自己学识渊博,对讲话人的内容不屑一顾。听讲时,刚听个开头,就自认为已经知道后面的内容了,于是开始放弃聆听的努力,很有可能后面的内容很重要,而且正是他最应该知道的。这种自以为是,长此以往必然会导致他工作上的失误。

第三种内在因素是聆听过程中情绪化。比如完全不同意对方的观点,或者对方的用词,对方的语气激怒了你,使你无法控制自己的情感。比如在堕胎这个问题上,支持堕胎和反对堕胎的美国人根本不能接受对方的观点,所以他们也不去认真听取对方的论辩,双方总是用攻击性的语言互相谩骂或讽刺,甚至动用武力。

在"文革"初期,许多单位、学校都分成两派。双方为了争权夺利,经常进行大辩论。有趣的是,双方都以《毛主席语录》为强词夺理的武器。

甲方:"要文斗,不要武斗。"

乙方:"革命不是请客吃饭,不是绘画绣花……革命是暴动,是一个阶级推翻另一个阶级的暴烈的行动。"

甲方:你们是"捣乱,失败,再捣乱,再失败,直至灭亡!"

乙方:"人总是要死的,但死的意义各有不同。或重于泰山,或轻于鸿毛。"

在这种慷慨激昂的大辩论中,任何一方都不会认真听取对方的观点,随时都会发展为人身攻击,甚至以生命做代价,进行真刀实枪的武斗。我们不应该忘记这些血的教训。

3. 行为习惯

有些阻碍有效聆听的因素是由于行为习惯造成的。比如有些人习惯假装聆听,他可能双眼注视着讲话人,形体语言的表现是身体前倾,面带微笑,并时而点头,但他的思维和心思都在别处。这种行为虽然不会给对方带来坏处(至少被认为是比较礼貌),但却是自欺欺人,你不但失去了向对方学习和理解对方讲话内容的机会,更严重的是对方一旦发现你是在假听,会对你的诚信和动机产生怀疑,会认为你这是不尊重对方,这对以后的交往会造成困难。

有一些人在聆听过程中喜欢打断别人。打断别人后,不是沿着对方讲话的题目继续讲下去,而是又开了一个新的话题,让别人沿着这个新的话题讨论或思考。这种习惯在学术讨论中可能会有些积极效果,比如可以从不同的角度看一个问题,但是在生活和工作中这种习惯会使沟通的过程很不和谐。比如你的一位朋友刚刚开始向你讲述他的儿子最近在工作上取得一些成绩,你马上转向谈论你自己的女儿获得了一项大奖,以示炫耀。这种自我表现、以自我为中心的表达方式都会让对方感到很不舒服。在工作环境里,常常是有权力的领导打断无权力的部下;在家庭里,常常是长辈打断晚辈,这种行为被认为是理所当然的,其实是一种不平等的现象。

另外一种聆听行为是自卫性聆听。这是当听者总是认为讲话人在攻击他,批评他,或怀有敌意,尽管讲话人没有这样的意图。这种人一般比较敏感,也比较自卑和缺乏自信心。他们对别人总是怀疑,不信任。有些人似乎天生就是自卫性聆听者,别人无心说的一句话,他们也会认为这是含沙射影地攻击他们。他们对周围的人总是充满了敌意,长相平平的人听到一句赞美他的话会认为是对他的讽刺,下岗的人听到别人谈就业的事,就认为这是暗指他无能。

还有些人习惯于埋伏性聆听。在聆听的过程中,他不是去认真听取有意义,有价值的信息,而是专门寻找讲话人的漏洞,如信息的准确性,语言使用的多样性,逻辑推理的合理性。他们随时准备攻击对方,所以就只专注发现讲话人的不足之处。这种人善于辩论,但辩论的目的只是为了赢,不是为了对事物有更深刻的理解。他们攻击讲话者时也容易比较偏激,喜欢用指控性的语言和夸张式的比喻,喜欢置人于死地,从中得到快感。以上这些不良的聆听习惯,都会给沟通效果带来负面影响。

另一种聆听习惯是文化差异造成的,例如大多数美国人在聆听对方讲话时,眼睛总是注视着对方。而有些东方人,在听别人讲话时,可能会低着头,或尽量避开对方的眼光,尤其是下级听上级,晚辈听长辈时,直眼注视对方会认为是不礼貌。聆听习惯也表现在性别上。美国学者朱丽·伍德(Julia Wood)发现,就性别而言,女性在聆听时会给予讲话者更多的语言和非语言的反馈,如点头、面部表情,以表示对讲话者的兴趣,由此女性比男性在理解对方上少有误差。在美国,非裔黑人在教堂里听牧师布道的过程中会经常给牧师喝彩,说出简短的赞同语句,与讲话人一起互动,造成一种互助和谐的气氛。许多白人认为这是很不礼貌的行为,他们比较习惯听者和讲话者有前后顺序的表达,要等讲话人讲完了才表示自己的反应。这对非裔黑人来讲,却是很不礼貌的行为,因为他们无法知道听者是否对讲话人和讲话内容感兴趣。

五、怎样提高聆听能力

聆听的能力不是生来俱有的,而是后天培养的,也是可以通过训练提高的,下面就如何提高聆听能力提出一些建议。

1. 有意识地改变不良聆听行为

有些不良的聆听行为是可以通过个人有意识地努力去改变的。比如在听别人讲话时,不集中注意力,而是想着别的事情;还有一些人在开会时不专心听发言人讲话,与旁人叽叽咕咕,做小动作,开小会,这些都是可以人为地控制的。听者要认识到这些做法都是很不文明,很不礼貌的,这是对讲话人的不尊重。平时要有意识地做些排除大脑干扰,集中精力聆听的练习,逐渐地养成好的聆听习惯。同时试想如果你是讲话人,正在兴致勃勃地讲述一件事,而别人总是打断你,扯到另一个题目上去,或是开小差,东张西望,心不在焉,你会怎样想?你对对方的印象会如何?这会不会影响你们的关系和沟通的效果?孔子曰:"己所不欲,勿施于人"。这种换位思维对不良行为的改变可能有积极作用。还有,在聆听他人时要两眼目视对方,以表示你对讲话人的兴趣。这些肢体语言有助于你和讲话人的友好沟通，传送你的真诚、热情和尊重他人的良好修养。

前面说到，阻碍有效聆听的内在因素之一是过早地、带有偏见色彩地评价讲话人。我们可以与讲话人有不同意见，但在没有听完对方的全面观点和解释之前，不要过早地下结论。每个人因为经历、学历和所处环境的不同，他的观点也会有所不同。我们要学会尊重别人的观点，学会从别人的角度看问题，这样能使我们对事物有更深刻和全面的了解。人们经常犯的一个错误是把自己的价值观强加于别人，认为自己的想法和做法也应该是别人的想法和做法。这种情况在中国，尤其表现在传统型的父母和子女的沟通上，有些父母为子女选择学习科目，选择专业，选择配偶，而不管是否适合于儿女，儿女是否愿意。父母的理由总是千篇一律，他们总认为这是为孩子着想，而孩子们自己的观点和想法常常被压抑下去，并往往造成逆反心理。

对别人的观点过早下结论也会引起对方的反感和抵抗，而不愿意和你继续交谈或来往，如果是在生意场上，会带来经济上的损失。如果你确实对讲话人有看法，不妨先写下来等对方讲完再提出质问。或许你在听完整个讲话之后，会改变你的态度。给你自己一点时间，给对方一个机会去表达和沟通，有意识地要求自己这样做，这也是一种包容和大度，这会让别人更尊重你。良好的聆听习惯是成熟和文明的标志。

2. 不要总怀疑别人对你有恶意

不要总认为别人的话是有意向你挑衅，或恶语中伤，不怀好意。这样的心态会使你总是处于防御状态，并时刻准备去还击对方，这会使沟通的过程很不愉快。此外，还要有意识地控制自己的情绪，不要轻易动怒，在高度情绪化状态下听到的言词可能会被曲解，做出的反应可能因情绪化而导致严重后果。尽可能用理智控制自己的情绪，如果实在控制不了，或感到火上心头，马上进行深呼吸，从1数到10，使自己静下心来。用平常心和宽容的态度对待他人，使聆听的过程轻松愉快，有收获。可见，心理健康是改变不良聆听习惯的重要因素。

3. 掌握聆听技能

要想改变一些聆听的不良行为，有时需要一些技巧来加以辅助。比如在听老师讲课，或听一个人的演讲之前，在心理上、思想上和身体状态上都要做好准备。你睡一个好觉，事先把讲授的内容温习一下，思考几个可能要问的问题，这种思想准备可以使你在聆听的过程中集中注意力，以达到最佳的沟通效果。如果老师讲授的内容太复杂、太多，不便于理解和记忆，可以把所听的内容分类，集中几点主要的内容去加以理解和记忆。最好的办法是做笔记。如果演讲者语速太快，就记关键词和主要问题，不要太注意细节。

给予讲话人最重要的反馈是提问题。一般而言，提问有四个目的：一是询问有关信息(你去美国多少年了?);二是试探对方的感受(你对美国的印象如何?);三是澄清一个概念或大意(你说的全球化是指什么?);四是证实你的分析或结论是否正确(你说的多元文化是不是与少数民族和弱势群体的话语权有直接关系?)。作为受众,你提的问题证明你认真地聆听了讲话人的内容,也反映了你在聆听中的主动性,你的思考和批判能力。有些人怕提的问题击不中要害,或暴露了自己的错误理解而丢面子,就不敢提问。这样就不能向讲话人提供反馈,自己也不能正确理解讲话内容。如果实在胆怯,就把问题写在纸上,然后念给大家听。

提问题时,有时要用自己的话把对方所表达的意思重新解释一次,以确证自己的结论。这种重复不是机械地重复别人的观点,而是把别人观点中的主要内容总结归纳,再用自己的话语表达出来。你可以用一些婉转的词表示你的释义,如"你的意思是说……"、"你好像在表达这样一个意思……"。你的释义可以帮助讲话人澄清,或进一步解释他的观点和概念,帮助受众更好地理解主题,同时也能赢得讲话人的信任和尊重。同样的释义也可以用在情感的沟通上,可以使交流双方减少误会和矛盾。把别人的话重复一遍是很重要的沟通技巧。重复即表示你在认真地听,并有听懂和继续沟通的愿望,给人良好的印象。

现代人每天要接收许多信息,而我们的记忆力有限,有时不能准确地记住发生的每一件事情,甚至当事人名字。比较好的办法是听到别人介绍名字后马上重复几遍,加深记忆。在社交场合下记住别人的名字很重要,表示对他人的尊重,这可以对往后的联系建立一个良好的开端。

沟通是双向的。心理咨询中有效的适当的提问方式可以用来启发对方的思维。记住,不要轻易否定他人的观点,你的否定很可能就堵死了你们的沟通之路。你可以用建议的方式提出来,提建议时或提问时,多用"什么?"、"为何?"、"你说呢?"。让讲话人感到你对他的重视,真诚地征求他的意见,适当引进新的话题,使你们的谈话有更深入地沟通,并听到他更多的心声。换个角度看同一个问题会更全面,就如著名的心理学图像,既是美女又是丑老太时,就看观图者的角度了。做到有效积极的沟通,会让你体验与人交往的快乐。

4. 聆听中的人文关怀

研究聆听课题的学者们认为,聆听的目地不仅是信息交流以及对内容的理解,聆听还能帮助别人感到愉悦,甚至起到疗伤的作用。心理医生治疗病人的最初阶段是聆听他们的故事、问题和感受。许多信教的教徒都与上帝有直接对话,向上帝倾诉自己的内心想法和矛盾,上帝是最好的聆听者。许多志愿者到敬老院的工作就是与老人聊天,听他们的"唠叨"。在这些情况下,聆听者要具备同情心和怜悯之心,要善解人意,有些讲话人并不要求给予任何忠告,只要能坐下来认真听他们讲述就是对他们精神上的无限安慰。能够认真的聆听不仅是有教养的好习惯,更是一种崇高的境界。下面是美国哥伦比亚电视广播公司著名播音员丹·瑞德(Dan Rather)在圣母媞瑞莎(Mother Teresa)去世前采访她时的一段对话:

瑞德:你祈祷时都向上帝说什么?

圣母媞瑞莎:我只是聆听。

瑞德:那上帝向你说什么?

圣母媞瑞莎:他也只是聆听。(Bailey,1998)

这大概就是老子的"大音希声,大象无形"的超俗境界吧。

随着改革开放的发展,在中国的外国人已经不是凤毛麟角。人们随时随地都可能和外国人接触。有的外国游客和留学生喜欢用中文和我们交谈和讨论问题。他们的发音可能不标准,他们掌握的汉语词汇量可能有限,在讲话中可能会有语法错误。这就要求听者有耐心,用积极的心态去聆听,绝不要流露出嘲笑的表情,要鼓励和帮助对方把意思表达清楚。这种真诚的交流体现出我们对外国游客和友人的尊重。在聆听中表现出高尚的人文关怀,无疑会增进国际友谊。

小结

聆听是有效沟通的重要组成部分。生活中的许多知识、经验和感悟都是靠认真聆听获得的。好的聆听者能在沟通中为别人提供"心理空气";能与周围的人搞好关系;能提高工作质量和效率;能使我们的生活更丰富多彩。

聆听的过程是有选择性的。我们更注意那些重要的,与我们有关的内容。听有不同的层次,最高层次的听是理解倾听,用"心"去听。对听到的内容有深刻的理解并产生共鸣,能与讲话人产生心灵上的沟通。可有些人却在听的过程中心不在焉,以自我为中心,造成人际关系的不协调。有效的聆听过程一般有七个阶段:接收信息、筛选信息、集中注意力、理解信息、评价信息、记忆信息和对信息作出反应。每一个阶段都要认真地有意识地投入,才能使沟通更顺利、更有效果、更愉悦。

不是所有人在所有场合下都是好的聆听者。许多外在因素和内在因素都会影响到我们聆听的效果。有些坏的聆听习惯,如假听、自以为是、打断对方、自卫性和埋伏性聆听都会阻碍聆听的效果,影响健康的人际关系。

聆听能力是可以训练和提高的。有意识地改正自己不良的聆听行为,避免偏见,不要过早地对讲话人和讲话内容下结论。与人为善和提前准备都可以帮助提高聆听能力,调解和改善人际关系。聆听不仅仅是一种沟通能力,好的聆听行为是一种修养,一种境界,是文明的标志。

关键词

听,聆听,倾听,心理空气,注意力,理解倾听,专注地聆听,接收信息,筛选信息,理解信息,评价信息,记忆信息,聆听障碍,聆听习惯,自卫性聆听,埋伏性聆听,聆听技能

讨论题

1. 说出汉语里和"听"有关的成语并分析它们的含义。
2. 聆听的目的都有哪些?
3. 为什么聆听在沟通过程中很重要?
4. 哪些职业更需要聆听能力的训练?
5. "听"有几种听法?怎样才能算用心去听?
6. 聆听过程中都有哪些阶段?
7. 好的聆听者都有哪些特点?
8. 影响有效聆听的障碍都有哪些?
9. 好的聆听习惯和坏的聆听习惯都有哪些?
10. 怎样才能提高聆听能力和培养好的聆听习惯?

练习题

1. 把你自己的聆听行为描述和记录下来,尤其是你不能集中精力聆听的时刻或经历。分析原因,并找出提高自己聆听能力的方法。
2. 当你为一些事情变得很情绪化的时候,你是否还能认真地、冷静地听对方讲话。如果不能,会不会影响你和对方沟通的效果?怎样才能控制自己的情绪,让自己冷静下来,认真聆听对方的讲话,哪怕是你不爱听的话?
3. 选一段报纸或杂志上的一篇短文,读给你的同学,然后让他们立即叙述文章的内容。24小时以后,再让他们叙述一遍文章的内容,看谁能记得多。第二次叙述时和第一次相差多少?问他们靠什么方法帮助记忆。
4. 做一个听力测验。在纸上写一句话,如"学生食堂向北拐,再往西走,过两个路口就到了"。在耳边告诉第一个同学,然后让这个同学在耳边告诉下一个同学,以此类推,把这句话传给全班的每一个同学。让最后的同学说出传的内容。(一般情况下,最后的话与原始的话部分或全部走样,说明我们在听到信息时,经常加上自己的理解,然后再把自己

的理解传给别人。)

5. 你上的一门课里,有一个教授讲课非常枯燥,语调平淡,没有任何肢体语言,不断地看讲稿。几分钟后,同学们开始小声说话,上厕所,传纸条。可你认为教授讲的内容很重要,想认真听。你应该怎样表现?

6. 你和你的父母为了你毕业后的发展方向发生了争执。他们要求你继续读研究生,你却想马上工作挣钱,并获得一些实践经验。你每次回家,他们都力图说服你按照他们的想法做,可你听不进去他们的话,弄得你和父母的关系很紧张。读了这一章以后,你觉得怎样才能打破僵局,与你父母搞好关系,让他们理解并支持你的选择?

参考书目

Bailey A. *Daily bread*. *The Durham Herald-Sun*, February 29, 1998

Barker L et al. *An investigation of proportional time spent in various communication activities of college students*. *Journal of Applied Communication Research*, 1981(8)

Fadiman A. *The spirit catches you and you fall down*. New York: Farrar, Straus and Giroux, 1998

Habits S. *The seven habits of highly effective people*. New York: Free Press, 1989

Office Team Survey. *Sssh! Listen up! HighGain*, Inc. Newsletter, 2000, 6(3)

Presley J. *Putting it into practice*. in *Sssh! Listen up! HighGain*, Inc. Newsletter, 2000, 6(3)

Windsor J, Curtis D and Stephens R. *National preferences in business and communication education: An update*. *Journal of the Association for Communication Administration*, 1997. 3, 170～179

Wolvin A D. *Listening in the quality organization*. Ithaca, N.Y.: Finger Lakes Press, 1999

Wolvin A Ad and Coakley C C. *A survey of the status of listening training in some fortune 500 corporations*. *Communication Education*, 1991(40)

Wood J. *Gendered lives: Communication, gender and culture* (6th ed). Belmont, CA: Wadesworth, 2005

言语沟通

一、语言与言语

在第一章提到瑞士语言学家索绪尔(1966)对语言(language)和言语(speech)所作的定义。语言是由语音、语句、语法等符号组成的结构系统。语言符号是约定俗成的,由同一社会成员认同的,用来表达思想和情感的工具。语言既是结构形式,又是沟通中的手段和策略。语言的结构形式决定了它的规范性。语言的策略特征表现了它的目的性。语言是人类特有的财富。它使人类分享经历和感受,对人类的思维和行动产生影响。语言使我们与他人沟通和加强了解,也使我们与别人产生隔阂和误解。它能使我们的视野宽阔,也能使我们的心胸狭窄。它能使我们与他人交友,也可以与别人树敌。正像传播学者肯尼迪·博克(Kenneth Burke)所说,"人类是(语言)符号制造、符号使用和符号错用的动物"(1989,p.263)。作家史铁生说,"语言的重要并不仅在于能够说明什么,更在于可以寻找什么,描画理想,触摸虚幻,步入可能。甚至,世界的无限性即系于语言的无限可能"(2005,p.228)。语言不仅有很多种类,对语言的源头也有不同的说法,对语言的定义也有不同的解释,对语言的研究也有不同的方面。语言符号可以是口语的,也可以是文字的。海洋交通中用的旗语,聋哑人用的手势语,也属于语言的形式。

言语,则指人们的语言实践。学者李海林(2000)在《言语教学论》中阐述,语言实际上只存在于言语中,不存在一个脱离言语而抽象存在的语言。所谓言语,简单地说就是挂在个人嘴上的语言。每个人所说、所写,甚至所读、所听都是言语,是个人语言能力和语言活动的展现。而语言,只是对众人言语的收集、抽象、集合。言语是具体的语言,语言是抽象的言语。如果说语言是字典,那么言语就是个人对字典的使用。语言来自言语,言语受语言制约。任何一个会说话的人,包括伟大的语言学家和杰出的作家在内,他们在说话写文章的时候,都不会是完全依凭有关的语法规则和词典上所注出来的意义来遣词造句的。平时说话就这么说了,写文章就这么写了,我们说的时候、写的时候从来没有也不会考虑我们是根据什么语法规则来组织这些符号的,或者我这句话所用的词在词典里是什么意思。古今中外,从来没有人会这么做的。正如普希金所说,一本一本的书籍,"并非是词典的重复"。

此外,言语是运用语言进行交际的心理活动过程。言语活动既包括表达过程,也包括感知与理解过程。言语的形式包括用来进行交际的外部言语和伴随思维进行的、不出声的内部言语两种。外部言语又可分为口头言语和书面言语,口头言语又包括对话言语和独白言语两种。所以不同形式的言语活动有其不同的特点。言语不同于语言,但二者又密不可分。言语活动要以语言作工具,离开了言语的语言也就变成了死的语言。

早在中国古代,言语沟通活动就无处不在。中国古代经典如《诗经》、《尚书》、《左传》、《国语》、《史记》、《战国策》等都记载了许多生动的口才技巧和说服他人的故事。这些丰富的沟通实践又被古代学者如孔子、老子、庄子、孟子、荀子、韩非子等上升为语言艺术和说服理论。他们在讨论语言的实践时,经常使用的词有言、辞、谏、说(shuì)、名、辩。这些词包括了几乎所有的语言功能:交流、修饰、说服和辩论。这些词出现在私人的交谈、学者们的论辩、政治家的游说活动和臣士对帝王的劝谏中。古代思想家们从伦理上、道义上和技巧上都对言语沟通活动有过精辟的论述。古代说服技巧包括文化价值诉求、历史事例、修辞比喻、心理攻势。黄鸣奋教授著的《说服君主》详细描述了中国古代讽谏的理论原则、说服实践、政治文化背景和与之相应的说服技巧,表现了古人的智慧与口才及汉语的丰富形式。在这一章里,我们主要侧重语言的口语部分,它的交际沟通功能及对他人的说服和影响作用。

二、言语在沟通中的作用

言语在沟通中不仅起到传递信息,加强理解的作用,它的一个重要作用是通过言语策略影响并说服他人。此外,言语还能反映现实,改变现实。了解言语的功能,学会言语沟通的策略,掌握语言艺术,等于给成功之门提供了钥匙。

1. 言语对现实认识的作用

言语既描述现实,又像一面镜子一样反映现实。人们都是根据所接收的信息对现实产生认识的。言语更大的作用是它把现实定格在一个特定的范围内,限制了我们对现实的认识,迫使我们根据这一认识采取行动。美国作家马克·吐温说:"合适的字意和接近合适的字意,其区别相当于阳光和萤火虫。"这句话的意思是说,在沟通中使用语言,一字之差会有完全不同的反响和效果。孔子曾经痛斥巧言令色,认为君子应"讷于言而敏于行"。但孔子非常清楚语言的强大作用,认为"一言而可以兴邦,一言而丧邦"(《论语·子路》)。一个国家是否推行仁政,深得人心,也是看它官方语言的使用。"邦有道,危言危行。邦无道,危行言孙"(《论语·宪问》)。这里孔子强调名正言顺对兴国安邦的重要性。孔子在《子张》篇里又说,"君子一言以为知,一言以不为知",即从讲话人说的一句话就可以知道这人的知识水平。以此来讲述语言使用给人的第一印象。

"一言不慎身败名裂,一语不慎全军覆没。"一言之差还可以带来很大的政治后果。比如,2005年8月"卡特里娜"飓风在美国新奥尔良州造成了巨大灾难,其中大部分受害者是非裔美国公民。有一篇报道把他们说成"难民"(refugees),引起了非裔公民的强烈抗议,因为"难民"是指外国来美国逃难的穷人,不是美国人。非裔公民在美国历史上一直受歧视,这个称呼加强了这种"不把他们当成美国人"的歧视。后来报道改成"survivors"(幸存者)才平息了非裔公民的情绪。又如美国国会议员麦凯恩(John McCain)在2000年竞选总统时的一次演讲中说"I hated the gooks. I will hate them as long as I live." "Gook"这个词是在朝鲜战争和越战中美国大兵用来泛指他们亚洲敌人的贬义词,后来发展为泛指亚洲人和亚裔群体的贬义词。麦凯恩在参加越战时当过俘虏。他自我辩护说,他用这个词是指扣押他的越南大兵。可在美国的亚裔人听到他使用这个词非常刺耳,感觉受到了冒犯和侮辱。他们提出抗议,要求麦凯恩道歉。他拒绝道歉,遭到媒体的批评,降低了群众威信,丧失了大量选票。

由此可见,语言的使用有它的局限性和破坏性。中国道家思想指出语言使用的局限性和破坏性,认为"知者不言,言者不知,信言不美,美言不信,善者不辩,辩者不善。"道家强调物极必反的思维方式,推出"正言若反"、"大音希声"、"多言数穷"。(《道德经》)就是说有道德的人,往往并不多言。智者慎言慎行,视沉默为金。庄子在《齐物论》里提出语言的功能可以解说道理,但不能确认道德的真伪。

2. 言语的说辩作用

在古希腊的说辩活动中,言语起到了启发、争论和劝告的功能。荷马史诗里记述了许多说辩演讲的例子。古希腊的城邦民主制度允许任何一个希腊公民表达自己的政治观点和治国主张。对言语说辩作用的研究也就是从这时候开始的。在中国,张秉楠教授在他撰著的《稷下钩沉》里记录了中国春秋战国时期士大夫们的论辩活动。当时荀子是这批人里的活跃分子。荀子根据自己的观察和实践把说辩者分为三类:"圣人之辩"是恰到好处,有条有理,分清类别,随机应变,而且用不着事先准备;"君子之辩"是清晰、实际、渊博、干脆,但需要事先考虑好再说;"小人之辩"的表现是夸夸其谈,编造假话,巧舌如簧,高傲自大。荀子认为第三种人将陷入万劫不复的处境,"为下者必灭"(荀子:《非相》五)。

庄子提倡"圣人议而不辩"。因为辩无胜,世间无是非可言。真理永远不会在一个人手里。通达的人会融会贯通,摒弃偏见,统一异端。庄子在语言使用上充满了哲理性、艺术性和多样性,他的寓言故事充满了生动的比喻,如鲲鹏展翅。《庄子》里的人物对话充满了智慧、哲理、讽刺和幽默,如大家熟悉的庄子梦蝶,庄子与惠施关于鱼的对话。庄子虽然不称自己是辩士,但他的寓言故事对我们有启迪和说服的作用。

言语的说服作用古今中外比比皆是。而中国人的说服又总是充满了智慧。《晏子春秋》中有一个故事,说烛邹不慎让一只打猎用的鹰逃走了,酷爱打猎的齐景公下令把烛邹推出斩首,晏子上前拜见景公。那么,晏子是怎样为无辜者求情的呢?

晏子:烛邹有三大罪状,哪能这么轻易就杀了呢?请让我一条一条列数出来再杀他,可以吗?

景公:他不过就是丢了猎鹰,怎么是三大罪状?

晏子:烛邹为大王养鹰,却让鹰逃走,这是第一条罪状;导致大王为了鹰的缘故而杀人,这是第二条罪状;把烛邹杀了,天下诸侯都会责怪大王重鹰轻人,这是他的第三条罪状。

齐景公领悟了晏子的苦心,不想背负一个乱杀无辜的罪名,决定不杀烛邹了。晏子用反语救了烛邹,又没使身居高位的君王难堪,实在是高明的说服技巧。

言语的使用反映了一个人的品格和所要达到的目的。孟子把语言分为仁言、信言、诚言、善言、智言、实言。对孟子来说,一个人的语言使用和沟通行为与这个人的道德品质、心胸和气质紧密相关。孟子自称"我知言,我善养吾浩然之气"(《孟子·公孙丑》上)。知言在这里有三个含义:一是语言美的人一定是博学,有深厚的文化涵养。二是知言者其言语既清晰又简洁,并具有说服力。孟子自己曾周游列国,说服各国王室实行仁政。第三个是语言使用的修辞功能。孟子可算是很有造诣的修辞学家。他将"知言"分为四种辞类:"诐辞知其所蔽。淫辞知其所陷。邪辞知其所离。遁辞知其所穷"(《孟子·公孙丑》上)。就是说言辞的使用常有偏差而造成认识上的片面性;故意隐蔽造成不公正是淫辞;过分强调与现实的距离是邪辞,推卸而表现理屈词穷是遁辞。孟子认为言辞的使用表现了一个人的内心思想活动,使用这四种言辞的人对国家和个人都有极大的危害性。

有些人热衷于恶语伤人,诽谤谣传,制造事端。孔子在《论语·颜渊第十二》中曰:"浸润之谮,肤受之愬,不行焉,可谓明也已矣。浸润之谮,肤受之愬,不行焉,可谓远也已矣。"意思是:像水润物那样暗中挑拨离间或者像切肤之痛那样直接的诽谤语言,在你那里都行不通,那你可以算是明智的了。暗中挑拨的坏话和直接的诽谤,在你那里都行不通,那你可以算是有远见的了。就是说,一个人要有宽阔的心胸和高度的涵养来对付不义之词。释迦牟尼教导他的弟子们说柔软语、真实语、慈悲语和爱语。恶语伤人的人最终将伤害的是自己。

3. 言语的润滑作用

孔子很注重语言沟通中的技巧,其要点是:了解你的受众和他们的心理;沟通中使用受众能够接受的语言和方式。《论语·乡党》中曰:"与下大夫言,侃侃如也。与上大夫言,訚訚如也。君在,踧踖如也,与与如也。"意思是,孔子在朝廷和下大夫交谈时,侃侃而谈。当他和上大夫交谈时,有理有节。在君王面前,孔子恭恭敬敬,但又不失仪态。孔子告诫他的弟子"可与言而不与之言,失人。不可与言而与之言,失言。知者不失人,亦不失言"(《论语·卫灵公》)。孔子把语言分为危言、慎言、雅言,告诫我们说话要恰到好处,不失时机,又要小心谨慎,避免冒犯对方。对别人的了解和观察,首先要看他的言行举止。

周恩来总理是妙用言语的典范。当年,中国和苏联关系即将破裂时,赫鲁晓夫到北京和周恩来谈判。赫氏吹嘘自己是矿工家庭出身,企图用周恩来的没落官僚家庭出身来抬高自己。周恩来没有直接顶撞对方。他说,"有一点我们俩是相同的,我们都背叛了自己原来的阶级。"这番话,既没有违背外交礼仪,又抑制了赫氏张狂的气焰。

明末清初,杰出的戏曲和小说作家李渔讲到写作要领时,强调"语忌直,意忌浅",意思是语言要有韵味,含意深邃,不要直奔主题。我们在日常生活中,有些话虽然完全正确,但对方往往碍于情面而难以接受,这时,直言不讳的话就不能取得较好的效果。但如果你把话语变得委婉一些,也许对方既能从理智上,又能从情感上愉快地接受你的意见,这就是委婉的妙用。

中医认为,治好病"半靠良药,半靠良言"。医生一句话讲得太直白,用词不够妥当,可能使患者因悲观失望而窝囊死。我认识一位老人,觉得身体有些不舒服,就去医院看病。医生检查了一下,做了几个化验后对病人说,"让你的家属来吧"。老人一听,以为自己得了什么癌症,当时就吓瘫了。家里的老伴儿听到后血压马上升高,心脏病犯了。后来子女们去医院后才知道医生想问病人家属是想自费还是用公费买药。医生这一句话,差点要了两个老人的命。

言语的润滑作用也表现在与国际友人的交往上。有些中国朋友跟外国人讲话时,喜欢把中文直译过去,从而引起误会。例如青鸟先生跟他的美国朋友通电话,本来两人都挺高兴的,对方说她最近感冒了。美国人通常会回应说:很遗憾听到这个,你现在好点了吗(I am sorry to hear that. Are you feeling better?)? 青鸟觉得总是这么说太程序化,没啥创意,也不够热诚。所以,说完那两句"套话"后,马上补充道:照顾好你自己,没有人能帮你(分担疾病)(Take care of yourself. Nobody can help you.)。这话放到中国人之间不会介意,理解青鸟并无恶意。但到老外那里,就说不通了,她很快就给青鸟发来短信:"你今天下午说话语气好重,几乎是粗鲁的,你不像我以前认识的那个最好的朋友,上帝保佑你(You were talking really strong this afternoon, almost rude, you are not like my best friend I knew before, God bless you)。"

青鸟为了寻找最佳答案,以便向她做解释,特地到学生中心咨询。一个老师回答说:"别担心,你跟她说'Nobody else can do it for you',意思差不多,就是没人能帮你(感冒)。"还有一位老师说:"如果你用'我们'的口气会比较好,比方,如果我们生病了,没有人帮助我们(分担疾病)。"

三、言语沟通学理论

1. 语言符号的三角关系

语言的最大特征就是它有多层含义。同样一句话在不同场合下,对不同的人会产生不同的诠释、理解和效果。比如,对"全球化"这个词就有很多不同的理解。有人认为"全球化"是世界各国经济上的联系与合作。"全球化"意味着全球范围内的平等和共同走向富裕。有些人则认为"全球化"实质上是西方国家在经济上、政治上的霸权需要,是文化上的输出和侵略,将给发展中国家带来灾难。

语言学家欧哥丹(C. K. Ogden)和查里斯(I. A. Richards)用语义的三角关系(triangle of meaning)来解释这一现象。这三角成分包括词、用词者的参照点(他的经历和思维方式)和事物本身。如果用三角形来表示,三角的顶端是使用语言的人的思维和经历,左端是词,右端是事物本身。用欧哥丹和查里斯的观点,事物本身和代表事物的词只有间接联系;用词者与词,用词者与事物本身才有直接的联系。也就是说,当一个人使用某一个词时,他给予了这个词自己理解的含义,同时也是他对事物本身的认识。下面的三角形帮助我们理解(Ogden and Richards, 1923)。

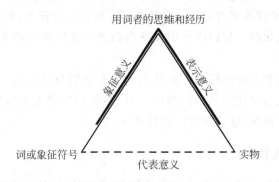

这个图告诉我们，我们选择或听到某一个词来形容一件事物时，对这个词的理解与我们的经历、思维方式和心理因素有直接关系，使用一个词时也会刺激某种经历和态度。比如，我们在使用"狗"这个词的时候，对它的理解就会不同。我小时候，一看见狗或听到狗这个词就害怕，对狗也没有好感，这是因为小时候去农村亲戚家时被狗咬过。到美国后，看见许多美国人把狗当宠物，不能理解。后来女儿执意要养狗，我们也养了一个英国小猎犬，非常可爱。后来又听说养狗可以延长寿命、减少压力、调节心情。现在听到"狗"这个词时，不但没有恐惧感，反而一股爱心油然而生。再比如，到美国后才知道，美国人一听到"共产主义"这个词如同看见"邪恶"和"暴君"。这是由于冷战时期美国政府对人民的宣传造成的，虽然他们从没见过共产主义到底是什么样子。对抽象名词的理解都存在着这个问题，如"女权主义"、"民主"和"人权"。人们对每个词的经历和所受的影响不一样，对语言的理解也就不同。

欧哥丹和查里斯的三角语义解释图说明了以下三个要点：

第一，语言符号与事物本身没有必然的联系。把语言当成事物本身是人们认识世界及与别人沟通的误区。所以我们不应该人云亦云，而是听到别人的话语时，如竞选演说、广告宣传、议论他人等要认真分析，最好能与现实核对，以免造成误会或受到对方花言巧语的欺骗。

第二，我们用语言表达物体、概念或者事件本身，但语言的含义不在语言的本身，而在于语言的使用者。语言反映现实，但又不是现实。一个人的经历、观点、立场、态度决定了这个人采用什么样的语言。每个人的经历不同，对词句的理解和使用也不同。沟通的障碍就是错误地认为你和对方对同一词的理解是同样的。比如说"同志"这个词，老一辈的人用来称呼同事，现代人用来指称同性恋。

第三，我们每个人对语言的理解随着我们的经历和思维方式的变化而变化。语言随着文化变化而变化，同时又对文化的变化起导向作用。比如，20世纪60年代的口号式语言现在听起来很可笑。"先生"、"小姐"这样的词在"文革"时被认为带有资产阶级的铜臭味，禁止使用，但80年代改革开放后又开始使用。所以语言符号、事物本身和个人参照点的三角关系是不断变化的。我们应该用灵活的眼光和开阔的胸襟来看问题，同时也应该分析地、批判地使用语言。

语言是区分人类和动物的标志。虽然动物也有它们自己的语言，但动物语言远远没有人类语言复杂。语言是我们认识世界的工具，是我们与别人沟通的桥梁。但语言本身也给人类的沟通带来麻烦，这是语言的特征之一。

2. 语言的错轨特征

当两个人使用同样的词，而对它又有不同的理解时，这种现象叫"错轨"（bypassing）

或是错过（Haney,1973）。人们之间的许多分歧和矛盾,世界上的许多问题和纠纷都是由于这一现象造成的。错轨现象是造成沟通中的误会或误解的主要原因之一。错轨有两种情况：一种是双方使用不同的字眼,但表达的意思是一样的。由于使用的字眼不同,人们就以为他们的观点不同。请看下面的例子：

妻子：我为这个家付出的太多了。（意思是：我是轻易不会离开这个家的。）

丈夫：我整天忙忙碌碌为了什么？（意思是：我也不会轻易放弃这个家的。）

丈夫可能会认为妻子是在埋怨。妻子可能会觉得丈夫只顾工作,不管家。

第二种情况是两人用同样的词但表达的却是不同的意思。表面上两人是一致的,但仔细分析,他们是持不同观点的。比如：

女方：我对爱情没有信心。（真正意思是我对男人没有信心。）

男方：我也对爱情没有信心。（真正意思是我不知道自己还能不能爱别人。）

作家史铁生把语言形容成"老奸巨猾的魔术家"。在他参加的一个沟通会议上,史铁生注意到语言的障碍,"同操汉语的记者们,谁也没有真正听懂谁的话,在几乎每一个词上都发生不止一个误解。我感到：这些误解是解释不清的,至少我不知道怎样才能解释清楚。因为在解释的过程中,你不得不又去求救那些狡猾的语言,继续繁衍同样多的误解"（2005,p.42）。是语言的错轨现象造成人们沟通过程中无休止的误解。

所以语言的真正含义决定于语言的使用者,不是词句本身。我们容易犯的错误就是自以为大家用同样的语言就互相都听懂了。语言的意思决定于场景。同样一句话,在不同的场景下,对不同的人,可能有不同的意思。比如"你吃饭了没有？"可能是邀请对方吃饭,也可能就是一句问候。究其根源,可能出自"民以食为天"。吃饭毕竟是件大事,吃饱喝足是最大的幸福。所以,北京人早些年见面都先问"吃啦吗？"对方即使没吃,也愉快地回答"吃啦"。因为你如果说"没吃哪",对方咋办？说"那您回家吃去",不够热情；说"到我家来吃吧",又怕那人信以为真,真的来吃。我的一些美国朋友从中国回来后问我,为什么中国人总是问我吃没吃饭。他们不知道怎样回答才符合中国的文化习惯。

3. 语言的双重含义

语言是我们与他人交流沟通的工具。语言主要有两种含义,一种是明确的含义（denotative meaning）,另一种是隐讳的含义（connotative meaning）。明确的含义是字典上定义的意思,是在同一文化或国度里大家共同认同并遵守的意思。带有明确含义的字或词一般用来客观地形容事件和人物。隐讳的词句是带有主观感情色彩的,是与场景和使用人与对方的关系程度相关的。隐讳语句常伴随讲话人的独特语气和面部表情,或其他非言语行为。同样一个字或词,在不同场合下对不同的人可以是有明确含义,也可以是带有隐讳含义。比如"厦门"这个词,字典的意思是中国东南方的海滨城市,中国改革开放初期四个开放城市之一。但对许多厦门当地人来说,"厦门"有它特殊的隐讳的含义。厦门人自豪地称厦门为"中国最温馨的城市"、"海上花园"、"中国最好的地方"。厦门大学的易中天教授称厦门是"最好的养老的地方"、"中国最文明的城市"(《都城记》)。来厦门几次,我观察到,厦门人非常爱厦门,他们愿意让孩子在厦门上大学,即使到外地上学,毕业后也要回到厦门工作。

语言学家 S.叶川(S. I. Hayakawa)和 A.叶川(A. R. Hayakawa)把隐讳语句分为两种:一种是狗叫语句(snarl words),另一种是猫叫语句(purr words)。狗叫语句一般是挖苦性和消极类的,比如"她怎么干也不会成功"、"女人永远都是感情用事"、"这个老师讲课只能让学生打瞌睡",许多种族歧视和性别歧视的语言就属于这类的。猫叫的语句是鼓励性和积极类的。"她这人真善良"和"你是我的崇拜偶像"都属于猫叫语句。语句还分为具体的和抽象的两种。具体的语句符号指描述具体的人物和事件,是通过人的五官功能:听、看、嗅、摸、尝能感受到的。比如车、书、房子、电脑是代表具体事物的词,而自由、平等、人权这些词句表达的是抽象的概念。这些词对不同文化和国度的人代表不同的意思。美国人讲人权一般是指政治权利、公民权利。中国人讲人权,一般是指人的生存权利。中美关系在人权问题上的纠纷就是各自对人权这个词的抽象意思理解不同。抽象语句一般用来表达思想、感情和人际关系,不是靠感官能体验到的。对抽象语句的理解来自使用者的经历、目的和价值观。因此抽象语句对不同的人代表不同的意思。一般来说,沟通中多用具体的语句能帮助相互理解,使用太多的抽象语句很容易造成误会。

爱夫得·考兹斯基(Alfred Korzybski,1933)发明了抽象阶梯图(ladder of abstraction)展示了语言使用从最抽象到最具体的过程。(图解)

以下的对话说明使用抽象语句可能带来的误解:
生:老师,你的考题太难了,对我们很不公平。
师:你为什么这样认为?
生:我觉得题太难,考不出我们的好成绩。

师：你是说考题不是你课上学的内容吗？
生：不是。
师：你是说考题不清楚，不好懂吗？
生：不是。
师：那你为什么说考题太难不公平呢？

这里，"太难"、"不公平"都是抽象语句。如果你想让老师明白考题为什么太难、不公平，你就要用具体的语言和例子来表达你的意思。比如说某一道题的指令太模糊，太复杂。因为语句越抽象，造成的误会就越大。概念化的词组也是属于抽象语句一类的。使用过分概念化的语句会造成思维方式的笼统化和极端化。"文革"中，许多政治口号都是抽象化、概念化的，如"无产阶级"、"资产阶级"、"阶级斗争"就属于这类语句。我小时候，经常在口语和书面语上使用这类语句，其实并不太清楚它们具体代表什么意思。

在人际关系上，使用抽象化的语句常常造成人与人之间的矛盾。比如用"你总是打断我"、"你从来就没有关心过我"这样的语句来指控对方，对方可能不容易接受，还会引起反感招致反击，其结果就是吵架。如果你换一种具体的语句方式如"昨天开会时你几次都没有让我把话讲完"，"我上次生病时，你没有来看我"可能就会更容易被对方接受。

4. 言语沟通的规则

在沟通过程中，人们都有意或无意地遵循沟通规则。沟通规则（communication rules）是指社会成员之间共同遵守的、在不同场景下认同的、符合文化习惯的沟通行为。比如在中国，尊老爱幼一方面是美德，一方面也是行为规则。在美国，老人和孩子都相对独立。如果在公共汽车上你看见一位老人，你站起来给他让座。他如果说："谢谢，我不坐。"你要是说："你比我老，你应该坐。"这个老人就会很生气，认为你是不尊重他。而实际上你这样说完全是为了尊重他。这个例子说明中美文化里不同的沟通规则或潜规则。我们很小就耳濡目染，学会了许多沟通规则。有些规则是父母教的，有些是后来在社交来往中观察习得的。

沟通学学者们把沟通规则分为两类（Cronen, Pearce and Snavely, 1979; Pearce, Cronen and Conklin, 1979）：一类是调整性规则（regulative rules），一类是构成性规则（constitutive rules）。调整性规则是指在合适的情况下，对合适的人，说合适的话，表现合适的行为。比如在看望病人时，要说吉利的话，要带鲜花或水果。初次在聚会上遇见朋友的朋友，要有礼貌地问候，并努力记住别人的名字。这类规则很受文化影响。比如在美国，追悼会上有时发言人会使用幽默来悼念去世的人，与会者也会附于笑声。在中国参加追悼会，发言人和观众都应该是严肃而悲哀的，笑声是不合适的。在中国，我们称呼领导一定要带个官衔，手足间比我们年长的一定要称呼哥哥、姐姐。在家庭生活里，中国人的传统习惯是在吃饭时和睡觉前不要多说话,遵循孔子的"食不语,寝不言"的教诲。家庭成员若发生矛盾,习惯于找亲属或朋友来调节。而在美国,下级有时直呼上级的名字,弟弟妹妹叫哥哥姐姐的名字是常有的事。家里餐桌上说话是正常的,与他人有矛盾时,往往求助于心理医生。

构成性规则是指对某一沟通行为的理解和解释。比如别人讲话时不打断对方,不直接批评对方的缺点是表示尊重的行为;故意冷落对方,给对方难堪是无礼的行为;为朋友两肋插刀是讲义气,够哥们儿的行为等。领导对下级说话和气、平易近人,且没有官气都是构成规则的例子。中国传统文化里约束妇女的"三纲五常",孔子的"不在其位,不谋其政"也都属于构成规则。当然,对沟通行为的解释与每个人的价值观和文化背景有关。同样的沟通行为,比如自我表扬,美国人可能会认为这是有自信的表示,中国人可能就会认为这是骄傲或吹嘘。在新加坡,家长鞭刑孩子是合法的,而在欧美国家则是违法的。

沟通规则不是一成不变的。许多规则是可以调节和改变的。比如在美国的中国家长与孩子的沟通行为就不能像他们在中国成长时父母对待他们那样"老子说了算","我是你妈"。在美国,家长要尊重孩子,听取他们的意见,让他们自己决定事情。现在中国许多家长也采用这种比较民主的方式对待自己的独生子女。在家庭生活和人际关系中,如果有了新的成员加入进来,其他成员都要重新调整并制定新的规则。比如一个孩子出生,由爷爷奶奶照看。爷爷奶奶对孩子溺爱,孩子的父母要对孩子严格管教。这时家庭成员就需要协商,妥协,制定新的规则。如果新婚夫妇来自不同的文化背景,刚开始生活在一起不适应,也要制定新的沟通规则。我认识一对夫妇,女的是成年后从中国大陆来美国的,男的是欧裔美国人。他们刚结婚闹矛盾时,女的就闷头不说话,认为矛盾会自消自灭;男的就一定要说出来,甚至提出去找婚姻心理医生调节的建议。显然,他们处理矛盾的不同方式也受各自文化的影响。他们经过一段时间磨合,最后制定了一些双方都能接受的规则来处理他们的矛盾。

5. 标签语的作用

我们可以通过语言交流信息,表达思想和情感,描述事物和事件。语言也可以帮助我们思考问题,解决问题。与此同时,语言还影响我们的态度、思维和行为,反映我们与别人的关系。我们对某人某事的态度经常取决于我们用什么词和什么样的表达方式。法国政治哲学家福柯(Foucault,1973,1977)认为,人的行为是受语言支配的,有话语权的人通过语言控制没有话语权的人。他生前研究了监狱里的犯人和医院里病人的沟通行为,发现犯人之所以被管的服服帖帖,病人之所以老老实实遵循医嘱,是因为他们被限制在管制术语和医学术语的话语范畴,尤其是权威人士如管理人员、医生使用这类语言时,他们的话语具有比武器更强有力的作用。我们许多人有这样的经历：当我们对一种病情不了解时，或不知道是什么原因的时候，我们或许没那么在乎。一旦被确诊为某种疾病，尤其是听到那些专业的医学术语之后，可能就会产生悲观情绪，甚至恐惧感，结果加剧了病情。这就是为什么有些家人不愿意告诉他们的亲人患了某种绝症的原因。

标签语（labeling）或命名（naming）不仅起到给我们的经历、情感和思想定位在一个范围内的作用，也使我们认识世界，了解新事物并影响我们的行为。比如"性骚扰"这个词出现在20世纪70年代，是西方女权主义者们发明的。人们用来描写女性在工作环境中被调戏侮辱的经历。自这个词发明以后，许多性骚扰的案例就层出不穷。许多大公司为此付出巨款赔偿。但有些国家和地方虽然女性在工作中也受到男性，尤其是上级男性的调戏，但由于他们没有这个词，社会成员对此现象就没有足够的认识和重视。

标签语的使用与我们对人和事的反应起很大作用。如果别人介绍一个男（女）朋友给你，并告诉你这人"很好"，就使你联想到好人应有的优点，对这人就会产生好感。但如果你和这人相处一段时间，发现这人有许多你不能接受的缺点，而最大的缺点是"自私"，你可能就会提出分手。我们向朋友推荐一部电影或评价一本书时，我们总是习惯于用标签语："好"、"不好"、"浅薄"、"有深度"，这些评价也表示了我们自己的价值观。

我们的心情和感受与标签语的选择有直接关系。如果你被老板辞了工作，你可能会想："我真倒霉"，"这老板真坏"。你也可以想："这下我可解放了，再也不受这个老板的气了。"第一种标签语会使你情绪消沉，甚至导致忧郁症。第二种标签语会使你感到快乐和解脱。有一个追踪了35年的调查发现，一个人在年轻时使用乐观语言描述事物，对周围的人和物持乐观态度，他成年后会比那些在年轻时使用悲观语言描述事物，对周围的人和物持悲观态度的人身体要健康得多（Peterson, Seligman and Vaillant, 1988）。可见，语言的使用对我们的身体和心理健康都有很大的影响。

四、语言对思维的影响

人类学家爱德华·萨皮尔（Edward Sapir）和他的学生本加敏·沃尔夫（Benjamin Whorf）共同创立了萨皮尔-沃尔夫的假设学说（Sapir-Whorf Hypothesis）。根据这一学说，人类对现实的认识取决于他们的思维方式；而思维方式是受语言和语言结构影响的。也就是说，人们使用的语言不同，思维方式就不同，对世界的认识也不同。语言在很大程度上对人类的行为有控制力。人类是通过语言来认识世界，解读经历，并进行思维活动的。用沃尔夫的话，"每一种语言不仅是思想表达的工具，也是形成思想的要素，它更指导一个人的思维活动"（1952, p.5）。沃尔夫观察美洲印第安人霍皮族人使用的语言及他们的行为而证实了他的这一论点。在霍皮族人的语法里没有过去时、现在时和将来时。他们的语库里充满了与自然界有关的词汇。表现在行为上,他们没有直线型的思维模式。时间对他们来说是迂回往返的。他们的世界观是以大自然为主体的。自然界的力量要超过人类力图征服自然的力量(Whorf,1974)。相比之下,说英语的人群表现为逻辑思维,对时间的认识是直线型的,认为人类是可以征服大自然的。

这种因语言不同而导致思维不同的现象在汉语和英语的比较里也能找到。这也是北京大学关世杰教授潜心研究的题目。关教授认为中国人偏向于形象思维,这表现在历代的诗歌创作上;也表现在中药、京剧和国画的内容和形式上。这是因为汉语的形象和结构对中国人的形象思维产生了很大的影响。汉语属于象形文字(非拼音文字),许多文字是从实物中模仿而来的。汉语的语法也很灵活,不像拼音文字那样严谨有逻辑性,这也造成了中国人思维方式的综合性和从抽象到具体的过程。比如写信封时,中国人的写法顺序是国家、省、市、区,最后是人名,而拼音文字的写法顺序是从人名开始,从小到大,最后是国家。在拼音文字里,语法对意义起决定性作用,而汉语的意义要根据整体内容,靠音形意的结合才能产生意义。有些西方学者认为,拼音文字刺激逻辑思维,促进科学的发展,把东方科学的落后归罪于东方语言(Becker,1986)。关世杰教授也认为,由于中国人的形象思维习惯和对语法研究的不重视(汉语语法研究从1898年开始),中国人的抽象思维发展受到了阻碍。有趣的是,关教授认为汉语表现了儒家天人合一的世界观。它提倡和谐社会,鼓励中庸的处世哲学,而英语的使用者促使它的使用者在思维方式上产生分解性和对立性。

近年来有些东方学者对汉语只是刺激形象思维的观点提出了质疑。日本学者羽田(Hatta)经过试验发现日本人用右脑识别汉字(日语:かんじ=Kanji),用左脑识别日本表音文字(かな=Kana)。中国学者曾教授(O. J. Zeng)也证实了中国人是用右脑识别汉字,用左脑识别汉语句子(顾利程:《古字新说》)。根据西方神经语言学家的研究,人类的右脑负责形象思维,左脑负责逻辑思维。也就是说,汉语的使用实际上是调动了人类的左右大脑,同时培养形象思维和逻辑思维能力。现在全球范围内的汉语热不仅反映了中国经济的崛起,也表明了"洋人"们对汉语促进大脑智力功能的认识。

国学大师季羡林把东西方人思维方式的不同与各自的烹饪过程相比。西方人做菜机械化、程序化,做每道菜都按食谱中的定量操作,而中国人做菜对油、盐、酱、醋的使用仅是一个大概的判断。由此看来,西方思维比较有科学性和条理性;而中国人思维呈现综合性和模糊性(胡卫红,2007)。

王蒙的一段话精辟地概括了语言与思维,语言与认识世界的方法和语言与做人的紧密关系。"语言是知识、工具、桥梁,当然这些说法都是对的,然而语言与学习语言带给你的不仅是交流的工具、沟通的便利和一些有关我们的世界以外的异民族异国土的奇妙知识、间接见闻,它给我们的会是一个更加开阔的心胸,更加开放的头脑,对于新鲜事物的兴趣,更多的比较鉴别的可能与比较鉴别的思考习惯,这里还包括了养成一种对于世界的多样性、文化的多样性的了解与爱惜,一种对于'己所不欲,勿施于人','己欲立而立人,己欲达而达人'的恕道的深刻理解,一种'海纳百川,有容乃大'的气魄"(2006,p.155)。

五、语言与行动

说辩学家和文学评论家肯尼迪·博克(Kenneth Burk)把语言的功能定义为"能够影响他人的态度并激励他人行动的劝诱符号"(1969,p.41)。语言的功能类似一个屏幕,现实是通过这一屏幕展现给我们的,而屏幕上的图像是经过筛选和过滤的,因此通过语言展现的现实世界是有限的。语言甚至在许多情况下会扭曲现实造成假象。尼采认为语言的局限性造成思想的僵化,人与人之间的分裂和不信任。绝对正确的概念是不存在的(Nietzche,1979)。庄子对语言的局限性有类似的观察和评论,指出"意之所随者,不可以言传也"(《庄子·天道》),意思是说有些思想是语言表达不出来的。庄子还说"夫形色名声果不足以得彼之情"(同上)。也就是说,有形有名有声的符号是不能代表事物的本质的。庄子甚至提出"至言去言",最好的语言是放弃语言。庄子用"鱼筌"和"兔蹄"来比喻语言的作用,一旦钓到了鱼,捕到了兔,捕鱼工具(筌)和捕兔工具(蹄)就没用了。也就是说,语言只是表达意义的媒介。一旦掌握了语言要表达的意思,就不必拘泥于语言的字面意义,即"言者所以在意,得意而妄言"(《庄子·外物》)。

在20世纪,由于意识形态的分歧和政治上的需要,语言成为当权者对弱势群体的压榨工具,成为愚弄民众的手段,成为民族或国家之间矛盾分裂的导火索。6百万犹太人在希特勒手下被残忍地剥夺了生命,理由是他们是德国肌体里的蛙虫,将对雅利安人(Aryan)产生威胁和腐蚀作用。"文革"期间,群众分为不同派别。各派都声称自己的行为是毛泽东思想的捍卫者,是最最忠于毛主席的;都指控对方背叛马列主义,违背毛主席的教导,是反动组织。暴力语言的使用登峰造极,如"砸烂你得狗头","批倒,批臭,再踏上一只脚","让你见阎王"。这类暴力语言导致武斗,相互残杀。

美国学者美哥瑞卞(Megrabian,1981)提出了语言在人际沟通中衡量人际关系程度和发展的另外三种功能。第一是反应功能。在人际关系上,语言的使用给我们的关系程度和发展发出信号和反馈。无论在工作中与同事交流经验,在网上与朋友聊天,在家里与父母交谈,在公共场合下演讲,我们都期待对方的反应(responsiveness)。无论是消极的反应,还是积极的反应,我们都能感觉到与对方的关系是和谐的,还是充满矛盾的;是平淡微妙的,还是有潜在危机的;是互助的,还是健康有害的。有些情况下,对方的反应是用肢体语言来表达的。最糟糕的反应是没有反应,让沟通行为无法持续进行。

第二是欣赏功能。人际关系的程度和发展信号是看双方是否互相欣赏。表达欣赏的例子有"我喜欢和你在一起","我喜欢你的为人","我真高兴我们在一个组里工作"。反过来,如果你听到别人说"我很讨厌你","和你在一起我感到很累",你会感觉到你们的关系出了问题。一般情况下,女人比男人更善于用语言表达情感。生活态度积极的人比生活态度消极的人更容易看到别人的优点。

第三是权力功能。语言的使用还表示一种权力关系。权力大的人讲话容易是发号施令式的、说教式的,目的是要影响和控制对方。权力大的人谈话时更容易打断别人,改正别人。他们对谈话的内容、时间、地点、频率更有控制权。相反,权力小的人讲话倾向于讨好、献媚、迎合、服从。他们有时也会对抗、逆反、挑战,走向另一个极端。文化的差异使人们对权力的认识也不同。东方人比较尊重有权威的人,西方人则比较有平等意识。

六、怎样才能有效地沟通

在言语沟通中出现问题多半是由于误解、偏见,或逻辑不清造成的。沟通学者约瑟夫·迪维妥(Joseph DeVito,1974)称这一现象为"概念曲解"(conceptual distortion)。造成概念曲解的原因是对语言的局限性没有认清,在使用中出现混淆。语言有下列几种局限性,认清这些局限性有助于更有效地沟通。

1. 语言仅是描述现实的工具,不是现实本身

前面说过标签语的作用。你的同学告诉你新来的老师很僵化,讲课呆板,你如果相信这位同学的判断,就会把这位新老师看成是个僵化呆板的人。这种现象迪维妥称为"意向倾向"(intensional orientation),就是对人对事的认识建立在别人怎么讲的,用什么样的标签语描述的。如果你对听到的话持保留态度,并决定自己亲自与这位老师接触,用自己的体会来判断这位老师的讲课水平,也许你会发现她并不像你的同学描述的那样糟糕。相反,你发现这位老师学识广,思想有深度。听她的课你觉得学了许多东西。与之相反的现象,迪维妥称之为"延伸倾向"(extensional orientation)。延伸倾向的特点是不轻易听信别人的话,更不把别人的判断当成事实,要自己亲身去了解和体会,因为你认识到语言有很大的欺骗性,使用语言的人可能有偏见或某种动机。

2. 意识到语言的概括性(totalizing)

另一种造成概念曲解的原因是认为语言概括了现实的全部。其实,语言的功能仅是概括性地描述现实的一部分。比如有些人用"同性恋"这个词评价同性恋时,仅仅看到他们性倾向的那一面,没有看到他们生活的其他方面,如他们的消费方式、他们的家庭观念、他们的艺术天赋。许多在美国的亚洲人被看成只会学习的书虫,只会考试,只是在数理化

上成绩优秀,这些亚裔学生被统称为"乏味的人"(nerd)。

语言的概括性功能使我们只看到事情的一面而忽视了另一面,也就是荀子讲的"偏伤"(《荀子·不苟》),荀子称之为"凡人之患,蔽于一曲"(《荀子·解蔽》)。在我们生活中面临挑战时,我们既要看到困难的一面,也要看到光明的一面,告诉自己和别人"再换个工作不容易,一切从头学起,但这会使我又多了一个新的技能,在新的环境里又交了新朋友"。我常听到一些太太们抱怨她们的丈夫,很少听到她们夸奖自己丈夫的优点。其实每个人都有优缺点。对待孩子也是这样,要全面地看他们的表现,避免一言概括全部的现象。

3. 区别事实陈述和推断陈述

我们用言语来表达事实(fact),也可以用来推断(inference)。人们在使用语言时经常会混淆这两种陈述功能。当推断被当成事实时,我们的思维就会混乱,造成误会和矛盾。比如你看见一个人随地吐痰,这是个事实,但如果你说"这人很不文明,没有教养"(随地吐痰),这就是一个推断陈述。"韩国人吃狗肉"是个事实陈述。"韩国人很残酷"(狗肉都吃)是个推断陈述。"埃塞俄比亚人用手吃饭"是个事实陈述。"埃塞俄比亚人很脏"(用手吃饭)是个推断陈述。一般情况下,事实陈述是用肉眼看见的,可观察到的。而推断陈述,顾名思义,是从看见或者没看见的事实中推断出来的。推断陈述中常带有推断者的观点、情感和偏见。事实陈述一般可以找到依据,而推断陈述是不能够完全证实的。我们在沟通中容易犯的错误是把推断当成事实来描述。下面几个例子进一步说明两者间的区别:

哈尔滨的冬天零下30度;北京的冬天零下15度。(事实陈述)
哈尔滨的冬天寒风刺骨;北京的冬天可以忍受。(推断陈述)
NBA比赛中姚明在火箭队得分最多。(事实陈述)
姚明是中国有史以来最好的篮球运动员。(推断陈述)
中国的国民经济总产值每年增长8.5%。(事实陈述)
中国将是本世纪的经济强国。(推断陈述)

在人际关系中,我们也常听到把事实和推断混淆在一起的语句,如"这人真懒","他对我很不尊重","她不在乎我的感情"。这些推断陈述可能是根据一些事实观察到的:"这人从来不收拾房间"(这人真懒);"我一说点什么,他就讥笑我"(他对我很不尊重);"我心情不好的时候,她不理我"(她不在乎我的感情)。推断陈述给人的感觉是你给对方的行为下了定义,作了价值判断,并带有指控的口吻。对方会感到对他不公,难以接受。要想避免混淆两类陈述,达到良好的沟通效果,要尽可能作事实陈述,为你的推断提供"证据"。另外要有意识地使用修饰词(qualifier),给你的推断留有余地或别的可能性,如"我听某某说……","会不会是这样……","根据我个人的观点……"当我们听到别人评价他人或讲述事情时,也要注意区分事实陈述和推断陈述,以减少误会,减少矛盾。

4. 防止使用偏见性语言

语言的另一个局限性是它的无差别性(indiscrimination),是指我们在使用语言描述事件和人物时,偏向于看到相似的一面,而忽视有差异的一面。使用名词时很容易产生这个问题,比如老师、黑人、青少年、女强人、大款、二奶。这些名词使我们倾向于把属于这些群体里的人看成具有同样的品质和特征,比如"共产党的干部都腐败","现在的年轻人没有道德观",这类语句使我们把所有共产党的干部都看成腐败,认为所有的年轻人都没有道德观,而实际上,只有一些共产党的干部腐败,只有一些年轻人没有道德观。

这种把人物、事物统统归为一类,不加个性区分的现象造成思维方式上的固执己见和认识上的偏见。偏见有褒有贬,褒的偏见如"黑人运动素质好"、"亚洲人聪明勤劳";贬的偏见有"南方人小气"、"东北人粗野"、"中东人是恐怖主义分子"。不管是哪一种偏见都表现了一种固定的思维方式。偏见是不加思考,缺乏分析,证据不足造成的认识偏差。偏见使我们对他人和事物产生误解,造成不公平,甚至损失。偏见可以表现在对国家、种族、宗教、性别的认识和描述上。总之偏见往往是错误的认知。语言确实有它的局限性,但使用语言的人可以超出它的局限性。

怎样防止偏见呢?除了我们常说的要一分为二地看问题外,一个具体的方法是使用索引(indexing),即把人和事都作为个体和特殊性记录下来,以区别不同性。如果你说干部们都腐败,那干部甲与干部乙是不是有所不同。当我们评价年轻人时,我们要防止用鲁迅说的"九斤老太,一代不如一代"的态度来看待他们。不要拿20世纪50年代的价值观来评价他们。80后的年轻人在2008年"5·12"汶川大地震中表现出的爱心和奉献使全国人民为之感动,令人刮目相看。

5. 防止使用极端化的语言

语言本身还可以造成两极分化。我们使用语言时,经常是用二元对立的语句来表示和描述人和事,比如上下、穷富、美丑、大小、高低、冷热。语言本身这些两极化的特征往往会造成思维上的极端化。极端化思维很容易在人际关系上造成矛盾、分裂,甚至暴力。这种极端语言激化极端行为的现象被学者们称为"摆钟现象"(pendulum effect)。摆钟比喻为一个人的态度、情感和观点。当摆钟在中间时,这个人对事物的认识是现实的、诚实的、明智的。当两个人有不同意见时,摆钟向不同的方向摆动。比如夫妻间为了做家务事吵架,妻子说:"该你倒垃圾了,上次是我倒的。"丈夫回答:"你记错了,上次是我倒的。"这种不同意见如果处理不好,就会激化矛盾。如果妻子说:"你就是懒。"丈夫说:"你总是发牢骚,放着好日子不过。"妻子回击说:"谁不好好过?你从来就不管家。"丈夫一气之下竟说出:"这日子没法过了,动不动就吵架。我搬出去住好了。"妻子哭喊道:"那咱们就离婚!"这样他们的矛盾就激化了。

解决的办法是在使用语言时,不要轻易极端化,尽可能给对方提供详细的信息去解释并消除误会。极端化的语言不能给协商解决问题留有余地。比如布什总统在"9·11"恐怖活动后的一次演讲中说:"你们(指其他国家)在反恐的问题上或者支持我们,或者与我们为敌。"这样的话语使美国在反恐的问题上扩大了敌对势力。在冷战期间,世界分为社会主义和资本主义两大阵营。两个意识形态势不两立,造成了国家和人民之间的许多矛盾、误解和损失。"文革"中语言使用的极端化甚嚣尘上。人与人之间以"阶级"分化,无产阶级和资产阶级之间没有调和的余地。

我们要学会从多方面、多层次地看问题,防止语言使用的极端化,保持我们老祖宗"中庸之道"的传统,有话好好说,心平气和地沟通和解决问题。在东南亚几个佛教国家,人们讲起话来都是柔声细语的,即使吵架也不是唇枪舌剑,听上去不像是发生了什么冲突。他们牢记经文的教导,凡事别都上火。

6. 多使用"我语"

美国沟通学者们一致提倡在人际沟通中使用"我语"(I language),避免"你语"(you language)。如果我们说"你真让我生气","你伤害了我","你侮辱了我",含义是别人的行动造成了我们的坏心情,使我们受到了伤害。这虽然可能是事实,但每个人都应该学会控制自己的情绪并做出不被别人伤害的选择。在许多情况下,我们对别人的沟通行为只做了片面解读,对方可能并不是故意让你受到伤害。如果把这些话转成"我语"就变成"我对你有气","我觉得受了伤害","我感到受了侮辱"。

"我语"和"你语"的区别在于前者是为自己的情绪和想法承担责任,后者把这一责任推给对方;前者是描述性的,后者是指控性的。"你语"在沟通中容易把对方推向对立面,激化矛盾。"我语"容易减轻对方反击的心理,提供与对方协商的机会。"我语"也比较真实,因为并不是所有的情况下都是"你使我生气"(你生气可能还有其他的原因)。"我语"还可以伴随具体的例子,比"你语"更容易被对方接受。请看下面的例子。

你语	我语
你太自私了。	当你只给自己倒茶时,我觉得你很自私。
你让我感觉很傻。	当你嘲笑我时,我感到自己很傻。
你真让我有压力。	当你说我不够男子汉时,我很有压力。

总之,在使用语言与别人沟通时,要避免错轨现象。多解释自己要表达的意思并反复核实对方的解读,以避免不必要的误会,尽可能少使用抽象语句。人与人之间的许多误解

是由于我们使用的语言太抽象、太主观、太偏见、太情绪化造成的。在描述人和事的时候,言语越具体越好理解,也越容易被接受。当然有时太具体可能会显得太直白,而中国人又比较喜欢含蓄,想要表达的意思让对方去揣摩,搞得大家都很累。最要紧的是要根据不同的场合,对不同的人,在不同的时间地点,采用恰当的方式以达到最佳的沟通效果。

在使用语言时,还要有意识地提醒自己不要陷入语言的怪圈。注意区别事实陈述和推断陈述;防止"只见森林不见树木";要区分人物、事物的不同,减少语言的概括性、偏见和极端化。切记:语言对思维有导向作用,使用什么样的语言,会导致什么样的行动。无论在中国或世界其他地方,无论是历史还是现在,人类都为了语言使用的偏见和极端化付出了沉重的代价。克服语言本身的局限性,也要靠语言本身。使用语言时尽可能给自己留有余地,有更大的空间,提供不同看问题的角度,使沟通者之间的交流更容易、更和谐、更有效果。

7. 多使用委婉语

英国哲学家培根曾说过:"人与人之间最大的信任就是对于进言的信任。"与委婉语对立的是直言。直言是一种真诚的表现,也是和对方关系密切的标志。我国有个俗语叫"见外",往往就是指某种不必要的委婉而与对方造成的一种心理上的距离。试想,在中国,如果你跟很熟悉的同事见面时一开口就说"对不起",一插话就问"我能不能打断一下",他们也会以一种异样的眼光看待你。

直言也是一种自信的表现,因为只有相信别人的人才谈得上自信。那种过分害怕别人的反应,说一句话要反复斟酌半天的人是谈不上有什么自信的;而缺乏自信正是你和对手沟通的重大障碍,因为人们一般是不会愿意同一个畏畏缩缩的人打交道的。但是中国还有句老话"顺情说好话,耿直讨人嫌"。中国人有含蓄的传统,很多场合不便把信息表达得太清晰,对方须从自己的话语中揣摩体会。

在与人交往中,特别是在说"逆耳之言"时要注意方式。例如你要求一群正在打扑克的人"不要吵闹,家里有人正在睡觉"时,语调温和,并微欠身举手示意,还略带抱歉的笑意,就容易使他们接受。在拒绝、制止或反对对方的某些要求和行为时,则诚恳地陈述一下原因和利害关系。人与人之间千差万别,我们的沟通对象多种多样。因某种原因不便或不愿意把自己的真实思想暴露给对方时,就可以把你输出的信息"模糊化",如此既不伤害别人,又不使自己难堪。美国前总统罗斯福当海军军官时,有一次一位好友向他问及有关美国新建潜艇基地的情况,罗斯福不好正面拒绝,就问他:"你能保密吗?"对方说肯定能。罗斯福笑着说:"你能,我也能。"这个委婉的回答近乎于幽默。恩格斯认为:"幽默是具有智慧、教养和道德上的优越感的表现。"在人们的交往中,幽默更是有许多妙不可言的功能。

委婉的另外一种表现是自言自语。《水浒传》中的及时雨宋江,曾有好几次可能死于非命,他全靠自报家门挽救颓势:"可怜我宋江宋公明……"才使别人了解他的身份而幸免于难。自言自语一般有助于人的自我表现。如果你怀才不遇,一旦有伯乐在场,你就该像千里马一样引颈长嘶几声,以引起有识者的注意。战国时客寓孟尝君处的冯谖,不就是先靠几次弹剑高歌式的自言自语:"长铗归来乎"而引起孟尝君的注意吗?

委婉语在国际场合下同样适用。现在,好多中国人正致力于以英文为第二语言的学习。因为走向国际舞台,参与对外贸易都离不开英语。那么,请不要单纯学用英文讲话,而是懂得人家的思维方式和语言习惯,做到语言上细心、温暖、体贴,才能够打开通往国际舞台的大门。有些国家的人们相处没有太多的客套,例如在美国,主人若请你吃饭,如果每道菜上来时你都客气一番,迟迟不动刀叉,那么,也许你会饿着肚子回家;如果你是一位进修学者,当指导教授问及你的特长和主攻方向时,你过分自谦,人家就会认为你确实无能,也许会被派去充当洗试管之类的杂差。

小结

语言是抽象的符号,是我们与他人沟通的工具。言语是语言在不同场合下的具体应用。语言受语法规则和社会约定俗成的限制,而言语是灵活多变的、个性化的。语言和言语互相联系,缺一不可,两个词语也经常互换使用。

言语的使用传达了使用者对现实的认识。用什么样的标签语,人、事、物和他们之间的关系就会定位在标签语的范围内,可能会引起误导或偏见。中国古代和古希腊都有用言语说服他人的丰富实践,同时也创建了精辟的说辩理论。儒家思想里的危言、慎言、雅言、仁言、信言、诚言、善言、智言和实言充分表现了古人对言语不同作用的深刻认识。

言语沟通学者创建了"语言符号的三角关系理论",描述了言词、用词的人和与言词对应的事物三者之间的关系。这个理论表明,由于使用语言的人的经历和思维方式的不同,人们对言词的理解就不同。另外,言词与事物本身并没有直接联系。虽然语言的象征力量不可否认(刘亚猛,2004),但语言并不是完全代表现实的。语言的意义在于使用语言的人,而不是语言本身。这就是为什么我们在沟通中经常出现言语"错轨"的现象。我们说出的话往往不是我们要表达的意思;我们要表达的意思有时不得不用迂回、婉转和模糊的言语方式。文化背景的不同也会造成言语"错轨"的现象。

语言的明确性和隐讳性的双重含义也会经常造成沟通中的误解。说话者经常给予使用言词的隐讳意义,而听话者却解读为明确意义。一般来说,沟通过程中使用的语言越具体,沟通的效果越好。沟通中,人们一般情况下遵循调整性规则,也就是表达方式符合当地的文化习惯。同时，在沟通中我们也受构成性规则的约束，也就是我们对一些具体沟通行为的判断和评价是建立在社会公认的价值观和文化规范上的。沟通规则因人、因地、因时而不断地调整和改变。

语言对思维有极大的影响作用。根据东西方学者的研究，汉语更能促进形象思维，英语有利于逻辑思维。语言对行动有极大的导向作用。暴力的语言常常导致暴力的行动。第二次世界大战期间希特勒屠杀犹太人和中国"文革"期间的武斗都是从暴力语言走向暴力行动的例子。在人际关系上，语言的使用能促使我们对某件事情作出反应，表达我们对某人某事的欣赏和表现与别人的权力关系。

言语的有效使用是有效沟通的关键。要充分认识语言本身的可能性、局限性、欺骗性和概括性。多从不同的角度看问题，提出问题，用语言的可能性打破语言的局限性；认真区分哪些话语属于事实陈述，哪些话语属于推断陈述；避免使用偏见性和极端性的语言；在表达自己观点和感受时多用"我语"，少用"你语"；多用委婉语，避免恶语伤人或无意伤人；培养幽默感、慈悲心肠和宽阔胸怀，使我们的话语温暖人心，使沟通充满愉悦。

关键词

语言，言语，一言而兴邦，正言若反，委婉语，语言符号三角关系理论，语言的错轨，明确的含义，隐讳的含义，狗叫语句，猫叫语句，抽象语句，调整性规则，构成性规则，标签语，萨皮尔-沃尔夫的假设学说，意向倾向，延伸倾向，概括性语言，事实陈述，推断陈述，偏见性语言，极端化语言，我语，你语

讨论题

1. 语言和言语的区别是什么？
2. 中国古人是怎样认识语言在沟通中的作用的？
3. 欧哥丹和查里斯的语言符号三角关系理论都有哪些要素？它们之间是什么关系？
4. 语言错轨现象是什么意思？举例说明。
5. 举例说明语言的双重含义。
6. 抽象语句和具体语句有什么区别？举例说明。
7. 言语沟通的调整性规则和构成性规则体现在什么场合？
8. 标签语在沟通中起什么作用？
9. 语言与思维和行动是什么关系？
10. 怎样才能有效地进行言语沟通？

练习题

1. 想出10个词或词组,解释它们的明确含义和隐讳含义,如北京、奥运会、夏天、火锅、饺子。

2. 找出生活中的一些政治口号和商业广告用语,分析它们是如何影响人们的思维和行动的,如与时俱进、建设有中国特色的社会主义、绿色奥运、人文关怀等。

3. 在有些电影里,演员讲普通话;有些电影里,演员讲方言。你觉得哪一种形式在沟通中更有效果?

4. 反思你自己在沟通中使用的语言。在什么情况下你用"你语",在什么情况下你用"我语",有什么不同的效果?

5. 举例说明语言在什么情况下,采取什么技能才能达到说服他人的效果,如说服你父亲戒烟,说服你的朋友和你一起去国外旅游,说服你的同学献血、做义工。

6. 王蒙说,"谈到学习,没有比学习语言更重要的了。学一种语言,不仅是多打开一扇窗子,多一种获取知识的桥梁,而且是多了一个世界,多一个头脑,多一重生命"(2006,155)。你是怎样解读王蒙这句话的。

参考书目

胡卫红.听南怀瑾大师讲经:修炼篇.北京:石油工业出版社,2007
李海林.言语教学论.上海:上海教育出版社,2000
刘亚猛.追求象征的力量:关于西方修辞思想的思考.北京:生活·读书·新知三联书店,2004
史铁生.灵魂的事.天津:百花文艺出版社,2005
王蒙.王蒙语录.北京:中国青年出版社,2006
Becker Carl. *Reasoning for the lack of argumentation and debate in the far east*. In *International Journal of Intercultural Relations*,1986(10)
Burke K. *Poem*. in *The legacy of Kenneth Burke*. ed. Herbert Simons and Trevor Media. Madison: University of Wisconsin Press,1989
Cronen V,Pearce W B and Snavely L. *A theory of rule-structure and types of episodes and a study of perceived enmeshment in undesired repetitive patterns*(UROs). In Nimmo D(Ed.). *Communication yearbook*(Vol.3). New Brunswick,NJ: Transaction Books,1979
DeVito J A. *General semantics: Guide and workbook*. DeLand,FL: Everett/Edwards,1974
Pearce W B, Cronen V E and Snavely L. *On what to look at when analyzing communication: A hierarchical model of actors' meanings. Communication*,1979(4)
Haney W. *Communication and organizational behavior: Text and cases*(3rd ed.). Homewood,IL: Irwin,

1973

Ogden C K and Richards I A. *The meaning of meaning: A study of the influence of language upon thought and of the science of symbolism*. New York: Harcourt,Brace,1923

Hayakawa S I and Hayakawa A R. *Language in thought and action*(5th ed.). New York: Harcourt Brace Jovanovich,1990

Korzybski A. *Science and sanity*. Lakeville,CT: International Non-Aristotelian Library,1933

Foucault Michel. *The birth of the clinic: An archaeology of medical perception*. Trans. A. M. Sheridan Smith. New York: Pantheon,1973

Foucault Michel. *Discipline and punish: The birth of the prison*. Trans. Alan Sheridan. New York: Pantheon,1977

Mehrabian A. *Silent messages: Implicit communication of emotion and attitudes*(2nd ed.). Belmont,CA: Wadesworth,1981

Nietzsche F. *Philosophy and truth: Selections from Nietzsche's notebooks of the early 1870s*. Ed. And Trans. Breazeale D. Atlantic Highlands,NJ: Humanities Press,1979

Peterson C,Seligman M E P and Vaillant G E. *Pessimistic explanatory style is a risk factor for physical illness: A 35-year longitudinal study*,Journal of personality and social psychology,1988

Saussure de F. *Course in General Linguistics*. Bally C and Sechehaye A(Eds.). W Baskin(Trans),New York: McGraw-Hill Book Company,1966

Whorf Benjamin L. *Collected papers on metalinguistics*. Washington D. C.: Department of State,Foreign Service Institute,1962

Whorf Benjamin L. *The relation of habitual thought and behavior to language*. In *Language,culture and society*. Ben G. Blount(Eds),67~87. Cambridge,Mass: Winthrop Publishers,1974

第五章 非言语沟通

非言语沟通是不用语言的沟通形式。这个定义不包括聋哑人的手势语。对聋哑人来说,手势语就是他们的语言。在非言语沟通方面较敏感并有技巧的人,往往给别人留下很好的印象,在工作上和与人交际成功的几率也更大。反之,在这方面欠缺的人士,容易在沟通中造成误会和笑话。博古和胡博勒(Burgoon and Hoobler,2002)认为非言语沟通能力较强的人更有吸引力,更受人注意。这种人心理更健康,更能成功地影响别人,更有说服力。

人的表情和手势的多寡,和民族习惯、文化性格有直接关系。但是有一个事实是不容忽视的,根据美国传播学教授杰夫瑞·费利波特(Jeffrey Philpot,1983)的调查,人类有65%的意义成分来自非言语沟通,而只有35%的意义成分来自言语沟通。在生活中,有些人偏向依赖言语符号,但更多的人偏向于依赖非言语手段进行沟通。而实际上,非言语沟通的可信度要大于言语沟通的可信度。可见,声音和肢体语言作为非语言交流的符号,在人际交往中所占的比例是多么重要。

西方学者李瑟斯(Leathers,1997)认为非言语沟通能力可以帮助提高可信度和吸引力。非言语沟通的过程和现象也反映出人与人之间的关系程度。手牵着手,深情对视的两个人可能是情人。幸福的夫妻坐得更近一些,彼此之间有更多的眼神交流。而上下级之间说话时通常保持一定距离。在单位里,我们更愿意和我们喜欢的人接近,或经常用微笑来表示彼此的好感。学者们发现女人在一起时坐得比男人在一起时更靠近些,也给予对方更多的微笑。

中国文化重视非言语沟通,这与个人修养和社会和谐有密切的关系。孔子思想里的"礼"很大一部分是靠非言语行为来实现的。《论语·乡党》整篇讲述的是如何在行为举止上,如走路、手势、神情、姿势、衣着等方面表现出君子的风度和胸怀,甚至对吃喝、叩拜、睡觉等行为都有严格的要求。比如孔子告诉我们,"食不语,寝不言"才能有好身体。在宴席上"席不正,不坐","乡人饮酒,杖者出,斯出矣"(座位没摆好,不坐。饮酒结束后,老人离席了,才能离席)。托人送礼时要"再拜而送之"。

禅学里流传着释迦牟尼佛在灵山法会上拈花微笑的故事:

> 相传,释迦牟尼在灵山法会上,手里拈着一朵花,对着大众微笑,听说就在那拈花示众和微笑之间,已经把所有的佛法都道尽了,把生活的智慧和艺术说得淋漓尽致了。但是在法会上的大众,都面面相觑,不知道佛陀说的是什么。这时座中一位叫大迦叶的弟子,却对佛陀报以会心的微笑,就这样发生了禅宗的第一次传灯。他们师徒之间完全的会心,心传密付了。释迦牟尼便对大迦叶说,"吾有正法眼藏,涅槃妙心,实相无相,微妙法门,不立文字,教外别传,付嘱大迦叶。"
> (梁素娟,金望九,2008,161页)

这个故事说明真正的佛法是不可言喻的,是只可意会不可言传的。沟通的最高境界是非言语的,是顿悟,是心灵的碰撞,是一种默契,是和谐与完美的传递。

这一章,我们将讨论非言语沟通的功能、特点、种类,以及怎样正确解读非言语行为。

一、非言语沟通的功能

1. 重复性

非言语形式重复言语表达的意思。比如,当一个人问你去天安门怎么走,你除了用言语告诉对方所询问的方向和所乘坐的交通工具外,还会用手势指着去天安门的大概方向,以帮助加强问路人的记忆。社会学家把这种手势功能称为象征性肢体语言(emblems)。象征性肢体语言一般被同一文化社会成员共同使用,比较具有普遍意义,一般不会产生误解。比如我们点头表示同意,摇头表示反对,招手表示问候或再见,"V"字形手势代表胜利或成功。

2. 替代性

象征性肢体语言还可以代替言语符号。如果一个朋友问你最近怎么样,你不想回答,只是撇撇嘴,耸耸肩,或是叹一口气,或是只是微笑一下。每一个动作都会传递一个信息给对方,让对方知道你近来的生活是沮丧、无聊,还是压抑、平淡。用肢体语言代替言语符号经常会使人迷惑,甚至不解其意,因为肢体语言有时会有很大的欺骗性。你心里很苦的时候,有时还得强装笑脸。发言的人本来心里很紧张,表面上却看似很有信心。

3. 互补性

有时非言语行为和言语行为互为补充。比如你向别人表示感谢,除了口头上说一些感激的话以外,你的声音、面部表情、身体的姿势都要和你说的话吻合。一般来说,当我们真心感谢别人时,声音会柔和、激动,面部会有笑容,身体会前倾,可能还会伴随握手、拥抱等动作。如果你发现对方虽然口头上表示感谢,但行为上是平淡口气,面无表情,身体挺直时,你会认为对方的感谢并不真诚。这种互补性的非言语行为是用来起说明作用的(illustrators)。起说明作用的非言语沟通还包括想不出办法时抓耳挠腮,心情不好时垂头丧气,或大喊大叫。有一项研究发现,北美人用这类说明性的肢体语言较多,尤其是当他们情绪化的时候,用得就更多(Hall,1985)。使用说明性肢体语言能帮助记忆信息。一项调查发现,使用手势来帮助他们表达思想和传递信息的人能使对方的记忆力提高20%(Goldin-Meadow,Nushaum,Kelly and Wagner,2001)。

4. 调节性

人们用肢体语言调整、控制沟通中的行为。比如你在交谈中用眼神示意你想听听对方的意见;用降调示意你完成了你的讲话;用连贯的句子示意你要继续说下去。在与朋友聚会到很晚时,你看一下表,示意很晚了,你要停止谈话,该走了。

5. 情感表达性

我们经常用肢体语言表达感情,比如我们听到好消息时,会激动,跳起来欢呼;听到坏消息时,会低头不语,目光发呆;疲劳时无精打采;生气时怒容满面。

6. 适应性

有时你会注意到某个人演讲时不断地摆弄手里的铅笔,或者抓自己的衣角,挠自己的鼻子。在社交场合下,有人坐得僵直,有人说话就脸红,有人不断地吸烟。这些行为都是在使用肢体语言来适应有心理压力的环境。这些人无意识地用这些行为来控制自己的紧张情绪,以适应环境,也起着保护自己的作用。虽然这类肢体语言是无意识的,但却表明使用者潜意识里的欲望和倾向。

二、非言语沟通的特点

1. 文化影响

非言语沟通的一个最显著的特点就是文化影响。人类在用肢体语言传递信息时有很大的共性,如用笑来表示高兴、愉悦;用哭来表示伤心、难受。人类学家发现有六种面部表情在许多不同的文化里传递着相同的意思,它们是欢喜、愤怒、悲哀、恐惧、惊讶,以及厌恶(Ekman and Friesen,1975)。

在更多的情况下,非言语沟通行为有很大的文化差异,因为这些行为是一种文化传承的体现,是社会成员约定俗成的习惯。一种行为在一个文化里得到承认和接受,可能在另一个文化里被视为无礼和野蛮。比如在问候方式上,东方人习惯握手,西方人喜欢拥抱。有的西方人如法国人、南欧人在拥抱时喜欢亲吻面颊两侧,北欧人却只是用眼角斜视对方。亚洲人对话时很少用眼睛直视对方,中东人和欧美人则要直视对方表示尊重。中东人对话时喜欢靠近对方以表示亲切,亚洲人和欧美人则一定要保持距离。我有一个沙特阿拉伯的同学,在聚会交谈时他非常靠近我,我很不舒服,就往后退,他就往前走。几分钟后,我们已从房间的一个角落移到了房间的另一个角落。在许多第三世界里,同性之间牵手、挨肩走路是常有的事,而在欧美国家里就会被认为是同性恋。大家熟悉的 OK 手势,即把拇指和食指拼在一起形成一个圆圈,北美人用来表示赞同和祝贺,在法国和比利时意思是"你的价值是零",在日本是"铜板"的意思,在希腊和土耳其则代表性交易。

用面部表情表达感情在不同文化里也有差别。在当今日本和古代中国,妇女笑不露齿被视为美德。东方人甚至对笑脸的诠释也不同。根据 Matsumoto 和 Kudoh(1993)的研究,美国人认为常带笑脸的人有吸引力,聪明,有社交能力;而日本人认为笑容满面的人有社交能力,有吸引力,但并不聪明,反而面无表情的人更聪明。根据沃勒士(Wallach)和麦卡夫(Metcalf)的观察,"微笑的问题在跨文化误解中是非常普遍的,美国人常微笑,但是在有什么好消息或觉得高兴时才笑,他们不像亚洲人在尴尬或担忧时也笑。同样的,美国人不会面带微笑告诉别人坏消息。而亚洲人不分消息好坏都会笑着说话,高兴时,以笑容表达;沮丧不安时,也尽量以笑掩饰"(1997,p.299)。在美国,有许多韩国人开食杂小店。他们把找回顾客的钱放在柜台上,不放在他们手里。因为在韩国把钱放在顾客手里是一种亲昵行为,是不允许的。可在美国这样的行为被认为是冷漠和无礼。美国布什总统 2008 年 11 月份访问伊拉克时,在记者招待会上被一名记者用鞋投掷。这个举动在阿拉伯国家里是对人最大的无礼和污辱。

2. 与言语沟通互为矛盾

前面讲过非言语表达有时可以代替言语表达,但非言语表达也经常与言语表达互相矛盾。比如,你在电话上听到对方的声音很沮丧,你问:"你怎么了,有烦心事了?"对方却说:"没有哇,我挺好的。"当别人谢谢你为他们做了好事时,口头上说:"谢谢你。"可声音却很低沉,面部也没有表情。在这些情况下,你会更相信言语行为呢,还是非言语行为呢?根据研究,人们会更相信非言语行为(Argyle,Alkema and Gilmour,1971)。而非言语行为有时是潜意识的,更能反映人的内心想法。人们容易控制言语符号的使用,但不容易控制非言语行为的表达。

当然我们有时故意让两者互为矛盾。比如，与别人交谈时，你不喜欢听对方长篇大论、引经据典的吹牛，可又不好意思打断对方。于是口头上你可能会说："你真有才华，听君一席话，胜读十年书。"可同时你却眼睛四处张望，不时看表，打哈欠，心不在焉。你给对方的信息是你并不感兴趣。我有一个朋友，极力向我推销一种保健品。我并不感兴趣，而且很反感，但我却说："谢谢你对我的关心。"我的口气很冷淡，面部也没有表情。这位朋友后来再也没来找我。

随着年龄的增长，我们对非言语与言语之间的互为矛盾会有较准确的辨认能力。六岁到十二岁的孩子主要靠言语行为对事物做出判断，而成年人在沟通中则更依赖于非言语行为来对事物做出判断。因为言语沟通和非言语沟通存在着互为矛盾的特征，人们也经常用非言语行为来掩饰或隐瞒沟通的真正目的，很多情况下是为了给自己或给对方保留面子，因为完全真实的表达可能会伤害对方。据调查，女人比男人更倾向于用非言语掩饰或隐瞒她们的沟通目的。女人也比男人更能准确地判断用非言语掩饰或欺骗的行为（Buller and Burgoon, 1994）。在有些情况下，掩饰、隐瞒和欺骗是由工作性质和职业特点决定的，比如演员、律师、外交官、推销员、公关人员等。

3. 模棱两可性

虽然言语符号在沟通中也经常有模棱两可的情况，可大多数情况下会比非言语行为更容易判断，比如情感表达。有些人在极度悲伤时可能面无表情，也可能用开玩笑来掩饰悲痛。有的人在极度激动时，声音也平平，可能会让你觉得这人不够真诚。在谈恋爱时，有人在不能准确地把握关系程度时通过非言语手段试探热度或降温，可能会发生误会。旧金山一家超市为了提高服务质量，要求雇员们向顾客微笑说话时要直视客人。实行了没多久十几个雇员就受到一些顾客的性骚扰，因为顾客把这些非言语行为当成性引诱（San Francisco Chronicle, 1998）。所以准确地判断非言语行为的沟通含义是很有挑战性的。有几个方面的考虑可以帮助判断非言语行为：在什么场景下发生的？你与对方是什么样的关系？对方当时的心情和对你的态度是什么？最重要的是细心观察和体会。为了确保准确性，可以试问对方的非言语行为是否表达你所猜的意思，或者向另一个当事人问他是否有同样的感受。千万不要轻易下结论或认为自己的判断是正确的，避免造成误会。

三、非言语沟通的范围

非言语行为是很丰富的。它的范围不仅仅是肢体语言，还包括肢体语言以外的一些因素。有关学者已发现并记录了近百万种人体语言讯号，这些讯号并不是每个人都会使用到。人体语言使用的多寡，与经济、文化背景有一定的关系。一般来说，经济、文化、社会阶层较高的人,能清楚地使用口头或书面语言表达,较少使用人体语言;而经济、文化阶层较低的人则较常使用人体语言来表达意思。作为公众人物,如讲师、教授及电视主持人,不应忽视非言语信息的使用,以免显得刻板单调,也不应手舞足蹈,因为过多使用非言语信息会显得层次低下。

一个有较强能力的公众人物,不但本身会不断发出准确而简练的非言语信息,而且也能从合作者或在场者所发出的非言语信息来判断其参与的程度,从而作出相应的调整。如果你希望展现出具有个性特征的公众化形象,应先多问几个人,请他们从你的身体姿势或行为特点方面用最少的字来描述你,他们很可能会把"潇洒大方"、"扭捏作态"、"动作急促"等特征和你联系起来。有些公众人物,缺乏非言语沟通知识,他们没有警觉到身体动作也可以传递信息。比如在西方,男士给女士让路,在电梯上让女士先上先下,这些都传递出很有教养的信息。在中国传统里没有这个习惯,有些到美国的中国人缺乏这种意识,忽视学习和锻炼;有的使用不当而产生了负面效果,如此等等,都是不明白身体语言固然是天赋的,但也要学习。这种学习已超出了日常生活的需要,而变成了工作的需要。学习的方法,一是观察,二是实践,只要有人活动的地方,人们都在使用身体动作,都有非言语信息存在。在车站、码头,人们表现出来的殷切、快乐、焦虑、急躁、愤怒以及其他一些情绪都比较明显。此外,各种集会、宴会也是观察非言语信息的理想场所。

非言语沟通的范围可以分成以下几个方面。

1. 身体动作

达·芬奇曾说过:"人的精神,应该通过姿势和四肢的运动来表现。"

身体动作包括姿势、手势、面部表情等与身体有关的肢体语言。我们经常用我们的身体传递信息。人们的一举一动,都能体现特定的态度,表达特定的含义。中国古人讲究"站如松,坐如钟,卧如弓"。站立时身体要挺直,端正的姿势可以表现一个人的自信,给人以美感。站没站相、坐没坐相的人被认为是没有教养。

有些行业的从业者,如空中小姐、房产、汽车推销员要永远保持直挺的肢体,笑容可掬的面孔。当下许多妇女练习健美操,除锻炼身体外,也为了保持苗条的体形。有些人的姿势给人以高傲自大的感觉;有些人的姿势给人以谦恭的印象。中国有句俗话:"抬头的老婆,低头的汉"都是不好打交道的人。紧张时,我们倾向于僵直地坐着。放松时,我们自由自在地坐着。男人大多是分开腿坐着;女人倾向于双腿交叉着坐。上课时勇于发言的同学身体前倾,抬头目视老师;不想发言的同学低头,回避老师的目光。

据调查,强奸犯在选择作案对象时,非常留意对方走路的姿势。他们选择走路慢的,眼睛老看地下的,胳膊和腿甩动晃晃悠悠的人(Myers,Templer and Brown,1984)。一般来说,体形美的人更招人注意,有吸引力。他们在社交场合里更引人注目,更容易找工作。

在学校,好看的学生更受老师喜欢。虽然这都是偏见,但体形美确实是一个资本。美国一项调查表明,高个子比矮个子的薪水多,瘦高个子比矮胖个子更容易当选总统(Keyes,1980)。

手势也是人类重要的沟通工具之一。聋哑人的沟通主要靠手势语。非聋哑人也靠手势加强语气,传递信息(指路),表示情感。有些职业如教师、政治家,偏重于使用手势和姿势的训练,以增加演说的感染力和说服效果。希特勒就参加过这种训练。所以他的演讲在德国很有煽动性。有些民族,如意大利人沟通时更爱用手势,制造一种投入的气氛和夸张的情绪。在奥运会上,运动员得了金牌后,举起双臂,挥舞国旗,绕场欢呼,传递成功的喜悦和民族的骄傲。

一个人走路的姿势也传递不同的信息。蒙特培(Montepare)和哲博伟茨-麦克阿瑟(Zebrowitz-McAuthor)曾在1988年做过一项调查。他们把一组人按年龄分为四组:儿童组、少年组、青年组和老年组。让每组人按照他们自己舒服的姿势走路然后录像下来。再把这些人的年龄和性别用技术手段遮住,只把他们走路的姿势放给另一组人看。观看的人不受年龄的约束把这些人走路的步态分为年轻的和年老的。年轻的步态臀部甩动大,胳膊摆动多,膝盖弯曲,关节放松,每秒钟内的步子多。观看的人认为年轻步态的人乐观、快乐、有影响力。所以一个人走路的步态给别人留下不同的印象。

专家认为,身体的放松是一种信息传播行为。向后倾斜15度以上是极其放松的姿势。人的思想感情会从体势中反映出来,略微倾向于对方,表示热情和兴趣;微微起身,表示谦恭有礼;身体后仰,显得若无其事和放松;侧转身子,表示嫌恶和轻蔑;背朝人家,表示不屑理睬;拂袖离去,则是拒绝交往的表示。

在日本,百货商场对职员的鞠躬弯腰还有具体的标准:欢迎顾客时鞠躬30度,陪顾客选购商品时鞠躬45度,对离去的顾客鞠躬45度。如果你在人际沟通过程中想给对方一个良好的第一印象,那么你首先应该重视与对方见面的姿态表现,如果你和人见面时耸着脑袋、无精打采,对方就会猜想也许自己不受欢迎;如果你不正视对方、左顾右盼,对方就可能怀疑你是否有沟通诚意。

2. 目光接触

俄罗斯表演艺术大师斯坦尼斯拉夫斯基说过:"眼睛是心灵的窗户。"人们赞扬美女时常说:"她的眼睛会说话。"通过某人"眼神不定"可以判断其心绪不宁。可见眼睛在人与人的沟通中能够最清楚、最准确地传递讯号,因为它是显示内心活动的焦点。眼睛对人类行为有着巨大的作用。李瑟斯(Leathers,1997)提出了眼睛在沟通方面的六个功能:(1)说服他人;(2)表现注意力、兴趣和激情;(3)表达情感;(4)调整交流过程;(5)表示权力和身份;(6)给别人留下印象。

目光接触是人际间最能传神的非言语交往。"眉目传情"、"暗送秋波"等成语形象地说明了目光在人们情感交流中的重要作用。人们在交往活动中,听者应看着对方,表示关注;而在中国文化的潜规则里讲话者不宜再迎视对方的目光,除非两人关系已密切到了可直接"以目传情"。讲话者说完最后一句话时,才将目光移到对方的眼睛;这是在表示一种询问"你认为我的话对吗?"或者暗示对方"现在该轮到你讲了"。

在人们交往过程中,彼此之间的注视还因人的地位和自信而有所不同。推销学家在一次实验中,让两个互不相识的女大学生共同讨论问题,并预先对其中一个说,她的交谈对象是个研究生,同时却告知另一个人说,她的交谈对象是个高考多次落第的中学生。观察结果,自以为自己地位高的女大学生,在听和说的过程中都充满自信地不住地凝视对方,而自以为地位低的女大学生说话就很少注视对方。在日常生活中能观察到,往往主动者更多地注视对方,而被动者较少迎视对方的目光。

目光接触行为表示对方是否专心、感兴趣,起到传递情感、调节沟通和说服他人的作用,目光接触也表示权力关系,给人留下不同的印象。孟子强调,"听其言也,观其眸子",认为眼睛能反射一个人的道德品质。孟子曰:"眸子不能掩其恶。胸中正,则眸子瞭焉。胸中不正,则眸子眊焉。听其言也,观其眸子。"(孟子:《离娄章句》上)就是说一个人的眼睛能折射出他的内心是清澈明亮还是心术不正。听一个人讲话看他的眼神就能看出他的内心世界。成功的演讲者都要目视观众。合适的目光接触传递诚信、友好和不同的情感。如果在交流中对方眼神不集中,你会觉得对方很无礼。但若对方总是盯着你,你也会感到很不舒服,甚至有被"侵犯"的感觉。

但是在沟通中,目光接触在不同文化里有不同的解释。我在美国认识一位韩国移民。他在儿子小的时候告诉他对长辈、异性和老师讲话时要把头低下,不要直眼看着她们,以表示尊重。结果在美国学校里孩子的这种行为被视为不礼貌,无视他人。老师找到家长,要求帮助他改正。

面部表情是多变的和复杂的。前面提到人类共有的六种公认的面部表情:欢喜、愤怒、悲哀、恐惧、惊讶、厌恶。一般来说,人们通过眼神都能正确地判断这几种面部表情。在多数情况下,眼神和面部表情以及语气、语调配合使用。运用眼睛来加强沟通,是人人都会遇到、人人都会做的事;但对某些公众人物来说,这种沟通就超出了日常生活的范围,而带来了职业意义。演员们用眼睛做戏是他们的基本能力,是塑造人物形象的重要手段。教授和主持人不是演员,也不必像演员那样用眼睛做戏,但其眼神要求真切、自然。有些人的眼光,过于热情亲密;或过于冷漠呆滞;或眼大无神,目光分散;或东张西望,不善注视,如此等等,都与他们缺乏用眼睛传递信息的技巧有关。这种技巧的获得,首先要对眼睛传情表意的作用有正确的理性认识,其次要有意识的做适当的练习和实践。

3. 语气

　　语气包括音量、音速、发音、停顿、语调和音质。我们说话经常用填充语（fillers），像"嗯"、"那个"、"好吧"、"你知道吗"等也算语气的一部分。这些填充语可能表现一个人很紧张，也可能是利用这个时间空隙思考，也可能是个人习惯。尽管使用这类词的人可能给人留下好印象，但用得太多了或不合适，也会有损个人形象。

　　言语构成人际交流的主要内容，但我们经常用语气判断别人说话的意思；跟不同的人，在不同的场合下，经常采用不同的语气。根据调查，38％的口语沟通跟语气有很密切的关系(Knapp，1980)。我们用什么语气说话有时比说什么更重要。比如一个人说话很慢，有人会认为这人反应迟钝，不聪明，或者被认为有心计，老谋深算。说话很快，有人会认为这人聪明，思路敏捷。一个人说话有外地口音，在北京、上海这样的大城市有时会受到歧视。普通话讲得标准，音质很好的人会更有吸引力。声音洪亮会被认为是有信心的表现。中国有句俗话："宁听苏州人吵架，不听宁波人讲话。"表示宁波话难听，苏州话悦耳。有的地方方言对有些人来说很不入耳。同样一句话用正常语气说和用讽刺口吻说效果会很不一样。一般情况下，那些讲话口音和速度和自己一样的人，更能引起共鸣，更有说服力。美国参加竞选总统的政客们在演说时都努力使自己的语气接近受众。当希拉里·克林顿和巴拉克·奥巴马为了取得选民的支持，去美国南方演讲时，都努力操南方口音。我的两个朋友在谈恋爱时是因为先喜欢上了对方在电话里的声音才同意见面的。同是因为有口音，许多在美国工作的亚洲人受到歧视。几年前，一位美国教授做了一个实验。他先把一位在美国土生土长的白人教授的讲稿录音下来，然后把学生分为两组，一组学生在听到录音时同时在银幕上看到的是美国白人的面孔，另一组学生在听同样的录音时在银幕上看到的是一张亚洲人的面孔。听完讲座后，这位教授给两组学生同样的考试内容。看到亚洲人面孔的学生竟比看见白人面孔的学生多做错了20％。尽管两组学生听到的是同一个人讲的美国英语，但由于第二组的学生对亚洲人讲英语有口音的偏见，他们的注意力没有像听/看白人讲课那样认真(Gravois，2005)。

　　停顿和沉默在沟通中也经常出现。有时停顿和沉默是给自己留出时间考虑，但停顿太久，会使对方感到不舒服。沉默在不同场合也有不同的意义。有些情人和夫妻吵架后使用"沉默手段"，开始冷战。在追悼会上，沉默表示哀悼。社交场合下，沉默会使人感到尴尬。有些人采用沉默故意冷落别人。有人与朋友或家人闹矛盾时用沉默以示要与对方拉开距离，表示"于无声处听惊雷，此处无声胜有声"。

　　不同的文化对"沉默"往往有不同的理解。北美人一般比较爱说话，对沉默感到不舒服。但在美国的印第安人视沉默为金。他们在五种场合下都使用沉默：见到陌生人时，追求配偶时，朋友分离很久再相逢时，被别人咒骂后，和悲伤的人在一起时(Basso，1970)。

在中国,老子赞美无声的世界是极致的世界,是人类行为的最高境界。他在《道德经》里提出"大音希声,道隐无名"(四十一章),主张"行不言之教"(二章)。周国平认为沉默是智慧的表现,"智者的沉默是一口很深的源泉,从中汲出的语言之水也许很少,但滴滴晶莹,必含有很浓的智慧"(2005,p.255)。在美国,在白人的教堂里,当牧师讲话时,教徒们都哑言无声。在黑人的教堂里,当牧师布道时,座位上的教徒们会齐声呼应,发出"对"、"是这样"的赞同和支持的声音。这种现象被称为"回应"(call-response)。

声调的作用很大。有一传闻说意大利著名悲剧影星罗西应邀参加一个欢迎外宾的宴会。席间,许多客人要求他表演一段悲剧,于是他用意大利语朗诵一番,尽管客人听不懂他的"台词"内容,然而他那悲怜的声调和凄苦的表情,不由使大家流下同情的泪水。可一位意大利人却忍俊不禁,跑出会场大笑不止。原来,这位悲剧明星念的根本不是什么台词,而是宴席上的菜单。

恰当地自然地运用声调,是顺利交往和成功销售的条件。一般情况下,柔和的声调表示坦率和友善,在激动时自然会有颤抖,表示同情时略为低沉。不管说什么样的话,阴阳怪气的,就显得冷嘲热讽;用鼻音哼声往往表现傲慢、冷漠、恼怒和鄙视,这都是缺乏诚意的表现,往往引起不快。

4. 面部表情:笑

最近,在电视上看到CCTV-4的一则报道,说"某航空公司为了迎接大陆与台湾直航,空姐们排成一行,咬着筷子练习微笑迎客"。这件事体现了该公司对"微笑服务"的重视,也暴露了主持训练的人对表情产生的无知。因为通过"咬筷子"练出来的笑容是机械的、雕塑式的,甚至是吓人的,从而也是虚假的。微笑,应该发自内心。人们通过你的微笑获得这样的信息:"我是你的朋友"。微笑虽然无声,但是它表达了许多意思:高兴、欢悦、同意和尊敬,所以才把笑意写在脸上。

每个人对客观外界的刺激,都会迅速做出反应,而这种反应首先从面部表露出来。即使脚被碰了一下,虽然痛在脚上,但脸上却会皱眉或咧嘴;听到一件可笑的事,信息虽然是从耳朵进来,但面部却立刻露出笑容。全世界的人,不论其文化背景有多大差异,都用笑来表示友善与快乐的情绪。

笑,分大笑、狂笑、微笑、冷笑等多种类型。每种笑容发出的信息也不一样,主持人的笑,一般都是微笑,而不是大笑,更不是狂笑或冷笑。微笑所发出的信息是很丰富的。它因不同场合、不同情况表示出愉快、友好、亲切、赞同、欢迎等多种意思。

面部表情有严肃和活泼之分。这样,便产生了一个笑容的掌握问题。每个人都会笑,也都笑过,但爱笑不爱笑,人与人就不同了,爱笑的人一般会给人以愉快、亲切或甜蜜的感觉,不爱笑的人难免给人严肃或冷漠的感觉。一般说来,应该听其自然,不爱笑就不要勉强。过于勉强,会使人感到你皮笑肉不笑,会产生不好的效果。当然,爱笑的人也要善于控制,特别是内容严肃的交谈,笑容过多,往往破坏整体效果。一般说来,抿嘴而笑比张口大笑的信息量要大得多。不能不问青红皂白,出面就笑;也不可总是不苟言笑,一本正经。

5. 身体接触

婴儿出生后,是否得到过母亲的抚摸可能与婴儿的生存或夭折有直接关系。一项调查证明,一所医院在婴儿出生后一天抱起几次,婴儿的死亡率降低了30%～35%。根据另一项调查,一些疾病如过敏、湿疹都是因为病人在婴儿时期缺少抚摸造成的。一些患哮喘和精神病的患者经过抚摸治疗而成功痊愈。婴儿从小被给予很多抚摸,长大后的智商要比没有或很少被抚摸的孩子高。(Ashley Montagu,1972)

沟通中的触摸可以在各种情境下发生。有些是职业性质的,比如牙科医生、理发师。有些是在社交场合下进行的,如握手、拥抱、接吻。在不同的场合下,人们对触摸的理解不同。比如说接吻,可以是在社交场合下的礼节(像法国人朋友见面要吻面颊两侧),也可以是情人之间的感情流露。在欧美国家里,由于对同性恋的歧视,同性之间很少在公共场合下触摸,怕被误认为是同性恋。触摸行为在不同文化里有不同的解读。有些文化属于高触摸文化(high contact culture);有些文化属于低触摸文化(low contact culture)。高触摸文化包括阿拉伯人、意大利人、法国人、巴西人。低触摸文化包括亚洲人、北欧人。有一次,我的一个巴西学生在学期结束的最后一堂课走过来拥抱我,还给了我一个面颊吻,让我感到很突然。这种行为无论在中国或美国的学校里都会被视为不合适的。但为了尊重对方的文化,我欣然地接受了这份好意。有人观察了不同文化的人在咖啡馆里的触摸行为。在一小时内,波多黎各人互相触摸180次,法国人110次,而美国人只有2次(Jourard,1968)。

触摸行为与权力地位有直接关系。一般来说,医生可以触摸病人。上级可以触摸下级,如拍拍肩膀,主动拥抱。下级如果主动对上级这样,就会被认为不合适。家长经常是主动抚摸和拥抱孩子。女人的触摸行为多半表示喜欢和亲密;男人的触摸行为用来表示控制和权力。随着女性对自我权利保护意识的提高,在工作环境中有些男性(或女性)对异性过分的触摸行为可能被认为是性骚扰。

现代人在交往过程中,握手是表示礼节性的问候,人们在生活中不可避免地经常遇到握手。第一,应该先伸手,握手是被大众接受的一种习惯,在生活中,与人第一次见面或与不大熟悉的人见面时,先伸手的人往往有些迟疑,有的人在伸手前会犹豫:"我受对方欢迎吗?"或"对方喜欢我吗?"如果是肯定的,就会主动热情地先伸手与对方握手;如果没有把握,就会显得犹豫不决;如果是否定的,便不会先伸出手。因为在这种情况下先伸手是不明智的，甚至会产生反效果。1972年美国总统尼克松首次访问中国，与周恩来、毛泽东进行了历史性的握手，从而改变了中美关系的紧张状态，奠定了中美友好关系发展的基石。

第二，采取平等的握手方式。同对方握手时，一般不应该采取支配性风格，应通过握手表示你为人平和、谦虚。尊重别人，这样别人也会尊重你，对开展业务活动打下良好的开端。许多人因为缺乏仔细的观察和有意识的沟通而忽视握手所能传达的信息。其实，握手是运用非言语信息的一个重要指标，直接影响人际沟通的效果。有人与别人握手时，轻轻一碰或软绵绵地握一下，对方可能会感到不受重视。如果握手时适度用力，并伴有微笑，会表示出你的诚恳、热情和对人的尊重。

6. 时间

人们的时间观念，对时间的认识，对时间的控制和使用，也在非言语范围内。中国的语言里有许多与时间有关的词句，如"一寸光阴一寸金，千金难买寸光阴"，"光阴似箭"，"时间就是金钱"等都说明了时间的宝贵。英语里表示时间的词句有"to spend time, to consume time, to save time, to waste time, to kill time, to invest time, to lose time, to run out of time, to afford time"。时间是商品，是可以控制和掌握的。现代人的时间观念愈加强烈，耐心愈来愈少。从电脑打字，到用微波炉热饭，加上无数种类的快餐和快递服务，都期待一个快字。为了节省时间，这些求快的心理和行为都会影响沟通的内容、形式和质量。

在一些重要场合下，重要人物往往姗姗来迟，等待众人迎接，这才显得身份尊贵。然而，以迟到来抬高身份，毕竟不是一种公平的交往，这常会引起对方的不满而影响彼此之间的合作与交往。赴会一定要准时，如果对方约你7点钟见面，你准时或提前片刻到达，体现交往的诚意。如果你8点钟才到，尽管你口头上表示抱歉，也必然会使对方不悦，对方会认为你不尊重他，而无形之中为彼此的交流留下了阴影。

文化背景、社会地位不同的人时间观念也有所不同。如德国人讲究准时、守时，如果应邀参加德国人的约会千万别提早到达，否则你会发觉此时只有你一个人到场。而有位驻非洲某国的美国外交官应约准时前往该国外交部，过了10分钟毫无动静，他要求秘书再次通报，又过了半个小时仍没人理会他，这位外交官认为是有意怠慢和侮辱他，一怒之下拂袖而去。后来他才知道问题出在该国人的时间观念与美国人不同，并非有意漠视这位美国外交官。

美国著名人类学家爱德华·霍尔(Edward Hall, 1983)观察到不同文化的人有不同的时间观念。比如在南美和亚洲一些国家里，开会的时间不一定非得准时，与别人约会也不一定非得按点到。在这些文化里，人们更重视人情关系和面子，完成任务是次要的。他们能在同一时间内做许多事情。霍尔称这种文化行为为"多面时间观念"。而在欧美国家里,开会和约会是要准时的。除非你有很充分的理由,否则迟到是很不礼貌的行为,是要道歉的。在这些文化里,人们更重视任务的完成,人情关系是次要的。人们在固定时间内只做一件事情。霍尔称这种文化行为为"单一时间观念"。所以,如果一个美国人到墨西哥做生意,第一次约会,墨西哥人可能会迟到,见面后可能先问候美国人的家庭,是否喜欢墨西哥,要不要先去景点兜兜风等这些与洽谈生意无关的问题。而美国人却急于要谈合作的范围、步骤,并希望尽快签下合同。美国人的这种方式可能会造成"欲速则不达"。墨西哥人可能会认为美国人不讲人情,不礼貌。美国人可能会认为墨西哥人不讲效率,心不诚。这都是文化不同所造成的误会。

我在厦门大学任教时,有一次到厦大医院看病,排了半天队好不容易轮到我了,可这时医生看见了他过去的一个老病人,就一面和那个病人聊天(谈股票和家事),一面问我病情。因受美国文化的影响,我很不习惯这种职业行为。对这位医生能否给我看好病没有把握。后来在他的治疗下,我的病有所好转。我又去看这位医生时,他正在给别人看病,看见我非常热情,一面和我聊天一面给另一个人问诊。这种行为是很典型的"多面时间观念"行为。

7. 距离—空间

人们对空间的认识、控制和反应在非言语沟通中是很重要的一部分。试想在公共汽车上有许多空座位,可一个人上来选择坐在你的旁边,你会觉得很不舒服。如果这人是异性,可能会使你警觉。霍尔(1959)提出了人们在沟通中的四种空间距离:亲密距离、人际距离、社交距离、公共距离。

亲密距离是从可触摸距离到 18 英寸(约半米),互相能闻到对方的气息。这种距离存在于情人之间或父母与婴儿之间。人际距离是从 18 英寸到 4 英尺(约 1.2 米),这是我们自我保护不受他人侵犯的距离。一般存在于朋友和家庭成员谈话的情景中。社交距离是 4~12 英尺(约 1.2~3.7 米)。这种距离一般在工作环境里,或在社交场合下。你与对方的距离越远,相互关系就越正式。公共距离是你与听众有 12~25 英尺(约 3.7~7.6 米)的距离,如在公共场所里演讲者与听众的距离。在这种长距离中,你与对方几乎没有任何关系,但你还是可以注意到对方的动作。你随时可以在这个距离中向前或后退,给自己提供方便。当然对距离的控制和选择也有其他因素,比如女性之间的距离要比男性之间距离近,内向性格的人在交流时倾向于与别人拉开距离,权力地位高的人也往往占有更多的空间。

怎样利用空间也表示了沟通的愿望和期待。在单位里,有的办公室把两个人的办公桌对着放,促使两人面对面,给沟通造成机会。有的单位用木板把办公桌分开,人为地造成距离,这样可以避免在工作中聊天,以提高效率,也是为了有一点自己的空间。在学校,有的教授把自己的办公桌摆在面对门的位置。学生来问问题时，直接可以看到老师。有的老师关着门，背对着门口坐，似乎有意避免和学生接触。在家里也一样，怎样摆设你的家具代表了主人的风格和品位，给客人的感觉不同。在美国许多华人家庭里都挂有中国画，摆设中国的艺术品和中国家具，以寄托思乡的情感。我自己在美国的家就有一间"中国屋"，摆的全是和中国有关的家具和装饰品。我的美国医生在她的诊室里摆满了花、植物、鱼缸，还有她家人的照片，并挂一些温馨的语句，使病人有像在家一样放松的感觉。在中国，有许多饭店把店面装饰得带有各种主题特色，如用老知青当年的生活环境的图片来传递一种怀旧情绪，绿色树木环绕表示身临大自然等。

大量的科学研究证明，人类普遍存在一种私人空间的概念。私人区域的范围，因经济、文化背景的差异而有所不同，如中国人、日本人比较习惯较窄的区域距离，而西方人则喜欢较宽的区域距离。因此，我们在工作中应注意和别人保持适当距离。一是不要过近，尤其不要轻易进入亲密区域，以免侵犯他人的私人空间，引起别人的反感。二是不要过远，使人感到生疏。在多数情况下，和别人保持的空间距离介乎于私人区域和社交区域之间为宜，也就是 1 米左右。具体地说，与之交者是领导，则应保持稍远些的距离。若对方是比较熟悉或岁数大、耳目不灵者，所保持的距离可稍近些。

8. 领域

奥特曼（Altman,1975）提出了沟通过程中的三个领域空间。第一个是首要领域，是指你自己的房间、前后院子、你自己的办公桌。在自己家的领域里，你会觉得很放松、舒服、自信、有安全感。因为你是主人，在沟通中你占主动地位，如控制话题、提出方案。在放松的气氛下，你也会展现出你的友好、善良的一面。如果是在家庭领域里谈工作，你的方案被采纳的可能性增大。这就是为什么许多人都把办公室挪到家里来的原因。在罗斯福总统任职期间，美国正赶上经济大萧条。罗斯福总统利用收音机举办了"壁炉交谈"节目。美国人家家户户每晚坐在壁炉旁聆听总统与普通老百姓的交谈，交谈内容包罗万象。美国人通过"壁炉交谈"了解到国家所处的困难境地，增进了与政府的联系和情感，也对前景增强了信心。

第二个是次要领域，这是不属于自己，但与自己有紧密联系并经常使用的领域。比如你在单位里用的办公桌，你在教室里使用的课桌，你经常去的咖啡店里常坐的位子，你住的胡同。虽然这些领域不归你所有，但却能给你一种亲切感。

第三种是公共领域，指电影院、公园、饭店、商场。在这些领域里，你不觉得与别人有什么联系，但这些领域的环境和氛围会影响你的心情和行为。比如厦门大学的校园是全国最美丽的校园之一，这里有湖光山色的秀丽，有岭南建筑的别致，有雄伟气势的运动场，有陈嘉庚和鲁迅的雕像。走在校园里会有一种轻松、愉悦的心情。美国沟通学者肯耐特-

韦得森(Kanengieter-Wilderson,2004)对美国俄勒冈州波特兰市的政府办公大楼设计进行了观察和分析。她发现,整个大楼展现着拟人化的特征。大楼的上部类似机器人的面孔,底部像人站立的两条腿。整栋楼的颜色是暖色。这座办公楼的设计一反传统的灰色格调、火柴盒式的框架,给人一种幽默、和谐、富有人情味的感觉。这种设计让观看或出入楼里的人们重新审视政府机构的作用,唤起人们的美好想象,并带来愉快的感觉。我居住的芝加哥市到处是花草、公园、雕塑。这种人工创造的自然人文环境呈现出城市生活丰富、有趣、健康的一面。

领域的拥有,代表占有权。占有权的象征物可以是一把锁,确保自己的隐私和安全;也可以是一道篱笆墙,使各家保持相对独立;也可以是一面国旗,象征主权不可侵犯。领域的占有也是阶级的象征。在美国,最穷的人一般住在政府赞助的公寓里,没有自己的车。稍穷的住在租的公寓里,车停在马路边上。中产阶级家庭有车库,但车库门是直着开到街上的。上中等家庭的车库造型美观,车是从房前弯曲小径上拐进车库的。最富有的人家车库被外面一个大门挡在里头,从街上是看不见的。

9. 服饰

中国有句俗话,"人是衣裳马是鞍"。意大利影星索菲亚·罗兰说:"你的穿着往往表明你是哪一类型,它代表你的个性;一个与你会面的人往往自觉地根据你的衣着来判断你的为人。"衣着本身是不会说话的,但人们常在特定的情境中以穿某种衣着来表达心中的思想、建议和要求。在生意交往中,人们总是恰当地选择与环境、场合和对手相称的服装衣着。谈判桌上,衣着可以说是销售者"自我形象"的延伸扩展。同样一个人,穿着打扮不同,给人留下的印象也完全不同,对交往对象也会产生不同的影响。

美国有位营销专家做过一个实验,他本人以不同的打扮出现在同一地点。当他身穿西服以绅士模样出现时,无论是向他问路或问时间的人,大多彬彬有礼,而且本身看来基本上是绅士阶层的人;当他打扮成无业游民时,接近他的多半是流浪汉,或是来找火借烟的。这说明穿着的重要。人们经常根据衣饰来判断别人的身份、性格、职业和品位。衣着也是非言语沟通的一部分。衣饰反映了一个人的社会地位、审美观、文化认同、职业、价值观。最初的个人形象往往是通过衣饰来沟通的。曹靖华先生在他的著名散文《忆当年,穿着细事莫等闲看!》一文中描写自己,"如此'土气'的穿着,加之满口土腔,甚至问路,十九都遭白眼"(2005,p.16)。曹先生把这个道理说得淋漓尽致。

虽然大家都知道不能以衣帽取人,可是根据调查,人们对穿着正式和体面的人更尊重,这类人更有可信度。一项调查表明,行人在路上捡到零钱,更愿意归还给穿着体面的人,而不愿意归还给穿着破旧的人(Bickman,1974)。如果让行人服从不要随地吐痰乱扔垃圾的规定,一般来说穿制服和戴袖标的人更有说服力。面试时,穿着合适大方更容易给对方留下好感。学生对老师的印象最开始是从服饰上判断的。有一项调查表明,学生对穿着休闲的老师的判断是友好、热情、灵活;对穿着正式的同一个老师的判断是博学、清晰、认真(Malandro and Barker,1989)。

在美国,我在社交场合下经常穿着中国传统服装,为的是告诉别人我是中国人,传递给别人一种民族自豪感,也是为了与众不同。回到中国,我极力使自己的穿着和举止与其他中国人一样,可有时还是"露出破绽"。比如我一上出租车就习惯地系上安全带,太阳天也不打伞,出去开会、旅游穿休闲装和旅游鞋,经常会有人问我:"你是从美国回来的吧?"

服饰也是时代的反映并与政治空气有关。"文革"期间,中国人的衣服只有深蓝和国防绿两种颜色,衣服的样式千篇一律都是中山装,穿多彩异样的衣服会被斥为资产阶级而遭到批判。改革开放后,人们的衣饰丰富多彩,反映了新时代的精神面貌。对服装的认识也有些根本的改变。比如,陈丹青谈到他多年未回国,回来后穿上中山装(外国人称"毛装",国内也称"人民装")。他父亲说:"你想穿这奇装异服上大街么?"他才明白这是上海人现在对中山装的别称。后来他注意到,"……在神州大地瞧见穿这身行头的,竟多是盲流和叫花子"(2003,p.7)。当然,盲目地追求"时尚"也会有负面影响。最近在人民网上读了一篇署名袁之的文章。文章批评现在一些领导干部在"行头"上非常讲究。他们穿名牌衣服,并以此炫耀。该文作者认为领导干部这种穿着使他们与普通劳动者在心理上拉开了距离。作者告诫这些官员要保持艰苦奋斗的形象与作风,才能和老百姓打成一片。

除了衣着以外,发型也传递出身份、性格和职业的信息。"文革"时期,女孩子们都剪成短发,以表现英姿飒爽的革命形象;"阶级敌人"被剪成"鬼头"在众人面前批斗。现在许多男人留长发,表现一种前卫和时髦,留短发反而显得正式和保守。女人戴的首饰也会给人不同的印象。首饰有艺术性,与服装和发型搭配,恰到好处的搭配给人以美感和好印象。现在一些年轻人喜欢在身上刻不同图案表示一种信仰或对情人的忠诚,"文身文化"也因而产生。有一次,我见到一个美国学生胳膊上文了一个中文的"和"字。我问他:"你知道这是什么意思吗?"他说不知道。在中国我也见到一些青少年身穿带有英文字的T恤衫。我问他们那英文是什么意思时,他们也摇摇头。显然,这些做法仅仅是为了表现自己"酷"和与众不同。

10. 礼物

礼物的真正价值是不能以金钱多少来衡量的,其意义在于表达人们之间的友好情意。原始部落的礼品交换风俗的首要目的是道德,是为了在双方之间产生一种友好的感情。同时,人们通过礼品的交换,同其他部落氏族保持着社会交往。当你生日时有人送你一束鲜花,你会感到很高兴,与其说是花的清香,不如说是鲜花所带来的祝福和友情的温馨使你陶醉,而自己买来的鲜花就不会引起如此愉悦的感受。

与人交往的过程中,赠送礼物是免不了的,向对方赠送小小的礼物,可增添友谊,有利于巩固彼此的交易关系。那么大概多少钱的东西才好呢?在美国,根据我的观察,不一定是贵重的礼物会使受礼者高兴。相反,可能因为过于贵重,反而使受礼者觉得过意不去,倒不如送点富于感情的礼物,更能使对方欣然接受。有些中国学生到美国后喜欢送美国老师礼物,弄得美国老师很不舒服。在美国,一般在建立了友谊之后才互相送礼物。留美作家韩秀在一次演讲中谈到她初来美国给美国老师礼物时,得到的回应是"没有这个必要"(It is not necessary)。她顿时感到十分尴尬。

四、怎样判断非言语行为

非言语行为在沟通中的重要性比言语行为大得多,但非言语行为也是最容易产生误解的。这是因为非言语行为可能有多层意思。一个皱眉的动作可能会表示生气、烦恼、紧张、伤心、痛思、疲劳、否认、尴尬等情绪。我们在沟通中对非言语行为的解读多半出于猜测,而我们的猜测往往是不可靠的。有些非言语行为很微妙,有时有欺骗性。文化背景的不同又使对非言语行为的解读复杂化。那么怎样才能比较正确地判断非言语行为呢?

第一,我们要学会细心观察非言语行为。对方的心思、情感、意愿有时在非言语沟通中流露,只有细心和敏感的人才能注意到这些微妙的信息。有时夫妻吵架,丈夫不知什么时候得罪了妻子,不知她的火气从何而来。其实妻子可能早就给了非言语的"暗示",但丈夫太粗心,没有注意到妻子的脸色、眼神和语气。

第二,当你尚不确定对方非言语行为的意思时,一定要先和对方核实一下再下结论。这种方法叫"描述性反馈",就是把对方的行为先描述给对方,再让对方解释他是什么意思。使用描述性反馈就是不要急于发表自己的意见。比如,你女朋友不理你时,你以为她生气了。这时不要急着说:"你怎么又生气了?"而是问:"你的脸色怎么这么不好,是不是生我的气了?"这样做就会避免判断上的错误,遭到对方的反攻。总之,不要把自己的认识和判断强加给别人,也不要以小人之心度君子之腹。妻子不理你,可能是因为工作上的烦心事。同事不理你,可能是因为家里有烦心事。

第三,有时对非言语行为的判断还得依靠周围的其他因素。在什么场景下,与什么人交谈,交谈的人是什么背景、什么心情、什么动机、与你是什么关系等,这些因素都会影响我们对非言语行为的判断。

第四,对自己的非言语行为也要经常自我监督。为了避免被人误解,应该尽量保持言语和非言语行为的一致性。在意识到可能被误解后,要尽快调整,并给予解释。很多时候,非言语行为是一种习惯,所以要有意识地培养好的习惯。比如在社交场合下,面带微笑。听别人讲话时,点头示意,不东张西望。与别人握手时有一定力度以表示真诚。讲话时掌握好速度。如果有意识地不断努力,坏毛病是可以改变的。用文明的非言语行为与人交流,会给别人留下良好的印象,成为奠定人际关系的良好资本。

第五,非言语行为专家爱波特·米哈宾(Albert Mehrabian,1972)提出"直接行为"(immediacy)能给别人留下美好的印象。直接行为是指通过非言语行为如眼神、姿势、触摸和对距离的掌握来表达和传递喜欢、愉悦和亲切的情感,给人以亲和力和人文关怀。直接行为的具体表现是:

距离:拉近,身体前倾
身体位置:对面或侧面
眼神:注视对方
面部表情:微笑
手势:分寸适度
姿势:放开,放松
触摸:适应文化背景的要求
声音:微高声调

学者阿革利(Argyle,1988)的研究表明,人们更愿意与有直接行为的人接触,也更容易对这类人表示好感。对没有直接行为的人,人们往往采取回避或敬而远之的态度。你可以给自己做个实验。你去一个社交场合,展示如上列举的直接行为,试看别人对你的反应和沟通的效果。总而言之,非言语行为是沟通中的重要环节。掌握好这一环节就把握了成功的要素,找到了人际关系的技巧,从而给自己和别人带来沟通中的愉悦和收获。

小结

非言语沟通占沟通过程中的绝大部分。具有非言语沟通能力的人容易被人喜欢,也容易说服别人,更容易在事业上成功。非言语沟通能力在中国古代表现在礼仪、礼节和行为举止上,而无言是道家和佛家的最高境界。

非言语沟通具有重复性、替代性、互补性、调节性、情感表达性和适应性的作用。我们用肢体语言"说话",传达意向,表达情感,加强或替代言语沟通的功能。我们也能从别人的肢体语言里解读或猜测他们的想法和状态,从而调整我们的沟通策略。非言语沟通的形式受不同文化的影响,同样的手势和表情,在不同的文化里会有不同的解释,欧美人喜形于色,东方人含而不露。非言语沟通与言语沟通有时互相矛盾,这时候人们更愿意相信非言语沟通传递的信息。由于非言语沟通模糊性的特点,对肢体语言不确切的解释往往造成沟通中的误会。

有些非言语沟通行为是文化或者个人习惯,有些是在与别人接触或在另一个文化生活中习得而来的,所以非言语沟通的过程应该是有意识的。注意观察和实践不同的非言语信息,可以逐步养成良好的举止行为,给人留下良好的印象。

非言语沟通有不同的范围。每个范围都起到传递信息、交流感情、说服他人的作用。如身体动作,包括站立的姿势、走路的样子、手势等都在沟通中给人以不同的印象,产生不同的效果。目光接触也表现出不同的人际关系程度和权力关系。只有六种面部表情是人类共有的:欢喜、愤怒、悲哀、恐惧、惊讶、厌恶。

声音也是非言语沟通的重要部分。语气包括音量、音速、发音、停顿、语调和音质。每一个环节都传递不同的信息、印象和产生不同的沟通效果。人们有时对地方口音有歧视,可有的西方政客又利用地方口音为自己赢得选票。沉默在西方文化里一般含有消极的意思,表示不明白,不主动,或故意拉开距离。沉默对中国学者来说是一种智慧的表现。

面部表情给人不同的印象。笑容就分多种。笑容标志着优良的服务,人的情绪,给人不同的印象。身体接触的程度不同与文化背景、人与人之间的关系程度有关,仅握手这一动作就会带来不同的沟通效果。

时间和空间也是非言语沟通的重要部分,常常是带有文化特征的。霍尔提出了沟通中的四种空间距离:亲密距离、人际距离、社交距离和公共距离,我们要有意识地观察和适应不同文化对距离、时间和空间的定义,尊重不同的文化习惯。领域也反映了沟通和环境的关系,沟通与社会阶层的关系。穿着打扮给人不同的印象,带有不同时代的烙印,反映一个人的文化认同。接送礼物也是一种非言语沟通形式,不同的文化有不同的规则。

要达到有效沟通的目的,就要学会正确地判断非言语行为。通过细心观察、准确描述、对周围因素影响的分析、自我监督和直接行为不断提高自己非言语沟通的能力。

关键词

非言语沟通,肢体语言,重复性,替代性,互补性,调节性,情感表达性,适应性,文化影响,模棱两可性,身体动作,姿势,手势,面部表情,目光接触,语气,音量,音速,发音,停顿,语调,音质,口音,沉默,身体接触,高接触文化,低接触文化,时间,多面时间观念,单一时间观念,空间距离,亲密距离,人际距离,社交距离,公共距离,领域,首要领域,次要领域,公共领域,服饰,礼物,描述性反馈,直接行为

讨论题

1. 非言语沟通与言语沟通有什么区别？
2. 中国人是怎样认识和看待非言语沟通的？
3. 非言语沟通都有哪些功能？
4. 哪些文化因素影响非言语沟通的过程和效果？
5. 为什么非言语沟通会与言语沟通产生矛盾？
6. 在什么情况下对非言语行为的解读是模棱两可的？
7. 非言语沟通都有哪些范围？
8. 中西方是怎样对待"沉默"的？
9. 时间和空间、领域、服饰为什么也在非言语沟通的范围内？
10. 怎样提高非言语沟通的能力？

练习题

1. 采访校园的外国留学生或者你遇到的外国人，询问他们，根据他们的观察和经历，他们认为中国与他们国家在非言语沟通上有什么相同和不同之处。
2. 你们班里的同学可能是从全国各地来的。搜集一下一共有多少地方口音。采访这些同学，询问他们是在什么情况下使用地方口音，什么情况下使用普通话，原因是什么？
3. 你认为在对时间、空间/距离、领域、服饰和礼物等的认识和实践方面，中国各地，尤其是南北方有什么区别？
4. 看一部外国电影，把声音部分去掉，观察电影中人物的非言语沟通行为，解释这些沟通行为的意义。
5. 根据你的观察，分析男女在非言语沟通上的区别。
6. 把班级分为两组。一组为高接触行为组，一组为低接触行为组。假设大家都在一个聚会上，使用/不使用接触行为，观察对方的反应，记录和汇报你的感受。

参考书目

曹靖华.忆当年,穿着细事莫等闲看!.载无法抚慰的岁月.北京：京华出版社,2005
陈丹青.多余的素材.济南：山东画报出版社,2003
梁素娟,金望久.听南怀瑾讲禅.北京：民主与建设出版社,2008
周国平.人生哲思录.上海：上海辞书出版社,2005

Altman I. *The environment and social behavior*. Monterey, CA: Books/Cole, 1975

Argyle M. *Bodily communication*. New York: Methuen and Company, 1988

Argyle M F, Alkema F and Gilmour R. *The Communication of friendly and hostile attitudes: Verbal and nonverbal signals*. European Journal of Social Psychology, 1971(1)

Basso K. *To give up on words: Silence in western Apache culture*. Southwestern Journal of Anthropology, 1970(26)

Bickman L. *Social roles and uniforms: Clothes make the person*. Psychology Today, 1974, 4(7)

Buller D B and Burgoon J K. *Deception: strategic and nonstrategic communication*. In Daly J and Wiemann J M(Eds.), *Interpersonal communication*, Hillsdale, NJ: Erlbaum, 1994

Burgoon J K and Hoobler G D. *Nonverbal signals*. In Knapp M L and Day J A(Eds). *Handbook of interpersonal communication*(3rd ed., pp. 240-299). Thousand Oaks, CA: Sage, 2002

Ekman P and Friesen W. *Understanding the face*. New York: Prentice Hall, 1975

Goldin-Meadow S, Nusbaum H, Kelly S D and Wagner S. *Gesture-Psychological aspects*. Psychological Science, 2001(12)

Gravois J. *Teaching impediment: When the student can't understand the instructor, Who is to blame?* Chronicle of Higher Education. 2005, 4(8)

Hall E. *The silent language*. New York: Anchor Books, 1959

Hall E. *The dance of life*. New York: Anchor Books, 1983

Hall J A. *Male and female nonverbal behavior*. In Siegman A W and Feldstein S(Eds.). *Multichannel integration of nonverbal behavior*. Hillsdale, NJ: Erbaum, 1985

Journard S M. *Disclosing man to himself*. Princeton, NJ.: Van Nostrand, 1968

Kanengieter-Wildeson. "Architectural metaphor as subversion" In Foss, S. *Rhetorical Criticism*, 3rd ed. [s. l.] Waveland Press, 2004

Leathers D G. *Successful nonverbal communication: Principles and applications*(3rd ed.). New York: Macmillan, 1997

Malandro L A, Barker L and Barker D A. *Nonverbal communication*(2nd ed.). New York: Random House, 1989

Mehrabian A. *Nonverbal communication*. Chicago: Aldine-Atherton, 1972

Keyes R. *The height of your life*. New York: Warner Books, 1980

Knapp M L. *Essentials of nonverbal communication*. New York: Holt, Rinehart and Winston, 1980

Montagu A. *Touching: The human significance of the skin*. New York: Harper and Row, 1972

Montepare J M and Zebrowitz-McAuthur L. *Impressions of people created by age-related qualities of their gaits*. Journal of Personality and Social Psychology. 1988(54)

Myers M B, Templer D and Brown R. *Coping ability of women who become victims of rape*. Journal of Consulting and Clinical Psychology, 1984(52)

Safeway Clerks. *Object to 'Serve with a smile'*. San Francisco Chronicle. 1998, 9(2)

Philipot J S. *The relative contribution to meaning of verbal and nonverbal channels of communication: A meta-analysis*(master's thesis, University of Nebraske-Lincoln). 1983

第六章 公共演讲

我们每个人,无论是生活在繁华的都市,还是久居偏僻的乡村,或多或少都会接触到演讲者,或者在电视上看到演讲者。他们是在学校讲课的教师、作报告的各级干部、法庭上辩护的律师、竞选时拉选票的政客、教堂里布道的神父、说服顾客的推销员、飞机上讲解安全常识的空姐、文艺演出的主持人、婚礼或葬礼的司仪……

所有演讲者,无不希望自己的话能打动人心,并产生积极的效果。但是,由于演讲者的水平千差万别,效果就大不相同。有的人讲话,情理交融,生动活泼,让人难忘,甚至记一辈子。有些人讲话如同背书,等因奉此,如同应付差事,因而留不下深刻印象。有的演讲者长篇大论,官话套话,空洞无物,不能与听众产生共鸣。更有的演讲者表情平淡,语言乏味,令人听了昏昏欲睡。

甚至还有人不懂装懂,其讲话只能留下笑柄。记得在"外行领导内行"的"文革"时期,某造反派当了宣传部长,他在审查节目后即席讲话:"你们把芭蕾舞剧《红色娘子军》搬上舞台,值得表扬。现在看,女同志都把脚尖立起来啦。请问男演员,你们什么时候也能立起来呀?还有,交响乐队的多数演奏员都很卖力气,就是那个打锣的,相隔老半天才敲一下,据说他的家庭出身还是红五类,可是他对革命工作却这样消极,简直是莫名其妙!"

上述种种情况,使我们意识到,公共讲演确实是一门值得研究的学问。

一、公共演讲的历史回顾

1. 古希腊的公共演讲

公共演讲的实践和研究,最早可以追溯到古希腊的说辩学(rhetoric)。最早的公共演讲内容和模式出现在公元前8世纪荷马史诗中的《伊利亚特》

(*Iliad*)和《奥德赛》(*Odyssey*)。根据美国著名说辩学学者乔治·肯尼迪(George Kennedy)的研究,在荷马史诗的年代里,演讲家"主要是用实例命题和常用词来构造他们的演讲内容"(1980,p.10)。所以表面上看好像演讲家们只注重形式和实践,不注重演讲理论。

《伊利亚特》和《奥德赛》是古希腊人的"圣经"。书中描写了许多英雄和英雄事迹,及各种人物的演讲。演讲的场合有正式的和非正式的。演讲人使用伦理诉求、情感诉求和逻辑诉求赢得人心,说服听众。在荷马时代,口才被认为是上帝赋予的能力。古希腊著名的政治家伯里克利(Pericles,公元前495—前429年)为悼念在伯罗奔尼撒(Peloponnesian)战争中牺牲的雅典士兵所做的"在殉国将士葬礼上的演说辞"(The Funeral Oration of Pericles),苏格拉底(Socrates,公元前470—前399年)为"渎神违教"之罪的指控所做的"申辩"(Apology)和古希腊著名演说家狄摩斯梯尼(Demosthenes,公元前384—前322年)的诉讼演说"金冠辩"(On the Crown)都是历史上最杰出的演说例子。

古希腊的演讲主要有三种形式:启发式的(heuristic)、争论式的(eristic)和说服式的(protreptic)。这三种形式的演讲为后来西方演讲学的发展和实践奠定了基础。最早传授演讲课的老师是从意大利西西里岛来到雅典的一批"智者"(sophists)。雅典当时是民主政权和法制社会。年轻人的雄心壮志就是能够成为雄辩家;能在法庭上和长老会上阐述自己的观点,说服他人,为自己的政治生涯积累资本。柯若斯(Corax)和逖谢斯(Tisias)是两个最早的演讲老师。他们使用的第一个课本是《说辩的艺术》(*The Art of Rhetoric*)。他们的教学重点放在怎样才能把演讲组织好,怎样使语言清晰有力,用怎样的煽情手段迷惑受众,怎样用"可能性"的概念来进行辩论。他们教授学生怎样写演讲稿,怎样演讲才能精彩又有说服效果。他们的目的是通过演讲实践来培养这些年轻人的演讲技巧、公民意识和社会责任感。

柏拉图和亚里士多德都对古希腊的演讲学做过阐述。柏拉图反对智者们的教学方法,认为这样的公共演讲很不道德。演讲者和受众不能有真正意义上的对话和沟通。智者们的演讲实践只是蛊惑人心,颠倒是非,没有道德约束,腐蚀年轻人的心灵。在他的《修辞学》里,亚里士多德则把公共演讲分为三类:政治演讲、诉讼演讲和礼仪演讲。政治演讲用于政治场合,关注的是将来的行动;诉讼演讲用于法庭,注重过去的事件;礼仪演讲用于各种社交场合(也常用于政治场合),通过赞扬或谴责的手段来提倡某一种价值观,与听众达到情感上的共鸣和道德上的认同。亚里士多德还提出了道德诉求、情感诉求和理性诉求作为说服他人的艺术手段。他还在《修辞学》一书中详细地分析了人类各种情感诉求的说服作用和不同年龄受众的心理状态。

古希腊另一位著名的演讲学教师是伊索格拉底(Isocrates,公元前436—前338年)。伊索格拉底被认为是"古希腊最有名气的演讲学教师"(Golden, Berquist and Coleman, 1976, p.73)。因为他自己有口吃的毛病,从来没有亲自做过公共演讲,但他写的演讲稿都是一流的,并作为他自己创办的学校的教材。他写的演讲题目都与政治、社会、历史传统和希腊统一有关。他希望通过公共演讲培养年轻人的道德行为和爱国意识。伊索格拉底还认为清晰的言词是清晰思维的表现。演讲会使大脑变得更加敏锐。对他来说,一个好的演讲者必须要有培训、练习、模仿这三个过程。而最好的演说家除了这三点外还要有一定的天赋。

古希腊的演讲教学和实践传承到古罗马。以西塞罗(Cicero)为代表的罗马精英非常重视社会政治生活和个人演讲能力的结合。西塞罗认为演讲的目的是教育人、说服人、愉悦人。他创建了演讲教学的五要素:创意(invention)、结构(organization)、风格(style)、演讲(delivery)、记忆(memory)。这些后来都成为西方演讲教学的基本要领。昆体良(Quintilian)是罗马时期最著名的演讲学教师。他认为孩子从小就要有修辞、说辩和演讲的训练。后来在中世纪、文艺复兴时期、启蒙运动阶段和现代工业化时代,公共演讲学一直是西方教育的核心部分。现在美国许多大学都把演讲课作为必修课。

演说在西方文化传统里被视为一门艺术,和诗歌、绘画、音乐、雕塑一样占有重要的人文地位。演说学来源于从政的需要,在法庭上讨个公平,在社会生活中建固文化价值观。演说学是可以通过训练习得而来的能力。对个人来讲,公共演讲使公民有机会表达他们的观点,建立自信心。更重要的是,公共演讲能产生推动社会进步的作用。通过演讲,不同的观点得以检验,新知识得以发现,情绪得到振奋,思想得到启蒙。在美国,林肯总统著名的"葛底斯堡演讲"(The Gettysburg Address)和马丁·路德·金的"我有一个梦想"(I have a dream)的精彩演讲都推动了美国历史的进步。

2. 中国古代的公共演讲

中国历史上有许多说辩、修辞和演讲的实践。笔者在她的《中国古代说辩史:公元前五至公元前三世纪》(*Rhetoric in Ancient China: Fifth to Third Century B.C.E.*)描述了中国古代公共演讲的三种形式:公共演讲、臣子劝谏和公共辩论。

最早公共演讲的实践可以在《尚书》里找到。《尚书》里记载了两种形式的演讲。一种是"誓"(发誓),另一种是"诰"(公共劝谏)。"誓"一般是由将领向士兵发布的战前动员令。"诰"是国王在借庆祝丰收或庆典的公共场合下对他人的劝谏。周武王的"甘誓"是典型"誓"的例子。在"甘誓"里,他把为什么要作战在道德上合理化,号召士兵勇敢无畏,并强调如果不战所带来的恶果。周公的"康诰"是典型的"诰"的例子。他运用了中国传统观念中的"和"作为文化诉求,使用"天命"的概念和历史的教训对"封"进行劝谏。下面是"康诰"中的一段白话文:

王说:"啊!封,你要考虑啊!现在殷民将观察你恭敬地追随文王,努力听取殷人的好意见。你去殷地,要遍求殷代圣明先王用来保养百姓的方法,你还要深长思考殷商长者揣度民心的明智教导。另外,你还要探求古时圣明帝王安保百姓的遗训。要比天还宏大,用和顺的美德指导自己,不停地去完成王命!"

王说:"啊!年轻的封,治理国家应当苦身劳形,要谨慎啊!上天辅助诚信的人,民情大致可以看出,百姓难于安定。你去殷地要尽你的心意,不要苟安贪图逸乐,才会治理好百姓。我听说'民怨不在于大,也不在于小。要使不顺从的顺从,不努力的努力'。啊!你这个年轻人,你的职责就是宽大对待王家所接受保护的殷民,也是辅佐王家确定天命,革新殷民。"(《白话尚书》,122~123 页)

劝谏的实践主要产生在国王与臣子,如宰相、卿大夫之间在军事策略、国家事务和用人方面的交流。游说,是春秋战国时期的一项重要活动。许多学士,包括孔子、孟子都游说各国国王,劝谏他们实行仁政。厦门大学的黄鸣奋教授著有《说服君主:中国古代的讽谏传播》,书中详细描述和记载了这些劝谏活动的特点、背景、效果和影响。

据《史记》记载,韩非子进谏秦王后,遭到李斯的谗言和陷害,被迫自杀。韩非子生前著有《说难》、《难言》,分析了说服君主的心理挑战。比如如何揣摩君主的心思,既能让君主听取谏士们的建议和劝告,免遭杀头之罪,又能让君主改变观点采取行动。韩非子在《说难》里总结道:"凡说之难,非吾知之有以说之之难也;又非吾辩之能明吾意之难也;又非吾敢横失而能尽之难也。凡说之难,在知所说之心,可以吾说当之"(《韩非子》,170 页)。也就是说,说服君主的难度并不在于谏士们能提供多有力的论据,有多强的辩说分析能力和干练的口才,而是在于谏士是否能揣摩君主的心理,掌握他的喜怒哀乐,然后再根据君主的心理状态有的放矢地劝谏,尤其是君主权力之大,臣子如进言不当,触怒了君王,或让他丢了面子,就有杀头的危险。我们知道,中国历史上有许多冒着生命危险,敢向君主进言的忠臣谏士,如屈原、魏徵、海瑞等。

公共辩论早在春秋战国时期就很盛行。齐国国王办的稷下学院招揽了许多哲人学者,其中包括孟子、荀子。这些学者在一起讨论伦理、政治和认知等题目。稷下学院存在了一百多年(公元前四世纪至公元前三世纪),对中国的哲学思想和政治理念的形成起了决定性作用(张秉楠,1991)。正如余志鸿教授所说,"稷下学宫最大的特点是容纳多元的学派。它向各国的自由知识分子敞开大门,不分国籍,不讲派系,不论门第,不囿一家之言,都可以在此自由交流和讲演,允许各学派保持不同的政治主张和理论见解"(2005,pp. 136~137)。这种学术上的交流和思辨活动又重现于魏晋时期(公元 221—280 年)的清谈。所谓"魏晋清谈",据台湾学者唐翼明的定义,"指的是魏晋世代的贵族和知识分子,以探讨人生、社会、宇宙的哲理为主要内容,以讲究修辞的谈说论辩为基本方式而进行的一种学术社交活动"(《魏晋清谈》,1992,43 页)。

3. 中国近代公共演讲的杰出人物

中国自五四运动进入现代社会后，公共演讲已成为推动历史进步的主要工具。早期的社会活动家康有为、梁启超；革命者秋瑾、李大钊、陈独秀；思想家胡适；文学家鲁迅；教育家蔡元培、陶行知等都做过许多公共演讲。他们宣传进步思想，推动中国改革、开创民主和科学的道路。

中国近代最有名的演讲家，首推孙中山。民主革命的先行者孙中山在海内外做了无数次公共演讲，讲解和传播"三民主义"（民族、民权、民生）。孙中山的演讲给中国的前途指明了方向，推动了中国历史的进步，改变了许多中国人的传统思想。他号召民众从家庭、宗族的观念里走出来，承担起拯救社会的责任，为建立民主共和社会献身。孙中山使用白话文，运用比喻、实例和生动的语言解释抽象的概念。我们在电视剧《走向共和》里看到，孙中山在一次演讲中解释"共和"这个概念。他指着自己设计的中山装说："这件看起来奇怪的衣服就代表共和。左袖口的三个扣子代表自由、平等、博爱。右袖口的三个扣子代表民族、民权、民生。衣服外边的四个兜代表立法权、行政权、司法权和考试权。衣服里面的一个兜代表弹劾权。"这样的比喻生动、具体又便于记忆。

中国当代另一位伟大的演说家是毛泽东。他曾经做过许多关于政策、政治理念、革命理论和哲学思想的演说。许多演讲都被编辑在《毛泽东选集》里。毛泽东的演说使用简洁的语言、生动的例子、比喻的修辞，并以成语故事、历史事件等手法使受众产生共鸣。他的讲话虽然带有浓重的湖南口音，但语气铿锵有力，声音洪亮。毛泽东最有名的演说应该是1949年9月21日在天安门城楼上向世界宣布："我们的工作将写在历史上。它将表明占人类总数四分之一的中国人从此站立起来了……我们的民族将再也不是一个被人侮辱的民族了。我们已经站起来了。我们的革命已经获得全世界广大人民的同情和欢呼。我们的朋友遍于全世界。"毛泽东的演说告诉世界一个关于中国人的故事：那就是中国过去被三座大山（帝国主义、封建主义、官僚资本主义）压迫，被外国列强凌辱，从而导致了中国近代史上的落后。但中国人民不屈不挠，经过艰苦奋斗和流血牺牲换来了一个独立自主的新中国。毛泽东的演讲虽然多半是照稿子宣读，但因为他在秘书班子起草的讲稿上反复修改，已经不像后来的政治家那样简单地照本宣科了。他早期的演讲多半是脱稿的，显得更为自然，生动，有魅力。

在20世纪80年代，中国刚刚从"文化大革命"的浩劫中走出来，开始了举世瞩目的经济改革运动。但由于"文革"的破坏，许多人，尤其是年轻人产生了信仰危机。传统的文化观念在文革中已被批判、抛弃，人们对马克思主义的信仰也产生了怀疑。就在这时，中国出现了李燕杰、曲啸这样的专业思想教育家。他们本人都是大学心理学教授。他们在全国各大专院校轮回演讲，帮助大学生重新建立价值观和民族自信心。他们知识渊博，有亲和力和幽默感。他们的演讲一反过去口号式、政治化的形式和语言,而是采取讲故事的形式,用生动的语言和实例讲述生活的深层意义,教导学生们培养正义感、爱心和审美观。他们采用促膝谈话的方式和学生们产生互动。他们运用伦理诉求、情感诉求和理性诉求的说服手段。他们谈古论今,旁征博引。李燕杰讲述屈原、肖邦和贝多芬的故事,比较关汉卿和莎士比亚,弘扬中华文化,激励爱国热情。曲啸强调对年轻人要多鼓励,少批评。这样的演讲使大学生们因感到被尊重而产生认同。他们敬佩演讲者的智慧、知识和口才。李燕杰和曲啸的演讲极有感染力和说服力,被誉为"灵魂的工程师"。

近年来,随着媒体的广泛使用,尤其是电视走入千家万户,一些学者利用电视媒体以公共演讲的形式向大众传授历史文化知识。中央电视台"百家讲坛"节目推出易中天的"品三国",于丹的"论语心得"、"庄子心得"和阎崇年的"清史讲座"及其他各式各样的演讲节目。学者们的演讲把中国历史、文化、古典作品用通俗易懂的语言,以讲故事的形式传递给中国电视观众。他们的演讲既有知识性,又有趣味性;既介绍和弘扬了中国历史与文化,又提供了现实生活中需要的劝告、智慧和对策。他们的演讲被誉为"文化快餐"。这些演讲者也被中国网民们戏称为"文化奶妈"。

中国近代的演讲实践主要分为两大类。一类是政治型的演讲,主要是为了寻求最大利益,推动社会变革提供可行的目标,像孙中山和毛泽东的演讲就是这种类型的演讲。他们的演讲给中国人民带来了许多实际利益,从根本上改变了中国社会的现状。另一类是道德型的演讲,主要是歌颂真善美,痛斥假丑恶,告诉受众什么是对错,什么是正义、勇气、智慧和尊严。李燕杰、曲啸和"百家讲坛"的学者们就是这样一批维护中国文化传统和价值观的道德型演说家。

近年来,在中国公共演讲课在一些大学里被纳入英语教学。中央电视台已举办过多次全国范围的英语演讲比赛。美国威斯康星州大学传播学教授 Steven Lucas 的公共演讲课本《The Art of Public Speaking》被许多高校英语专业的老师和学生采用,但中文的公共演讲课在国内高校的课程里还是个空白。

二、公共演讲的种类

公共演讲大体可以分为三种:信息演讲、说服演讲、礼仪演讲。

1. 信息演讲

大家都熟悉培根的名言:"知识就是力量。"信息就是知识的来源。我们每天都吸收和传播不同的信息。社会已经从农业时代发展到信息时代。知识每天都在更新。无论你做什么工作,信息演讲都是非常重要的。信息演讲也是最普遍使用的演讲类型。

信息演讲最基本的目的是增加听众在某一方面的知识,加强对某一事件或概念的理解。当你做信息演讲时,你的角色是教师,你的任务是向听众解释、叙述、解说某一题目,而不是去努力说服对方。

信息演讲又分四种形式。第一种是介绍人物、地方、动物、事物。比如周恩来的一生,黄山旅游,熊猫保护工作,阿拉伯家庭等。第二种信息演讲是关于事件和事物的过程。你的任务是向听众解释某一事物为什么这样发展,有哪些步骤。比如怎样选择电脑,怎样做西餐,怎样准备一次成功的面试,怎样投资,怎样用中药保健等。第三类演讲是关于事件的发生、场景和历史线索。比如美国总统的竞选、中国的三峡工程、自然环境的变迁、奥运会的历史等,可以选择政治、经济和社会方面的事件论述。最后一类是对概念进行解释。这类题目比较抽象,比如什么是爱情,友谊的内涵,基督教的价值观,媒体的作用等。

在进行信息演讲之前,首先你要考虑的是受众是否对你的题目感兴趣。这可能是一个全新的题目,受众渴望知道这方面的信息;也可能是大家很熟悉的题目,但知识的更新使它又有了新的内容。最好事先做一个受众调查,把受众的需要搞清楚。

下一步是有效地组织你的演讲内容,使之清楚、有序,使受众容易听懂。清楚的演讲能提高演讲者的可信度,也帮助受众记忆信息。为了加强受众的记忆,要在重点方面重复,可以多使用一些加强语句,比如"这一点很重要","你必须记住我下面要讲的内容","下面的内容对你至关重要"。

在语言的使用上,信息演讲尽可能用具体而不是抽象的词。具体的词可以帮助受众理解,抽象的词往往会造成理解上的混淆,比如"我喜欢音乐"就不如"我喜欢西方古典音乐"更具体。多使用描述性语言,把事物细微的地方描述出来,启发受众的五官感觉,如用象声词描述味道、心理的情感,特别是你自己的心情(如登上长城时的感觉)。此外,在演讲时,使用明喻、暗喻,及叙述或讲故事的方式,使内容更生动和具体,使你和受众的距离拉近。美国总统里根在他的演讲里使用了许多普通人的故事,被称为讲故事的总统。幽默是演讲的润滑剂,使用幽默会使你的演讲更有吸引力。但如果演讲题目比较严肃,幽默也不要多用。不要嘲笑或讽刺别人,如果你想调节气氛,比较保险的是自我嘲弄。

当你确定某一题目和形式后,你要写出演讲的大概目的、具体目的。比如你选择了以下主题:

举例:中国奥运历史

大概目的:中国奥运的历史发展

具体目的:让听众了解中国人从参加奥运会到举办奥运会的历史

中心内容:中国人从参加奥运会到举办奥运会的历史也是从贫穷走向富强的历史,从耻辱走向光荣的历史,从保守走向开放的历史。

要点:
(1) 中国人第一次参加奥运会
(2) 1932年及当时中国的政治经济情况;刘长春:参加奥运会的第一个中国人;中国以国家的名义参加奥运会
(3) 1936年、1948年、1952年中国参加奥运会的经历
(4) 1984年奥运会;徐海峰:中国第一块金牌;中国队的其他成绩和优秀运动员
(5) 中国举办北京奥运会
(6) 申办奥运的历程;北京奥运会的准备
(7) 北京奥运会的成功

写好大纲后,你开始搜集信息,然后着手写演讲稿。

2. 说服演讲

说服是我们生活中的重要部分。我们的沟通活动很大一部分是说服别人,或被别人说服。说服可以定义为改变或加固态度、信仰、价值观、思维和行为。

说服演讲不同于信息演讲。演讲者要有充分的证据和有力的思辨使自己的观点被受众接受。信息演讲者只需解释、陈述和分享信息,而说服演讲是让受众改变他们的观点和立场,并采取行动,比如说服你的男朋友戒烟,说服你的同学献血、当义工。当然在许多情况下,信息演讲和说服演讲是不可分割的。比如你要你的受众从我做起,保护环境,节省能源,你必须要提供这方面的信息,包括人类对环境的破坏程度,解释能源消耗和人类生存危机的关系。美国前副总统戈尔(Al Gore)在他的录像片《难以忽视的真相》(*Inconvenient Truth*)中就是使用受众能够接受的语言,容易理解的数据、概念和图像,来说服他们保护环境的。

(1) 说服演讲中的诉求技巧

A. 不协调诉求

说服演讲的要领是了解受众的心理。一般来说,如果我们的想法和做法处在一个平衡状态,我们就感觉舒服和满意。反之,如果我们的想法和做法与我们获得的信息不协调,我们就会采取行动去改变自己的想法和做法,以期达到心理平衡状态。这就是不协调诉求的方法。比如,在北京奥运会期间,媒体一再宣传文明奥运的重要性,就是针对有些中国人不文明的行为而进行的。而这期间的文明行为直接影响中国人在世界的形象。如果人们的行为因此而文明,有礼貌,说服的效果就达到了,想法和做法就一致了。要是奥运会结束后人们的行为又不文明了,信息和行动之间的不协调就又产生了。媒体和政府就要考虑新的说服手段来改变有些人的不文明行为。

有效的说服演讲者总是在受众心理上先营造一种心理上的不协调,然后再提供一个

解决不协调的方案。受众为了心理平衡,可能会改变自己原来的想法和做法。比如,小王想说服受众志愿献血。她要从个人的经历和别人的需要讲述献血对拯救生命的重要;她还要告诉受众献一定数量的血对他们的身体没有害处,献了血,他们就能救活别人;当自己需要血的时候,也会有血库给自己提供别人的血。这样,受众的脑子里就产生了如果不献血,一个生命可能会死掉,自己需要血时也没有供给的不协调心理。为了达到心理平衡,做一个有益别人的人,可能就会决定献血。

B. 需要诉求

马斯洛(Maslow,1954)提出了人类基本需要的理论,包括:吃穿住的需要,安全的需要,社交的需要,自尊的需要和自我实现的需要。如果你的说服演讲针对以上某个或几个需要,你就能达到很好的说服效果。比如,你了解到你的受众想提高自己的知识水平、自尊、自信,你演讲的内容就鼓励他们继续在职深造,向他们提供深造的信息,并说服他们尽快在学校注册课程。

C. 恐惧诉求

恐惧诉求是说服演讲中使用的有效手段。比如,如果你在汽车里不系安全带,你的生命就受到威胁;如果你不注意饮食结构,你的身体就会出毛病;如果你在性生活时不戴避孕套,你就有染上艾滋病的危险。有研究表明(Janis and Feshback,1953),如果你的恐惧诉求直接影响到受众本人和他们的家庭成员,诉求效果更好一些。如果你是一个很受尊重的人,你的恐惧诉求就更有效一些。如果你告诉你的受众,如果他们不采取行动,威胁会发生,恐惧诉求的作用就更大。美国总统布什在"9·11"后的一系列演讲中都使用了恐惧诉求,使美国人认为不打伊拉克,他们的生命和国家的安全就会受到威胁。但是,过分使用恐惧诉求会造成对现实认识的误区、心理上的压力、错误的判断和严重的偏见。

和准备信息演讲一样,在选择说服演讲的题目时,要找受众感兴趣和关心的题目。要选择能够通过你的演讲,受众能够改变认识和采取行动的题目。题目可以是澄清事实上的对错,价值观上的好坏,或是政策方面的优劣。事实方面的题目如:西藏是中国领土不可分割的一部分;美国在中东问题上的外交政策是导致美国遭受恐怖袭击的原因之一。价值观方面的题目如:人生应该有信仰活得才有意义;人之初到底是性本善还是性本恶?政策方面的题目如:国家应该多给教育部门拨发经费;人民币应该升值;中国改革开放的政策应该多鼓励打造新品牌。

说服演讲的组织形式与信息演讲有所不同。说服演讲有几种常见的组织形式:第一,提出问题和解决问题型。这种形式是先把问题陈述出来,然后再根据问题的性质提出可行的解决办法。

例子:

问题:环境污染是当前中国大城市的主要问题。

解决办法：减少车辆，控制工业污染，提高人们的环保意识。

第二，原因和结果型。先把原因找出来，然后讲出问题所造成的后果。也可以先说后果，然后再解释原因。

例子：

原因：中国城市犯罪率升高的主要原因是贫富差距的扩大和法制意识的薄弱。

结果：犯罪率的升高直接影响中国人的生活质量和中国的国际形象。

第三，辩论型。先把对方的反对观点摆出来，然后再一项项地驳斥对方的观点。这种方法需要逻辑严谨，证据确凿。

例子：

对方观点：全球化会给中国经济发展带来好处。

反驳观点：全球化就是美国化，实际上是帮助推动美国在世界的霸权。全球化使中国经济的发展停滞在制造业阶段，中国成了世界的工厂，造成严重的环境污染。全球化阻止中国发展自己能打入世界的品牌产品。

第四，推动排比型。这种类型有五个步骤。为了达到说服的目的，每一个步骤都互相联系。下面以说服受众停止美伊战争为例：演讲者的第一步是引起受众的注意力。比如用惊人的统计数字开头：截至2008年3月26日，美国士兵在伊拉克战场上的死亡人数已经达到4000人。第二步是营造需要。美国在伊拉克的损失太大，士兵们需要生命安全，家人盼望团圆。提出美国应该从伊拉克撤军的主张。第三步是提出让受众满意的方案。这一步要求你把撤军计划提出来作为解决问题的方案。你的计划要可行才能让受众满意。如果立即撤军可能会给伊拉克带来混乱，会影响美国人的民族自尊心。第四步是启发受众的想象力。就是让受众想象如果不采取你的撤军计划的话，美国的损失将会更大，美国在世界的威信会扫地。如果采纳你的主张，美国士兵的伤亡会减少，伊拉克会独立自治，世界会走向和平。第五步是采取行动。那就是向国会和总统请愿，动员受众签名，要求停战撤军。

(2) 亚里士多德的诉求理论

亚里士多德在论述公共演讲的说服效果时，强调了三个方面的诉求作用：伦理诉求、情感诉求和理性诉求。

A. 伦理诉求

伦理诉求主要是指演讲人用伦理和道德的标准说服受众。演讲人的可信度（能力、知识面）、人格和善意都是伦理诉求的基础。演讲人的可信度还表现在诚信、诚实和经历等方面。有的演讲人夸夸其谈，蛊惑人心。尤其是一些政客，为了拉选票，向受众许诺他要给百姓免税，可上台后，完全背道而驰。怎样才能判断一个人是否有可信度呢？可信度的建立可以是演讲人的身份、背景、在公众中的形象，但亚里士多德强调真正可靠的可信度是在演讲的过程中建立的。比如,当 Wellesley College(女子学院)的女同学们听到美国老布什总统的夫人芭芭拉·布什(Barbara Bush)要给她们做毕业演讲时,她们很不高兴,并集体提出了抗议。原因是芭芭拉·布什的公众形象是家庭妇女,是为丈夫和孩子做牺牲的女性类型,不是这些女校高材生将来走向社会的榜样,但当芭芭拉·布什的演讲结束后,在场全体同学给她雷鸣般的掌声。是什么原因呢?原来芭芭拉·布什的演讲是针对这些职业女性的。她首先赞美了 Wellesley College 美丽的校园和多元化的特点,获得了同学们的好感,然后她告诉同学们作为女生,她们毕业后有三个选择,第一是选择她们愿意为之奋斗一生的事业;第二是选择一个像她那样终身为伴,给她带来快乐的丈夫;第三是珍惜家庭、朋友。她告诉女同学们,她们当中有人将来会成为美国总统,在座的某位男士会像她一样,成为总统的配偶。

芭芭拉·布什的演讲句句说到女同学们的心里。她的终极可信度也由此而提高。伴随可信度的是演讲人的个人魅力。魅力的表现主要是言语和非言语的有效和恰当地使用。比如声音的洪亮、清晰程度,表情是否亲切、诚恳、丰富,精力是否充沛,内容对受众是否有亲和力和振奋、激励的作用。美国历史上马丁·路德·金、罗斯福总统、肯尼迪总统,美国现任总统奥巴马和中国历史上的孙中山、毛泽东等都是具有个人魅力的演说家。

B. 情感诉求

情感诉求在公共演讲中起到最有效的说服作用。一旦观众被情打动,他们的想法和行为就很容易改变。中国古代有一种劝谏形式叫哭谏,《左传》(定公四年)记载楚国申包胥求见秦哀公请求援兵救楚国,秦王开始拒绝见他,申包胥则"依于庭墙而哭,日夜不绝声,勺饮不入口七日",秦哀公最终被感动,同意出兵(《春秋左传注》,1547~1548页)

古希腊的智者们在演讲中突出使用情感诉求,比如高尔吉亚(Gorgias)就是被喻为使用情感诉求打动和迷惑听众的著名演讲家。亚里士多德在《修辞学》第二卷里说道,人类的各种情感如愤怒、怜悯、恐惧、忌妒等在演说中都有很大的说服作用。演讲者要摸清听众的心理和情感需要,在演说中用语言的力量和非言语的因素启发调动听众的情感,然后对症下药。在中国,面子是很重要的情感因素,尤其是在上下级不平等的关系中,下级的情感诉求要注重维护上级的面子。用韩非子的话说就是"在知饰所说之所矜而灭其所耻"(《韩非子:说难》),就是说臣子在劝谏君王时要赞扬君王是明主,美饰他的自尊,不去揭露他的真实目的。这是春秋战国时期游说者们使用的说服手法之一。

过分地使用情感诉求有时会给人煽情,目的不纯的印象,所以,使用情感诉求要适当,同时要与理性诉求结合起来使用,达到晓之以理、动之以情的效果。

C. 理性诉求

亚里士多德最早把逻辑推理融入于公共演讲中。理性诉求主要使用两种推理方法,一个是演绎法(deductive reasoning),一个是归纳法(inductive reasoning)。

演绎法的推理过程是从一般的笼统的信息里推理出一个具体的结论,这种推理方法是先列出大前提(一个笼统的、一般可以接受的信息或概念),再列出小前提(一个具体的、符合大前提的例子),最后得出一个结论。如:

大前提:吸烟的人常常患有肺病

小前提:我父亲吸烟

结论:我父亲患有肺病

如果大前提是错的,结论也显然是错的。所以,使用大前提时要格外小心,在我们运用演绎推理时,大前提常常是在演讲者和听众之间认可的,所以常常不必直接说出来,而只是提小前提,听众就会自然在大脑里自我推理,得出结论。如"我女儿的学习非常好"(小前提),听者就会得出结论(她的女儿一定是既聪明又勤奋),"凡是学习好的孩子都既聪明又勤奋"(大前提)就自可不必说出来。

归纳法与演绎法相反,是从具体的例子出发,然后推出一般规律的结论。一般来说具体的例子可以是一系列的事实或情景。

比如你想证明吸烟对身体有害,你会举出几个例子:

- 我姑姑死于肺癌,因为她一辈子吸烟
- 我的老师一辈子吸烟,最近被诊断为肺癌
- 我父亲患有肺炎,因为他每天抽一盒烟
- 有调查表明,70%的吸烟者会得肺病

结论:吸烟导致肺病,对身体有害。

注意,你的事实要准确,这样结论才能准确,事实可以是例子、故事、统计数字、发生过的事件和经历过的情景,但即便你的事实都是准确的,也有例外的情况,比如你家里的一个亲属一辈子吸烟,可一直都很健康,活到90多岁才去世,所以你的结论也不总是对的,有时根据有限的例子就过早得出结论,会造成认识上的偏见。

(3)维沃的理性诉求理论

理查德·维沃(Richard Weaver)(1967—1977)在他的说辩研究中提出了另外几类论辩中使用的理性诉求,它们分别是类属和定义(genus and definition),类似比喻(similitude),因果关系(cause and effect),权威和证据(authority and testimony),历史修辞(rhetorical-historical)。

A. 类属和定义

这种诉求的前提是把世界的事物分为不同类别,而每一类别都有它的自然属性,认识事物的自然属性能使我们对事物有推断性,演讲人首先要让听众分辨出事物的类别,然后让听众同意他的分类。如果所提的问题是属于同一类别的,听众就会同意。比如你想说服你的朋友不要用节食的方法瘦身,因为这样会伤害身体,如果你的朋友很在乎自己的健

康,就会同意这种做法属于不健康行为,可能就会停止节食的行为。使用例子也是属性与归类的一种方法,维沃认为这种方法的说服最道德,因为属性是长久的、公认的、不变的,然而也是可靠的。

B. 类似比喻法

这种方法关注事物的内在关系,一类事物和另一类事物相似或与另一类事物完全不同,表现在说服上就是演说者要把同类事物的相像处和不同类事物的不相像处向听众解释清楚。在语言形式上可以使用比喻、类比、借喻、对比。比如马丁·路德·金用"我有一个梦想"来比喻对种族平等的渴望,维沃认为类似比喻法的说服效果在论辩技巧上排在属性和定义法之后。

C. 因果关系法

这种说服方法预测采取某种行动会带来的负面影响或灾难性的结果,然后用这些可能出现的结果决定是否应该采取行动。演讲者要有充分的证据论证采取行动可能带来的恶果,或者不采取行动(本身也是一种行动)带来的恶果。比如美国国会反对伊拉克战事的人就认为伊战会像越战一样给美国带来灾难,不会给中东地区带来和平,不会解决在世界范围内的反恐问题,而支持向伊开战的政客认为如果不打这一仗,美国人民的安全就要受到威胁。

维沃认为用因果关系方法进行说服是很不道德的,因为使用的依据是由各种因素组成,且在不断变化之中的。与因果关系相似的一种说服方法是情景说服法,就是找出一个理由为自己的行为开脱。比如,你父母让你考研究生,你说你不能考,因为你没有钱再读书了。维沃认为这个方法是最不道德的,最没有理性的,理由经常是被情绪化了,削弱了理性的力量。

D. 权威和证据

以上几种方法都是靠事物本身的性质进行说服的,运用权威和证据来说服是借助外在的诉求因素。演讲人必须摆出有力的证据和引用观众信服的权威人士来说服受众,如《圣经》、《论语》、林肯、毛泽东。由于听众对权威人士的敬仰和崇拜,这些权威人士的话语具有强烈的说服作用。在"文革"期间的批判文章和大字报里人们经常引用毛主席语录;美国的政客们在他们的演讲里也经常引用《圣经》里的句子。

E. 历史修辞法

这个方法就是在说服中使用历史实例来论证一种立场或观点。在中国领导人的讲话里,为了证明中国共产党是唯一能够领导中国人民求解放,过上好生活的政党,经常在他们的演讲里使用近代历史上发生的事件,如军阀混战、国民党的腐败、共产党的英明领导等。

以上几种理性诉求方法在中国人的说服演讲里都有实践,但中国传统里也有自己独特的说服方法,那就是连锁推理(chain reasoning)。

连锁推理是中国古代说辩活动中普遍使用的说服方法。连锁推理的特点是从一个事件中推出这一事件的后果,然后这一后果又会带来另一个后果,以此类推造成一连串的后果,最后造成更大的后果。连锁推理是中国人的说服习惯。韩非子在他的著作中就使用了大量的连锁推进,比较典型的一例是:

  人有祸,则心畏恐;心畏恐,则行端直;行端直,则思虑熟;思虑熟,则得事理。行端直,则无祸害;无祸害,则尽天年。得事理,则必成功。尽天年,则全而寿。必成功,则富与贵。(《韩非子·解老》)

当然,在说服性演讲中这些方法经常是混合使用的,没有一个演讲仅使用一种推理方法。另外,理性诉求、感情诉求和伦理道德诉求也是结合使用的,这样的演讲才更有说服力。

(4) 理性诉求时容易产生的谬误

在使用理性诉求和逻辑推理时,有时会由于偏见而产生谬误,几种常见的逻辑谬误有:

A. 因果关系不符

把两件不相干的事情联系在一起。一件事发生在另一件事之后,但不等于两件事是有因果关系的。比如,房价上涨了,有些人认为是由于气候变化的原因造成的;犯罪率升高了,有些人认为是学校老师管教不严造成的。

B. 个人攻击

有人在论述一个观点或立场时,开始对某人进行人身攻击,用不敬的语言污蔑或嘲笑对方,这只能表示演讲人不具备良好的思辨能力,没有文明行为,不能有效地提出不同意见。

C. 两极思维

把事情的现象、结果或解决方法看成非此即彼,走两个极端,没有中间道路可走,不考虑其他的可能性。

D. 草率结论

在很少或没有证据的情况下,就草率地做出了结论,比如考试没考好,学生就认为这是老师跟他过不去。

E. 走题

使用没有关联的事实来论证你的观点。英国有一个典故:农夫为了防止捕狐狸的人带着猎狗穿入农田,在农田埂边放上有强烈气味的熏青鱼诱引狗离开田埂,也就引开了捕狐狸的人。人们从此就用熏青鱼来比喻演讲者讲话走题,转移听众对某一问题的注意力。中国人把走题叫"驴唇不对马嘴"。

F. 逻辑不符

为陈述论点提供的理由不成立。如果你动员同学们献血,是因为快期末考试了,这个理由与陈述就不相符。

在使用逻辑推理进行理性诉求时,要注意避免以上几种逻辑谬误,使你的诉求更有理有据,更有说服力。

3. 礼仪演讲

我们在生活中经常会遇到许多演讲情景,比如纪念某个历史人物、某个节日、某个历史事件,生日、婚礼、结婚纪念的聚会,授奖或领奖仪式,追悼会等。有时我们在电影或电视里听到这些演讲,有时我们自己亲身经历这类演讲,有时我们自己需要做类似这方面的演讲。因为篇幅有限,我们仅介绍礼仪演讲里最常用的一种:赞颂演讲。

赞颂演讲是为了纪念某人、某个机构或某个理念。这类演讲虽然也要向受众介绍信息,但是演讲的最终目的是激励受众,唤起和提高他们对某人、某个机构、某种理念的欣赏、感激、仰慕和崇拜。演讲人不是为了说服受众相信或从事某种行动,而是表达演讲人对某人、某个机构、某个理念的强烈感受、情感和心愿。演讲者突出赞美某人或某个机构是怎样战胜意想不到的困难,取得非凡成就并作出杰出贡献的。演讲的最好效果是励志和感动受众,加强对人类美好价值观念的认同(如爱心、勇气、胆量、宽容)。好的赞颂演讲能达到境界超越和灵魂净化的作用。

赞颂演讲在语言的使用上要生动、有想象力。叙述、重复、比喻、对比、幽默等修辞手段都有很好的激励和震撼效果。在2008年汶川大地震中出现了许多可歌可泣的英雄事迹。中国媒体里对英雄人物的赞美之辞感人肺腑,激励震撼。在美国,悼词经常不仅是为了表示悲痛,而是把去世的人的人生用生动的故事和短小的幽默描述出来。在追悼会上听到笑声而不是哭声是常有的事。

一般来讲,这类演讲较信息演讲和说服演讲稍短一些,受众也有针对性。但在有些情况下,信息演讲、说服演讲和礼仪演讲并没有严格的区别。在许多著名的演讲里,三种演讲的特点都能找到。所以,好的演讲达到的效果应该是传授知识、影响他人、激励受众。

三、演讲素材的来源

如果把一份演讲稿比喻成一个建筑物,演讲素材是这个建筑物的砖瓦,组织形式是建筑物的框架,外形设计是演讲口才。

我们搜集的素材,可在演讲中用来提供证据,澄清事实,阐述观点。听众更容易相信有信誉、有成就的人的观点和可靠的数据来源。有时我们把搜集的材料当做证言用来证明论点。证言主要来源于两个渠道,一个是专家的证言,使用科研成果或采访专家来证明一个事实,使论点更站得住脚。比如你想论述大气变暖和环境污染等问题的严重性,你可以从专家和科学家的研究成果或观察预测上找到证言。另一种证言来自平民,比如你演讲的题目是中国是怎样争得2008年主办奥林匹克运动会的,你可以用老百姓对奥运会的期待、热情和准备作为证言。

还有一个更有效的素材是例子。例子可以帮助听众加深对一个问题的认识、理解和记忆,是演讲中不可缺少的。例子可以是简单的短例子,也可以是具有完整故事性的长例子。有时例子也可以是虚构的,但虚构的例子一定是很有可能发生,很接近生活的例子。比如,现在的科技发展日新月异,突飞猛进,你可以把最近的发展数据作为例子举出来,如果你想说明你的听众不要大学毕业后急于出国留学,在国内一样可以发展得很好,你可以举出你或你的朋友走这一条路的经历。也可以用虚构的例子启发听众的想象力。

统计数字是演说者常用的证据来证明自己的论点。比如中国的经济在过去30年一直是8%～9%的发展速度。比如全世界如果像美国人那样的生活标准,我们需要4～5个地球。美国的离婚率是50%。这类统计数字使听众对信息和现实的了解具体化。这类统计叫做描述型统计数据,它只是帮助听众认识一个事件。有时统计数字也可以用来预测未来。比如说,如果我们贯彻现在一个孩子的人口政策,到2020年中国的人口就会出现负增长,到2050年以后中国的人口就会下降。

使用统计数字时,要注意几点。第一,统计数字必须准确并来源于可靠的研究机构或学术领域。有时统计数字因为出处不同,可能带有偏见色彩,要注意观点的倾向性。第二,不要过多地使用统计数字,因为听众不可能记住那么多的数字信息。第三,如果统计数字很大,很难记,你可以把它转换成听众熟悉的事情。比如,美国每年由于交通事故造成死亡的人数大于美国在越战时的死亡人数(5万多人),这样就给听众一个大概的概念,每年因交通事故到底死了多少人。最后,现在的演讲发言,很多人借助于电脑幻灯(power point presentation),演讲者可以设计出各种图表来展示统计数字之间的关系,发展趋向。这种图像效果能更吸引听众,帮助理解和记忆信息。

另外,如果你在演讲里使用听众不熟悉的词汇,你一定要给这个词一个定义,给定义时,要用听众熟悉、能够接受的语言。对于定义的解释在整个演讲中要保持一致。另外,定义的使用不要太多,因为解释定义的语言有时偏于抽象,不好理解。

素材的准备是演讲成功的关键,现在信息浩瀚如海,你要准备的材料一定与题目有关。素材的准备可以从多方面入手,比如,你可以用你自己的故事、经历作为素材。自己的故事,既有真实性又便于记忆,我们每个人的经历本身就有提供信息和说服他人的作用。当你向别人讲起吃中药健身防病的好处和有效性时,你可以拿自己的经历为例,说服他人相信中草药的效力和对祖国医学产生信任。

另外一个素材来源是采访,有些题材需要提供充足的论据,或专家的观点。采访别人的观点能尽快补充需要的内容,但采访要认真地计划好,首先得到被采访者的同意,把问题事先想好，必要时事先把问题给被采访人，要事先与被采访人协商好时间、地点，采访时要做记录，如果被采访人同意，最好把采访录下来，以便事后整理，保证信息的准确性。在采访中要目视对方，以表示尊重，采访后要寄信以示谢意。

还有一个素材来源是图书馆，虽然现在许多信息可以在网上查到，但图书馆还是能让我们找到书籍、杂志文章、报刊、参考书、工具书，而且从图书馆里查询的资料一般比较可靠。

最后一个素材来源是互联网。现在越来越多的人使用互联网查找信息，既快又方便。比较常用的搜索引擎是谷歌、百度、雅虎、微软、搜狐、新浪网等。许多搜索引擎还提供具体内容的搜索，如新闻、商业、电影、音乐、图片等。在 http://www.sousuowang.com/seo/search.htm 网站，你可以查到全世界各地和各行业的搜索引擎。在选择搜索引擎时要考虑网站的可信度，对搜索来的信息也要加以分析和判断。最好在查阅了几个网站以后再确定信息的真实性和可靠性。

四、受众的类型

演讲能否成功的重要环节是演讲内容能否适合于听众的口味，能否用听众能够接受的语言、价值观、动机和目的。埃德勒和柔德曼（Adler and Rodman, 2006）把听众分为三种类型：过路人（passersby）、囚徒（captive）、自愿者（volunteers）。各种不同的听众代表不同的兴趣和在聆听演讲时的态度。"过路人"对你演讲的内容并不感兴趣，他们常出现在商场（逛街）或出入在不同的教学楼里。你能在校园或街上遇见他们，他们对你要讲什么也没有准备。对这类受众你首先考虑的是让他们知道你是一个演讲者。你可能要选一个很特殊，对他们有帮助，甚至很耸人听闻的题材。在西方，经常会有一些自由演讲者，在公共场合下占据一个位置就开始演讲，因为演讲不是事先安排的，听众是自愿去听演讲的，演讲者全靠耸人听闻的题材和出众的演讲口才来吸引听众。

"囚徒"是指有目的、事先准备好的、聚在一起的听众。比如在公共演讲课上轮到你演讲时听你演讲的同学，在公司里听你开会发言时的同事。对这类听众，他们事先已经知道你是演讲者，所以你不用使用技巧去吸引他们的注意力，但你要用更多的努力使他们觉得你的演讲有兴趣，对他们有帮助。

"自愿者"听众的特点是他们有一个共同的目的聚在一起听你的演讲，他们也对你讲的题目感兴趣，他们对你讲的题目已经有些了解，这类听众像某一俱乐部的成员，社会上的一些自愿者组织和圣经唱诗班等。对这类听众你的任务是扩展他们对你演讲题目的知识面，加固他们的价值观。在演讲口才上，增加亲和力，使他们在听你演讲时，保持注意力，又能与你一起思考。

彼博和他的同事们（Beebe, Beebe and Ivy, 2001）把听众对演讲题目的接受程度分为三类：接受型听众(receptive audience)、中立型听众(neutral audience)、不接受型听众(the unreceptive audience)。

接受型听众是你忠实的支持者，你在他们中间演讲可以很放松。听众对你的信任、崇拜和对你观点的赞同，使得你在没演讲之前已经取得了一半的成功。你首先在演讲的开头建立你和听众的认同感，指出你与他们的相同之处，这样使你与听众的关系拉近。其次，你可以直接陈述你演讲的目的，并直接要求他们的合作。再次，你可以多使用情感诉求，因为他们已经同意你的观点，所以你用不着提供详细的证据去证明你的观点，而是激发他们的情感，鼓励和号召他们采取行动。

中立型听众对演讲者和演讲题目既不热情支持，又不坚决反对，他们持中立的态度。他们对你讲的题目可能了解一些，但他们的态度是漠不关心，与己无关。还有的中立型观众，对你的题目一无所知，但也不愿意更多地去了解，对这类听众，演讲者的首要任务是在演讲的开头就让听众对你的演讲感兴趣。比如举一些耸人听闻的例子和列举与他们有直接关系的例子，演讲者在演讲时要多用你和听众都能共同认同的信仰、价值观和态度，比如维护人类和平、保护环境。另一个策略是提出与他们关心的人，像家人有关的问题。比如，家长都关心孩子的教育、健康，你提供的信息和数据要与他们的孩子有关。最后你的演讲目的要实际，持中立立场的听众不会在几分钟内转变他们的立场，说服要有一个过程，所以对他们要有耐心。

不接受型听众往往对演讲者本人和演讲者的观点都持反对和敌视态度。在这种场合下演讲具有很大的挑战性，演讲者要有很好的心理素质。如果你遇到了这种情况，你要尽可能地通过你的知识面、公正的态度、人格的魅力、智慧风趣的语言在演讲中提高你的可信度。此外还有几个小技巧：首先，不要在演讲刚开始就说明你的目的，更不能一开始就去说服听众采取某种行动，这样他们会有抵触情绪，你要尽可能寻找与他们的共同点，建立信任感。然后，你可以指出你认为最重要的观点。虽然你可能遇到反对意见，但至少在演讲的开始阶段，他们还会给你注意力。

对不接受型听众一个很重要的对策，就是在演讲中要把他们反对你的观点摆出来，并叙述他们可能有的理由。这样做是表示你是了解他们的处境的。但是你一定要有更有力的理由、证据和观点来驳斥他们的观点和理由，使他们信服。比如，你要说服民工放弃罢工恢复工作，你先要承认他们为什么要罢工的理由(如工资低、待遇差)，然后告诉他们如果继续罢工，会对他们有更大的危害(拿不到工资寄给家里、无法付医疗费)。理性思维的听众会自己分析利害关系，可能在态度和行动上有所改变。

最后，对待这类听众，也不能期待太高。他们不可能很快转变态度、立场，并采取行动。只要你的演讲能使他们重新认识所讲的问题，并对你的敌视态度有所改变，你的演讲就算成功了。

五、演讲的准备

公共演讲的第一障碍是恐慌心理，或是怯场。当年，有一位青年，代表大家感谢首长关怀，祝首长身体健康，他一激动，说成了："感谢首长身体！"在美国的一项调查表明，怯场在美国人所有惧怕的经历中排列第一。人在紧张时，大脑会向身体发出一系列信号，产生肾上腺素，造成心跳加快、腿脚发抖、出汗、脸发红、呼吸急促、声音发抖的征兆。但同时，肾上腺素提升，又会使人兴奋，大脑反应比平时加快。所以，你若是能控制好自己的紧张状态，它可以帮助你演讲成功。反之，如果你控制不好，也可能让你砸锅或出丑。每一个公共演讲者都会紧张。演讲焦虑是正常的心理现象。怎样才能更有效地控制在演讲过程中的紧张和焦虑呢？下面是几点建议。

1．认真准备演讲稿

演讲前首先确定选题，了解你的听众是些什么人。你怎样才能使你的演讲适应听众的水平、想法、愿望和需要。他们的兴趣是什么，你和他们有什么共同点。不同的年龄、不同的性别、不同的经历、不同的社会背景的人会对不同的题目感兴趣。

如果你的任务是在班上给同学们一个演讲，那么相信你和你的听众一定有许多共同点和共同关心的问题，比如环境污染问题、就业问题、教育目的问题等。在选择题目时，你要考虑听众是否愿意了解更多的信息；听众的态度和行动是否会被新的信息所影响；听众是否能从你的演讲中受益。当然这个题目最好是你自己感兴趣的、比较熟悉的。这样你演讲起来就会有热情和自信。

在选题前，你可以建立一个个人档案。比如，自己的兴趣爱好，喜欢的运动，关心的国内外大事、社会问题，喜欢看的书和电视节目，崇拜的人物，旅游过的地方等。可以用大脑风暴的方法想出一些题目，也可以到互联网上查找。要注意题目不要太大，太抽象。如果你的题目是"中国的教育问题"，就是一个太大的题目。你可以缩小到教育问题中的某一个问题，如高考制度、教师评估、毕业实习等。

选题之后，把演讲稿事先写好。稿子不要太长。定稿后要反复地脱稿练习，从能背下来到自如地表达。这样你的紧张和焦虑至少能减少75％。

2．熟悉你的听众和周围的环境

如有可能，最好事前了解到有多少人听你的演讲，还要尽可能地了解他们的年龄、性别、社会背景、教育水平、对你讲的题目的兴趣和熟悉的程度。了解你的听众需要什么，想听什么，不想听什么，对你的演讲准备很重要，也能减少紧张情绪。此外，还要事先打听好演讲的场地有多大,是否有暖气或空调,周围的环境是否安静。

3. 积极地自我对话

有些人在还没开始演讲就对自己失去了信心。认为自己不行,肯定讲不好,让人笑话,丢面子。这种消极的自我对话常常会导致演讲失败。但如果你告诉你自己:"我能讲好。我已经做好了准备。这是一个很好展示自我能力和口才的机会。"在你进行积极自我谈话的同时,想象着自己站在观众面前,充满自信,将演说词娓娓道来,把听众吸引住,最后成功地结束演说,听到他们的掌声,看到他们的认可和赞许的面孔。这些都会帮助你减少负面影响。但也不要对自己的期望值太高,想做一个十全十美的演说家是不现实的,一定要为自己确定一个实际的目标。

4. 其他准备

做一些放松的运动是必要的,比如深呼吸,伸展手和腿。把思想集中在你的演讲词上,不要考虑观众怎么评价你,可以找你的朋友或家人做模拟观众。最后,如果可能,找演讲专业训练人士给予帮助和训练。除了这些准备外,演讲者还要具备一些基本条件,比如像周国平讲到的善演讲的人三个特点:记忆力、自信心和表现欲(周国平,2005)。

六、演讲的形式和技巧

公共演讲一共有四种演讲形式:有准备的即席演讲、即兴演讲、照稿演讲、记忆演讲,每种演讲形式都是与某一特定场合有关,也会有不同的效果。

1. 演讲的形式

(1) 有准备的即席演讲

顾名思义,这种演讲形式是事先准备的,但是演讲时给听众的感觉是自然的、流畅的、即席的。这种演讲形式被认为是所有演讲形式里最有效的、最普遍的。

所谓准备好,就是讲稿是经过认真查找资料提前写好,认真排练的。但在传递时却不是背诵出来的,在演讲时,你可以用卡片给自己简单的提示,但你在大部分时间眼神注视着听众。你可以手里拿着卡片,但一般情况下不去看,只是在你怕自己忘记的关键部分,或确保所有的要点都已经提到时才参照一下。

在排练讲稿时,你不是照着讲稿背下来,而是用较详细的发言大纲,迫使你用自然的、多样的语言表述演讲的内容。在你演讲时,可以根据听众的反应随时调整演讲的内容,这种演讲形式有很大的灵活性,缺点是不能在确定的时间内完成演讲,也不能确保每个句子都准确无误。

(2) 即兴演讲

即兴演讲是无准备的演讲,有时是在紧急情况下,事先定好的演讲人没到场,你被叫来顶替。一般情况下这类演讲发生在非正式场合。这类演讲的最大特点就是毫无准备,演讲起来,可能会不流畅,加强了讲台恐惧感和紧张状态,你必须在毫无准备的情况下,表现得泰然处之。如果你遇到这种场合你把它当成锻炼你的机会,如果能有几分钟时间准备,你就利用这几分钟写下几个要点,用你最熟悉的故事、例子、概念。一般来说听众知道你没时间准备,对你的期待也不会太高,所以你自可不必太紧张,尽量把演讲压短,使用的句子不要太长,描述的问题不要太复杂。

(3) 照稿演讲

这种演讲形式一般出现在学术会议上宣读论文、联合国上的发言、在法庭上的证词等,这类演讲的内容强调精确,又需要记录下来,所以照稿宣读比较保险,不出错。稿子是事先准备的,宣读时,眼睛不能看着听众,只能在声音上多样化。这类演讲的最大问题是不自然、死板。有时听众会对演讲人失去兴趣,有时也会影响到听众对演讲人的印象。

(4) 背诵式

演讲人把整个事先准备好的讲稿背诵下来,经常在很正式的场合下,比如演讲比赛、政治演说这样的演讲。在美国的竞选演说,一般不允许带卡片、记录,演讲人不得不把发言内容全部记下来。但许多领导人的演讲也是靠电动提示器来帮助记忆的。

这种形式,是最难的,演讲的效果全靠你的记忆能力。如果忘词了,就会思路打乱,出现难堪局面,但如果你排练到对台词熟能生巧,倒背如流的程度,再加上你在口才、技巧上吸引听众,也能达到很好的效果。对这类演说的唯一要求就是要多练习、多排练。

2. 演讲的技巧

公共演讲时演讲者普遍会经历讲台恐惧症(stage fright)。当你把题目选好,结构定好,材料找好,演讲稿写好,最后一个重要环节就是把稿子用最有效的演讲方式和口才技巧传递给听众。

无论你使用哪种形式演讲,反复地练习、排练使演讲达到熟能生巧的程度,才能保证好的效果。一般情况下演讲练习可分为几步:第一步是自己练,反复给自己演讲,目的是熟悉内容;第二步是在有条件的情况下,把自己的演讲录下来,最好是录像,这样你会自我检查有哪些方面需要反复练习,在声音或肢体语言方面,是否需要改进;第三步是在你的家人或朋友面前试讲,体会他们的反应,然后调整。他们也会从听众的角度给你提改进的建议;第四步是有条件的话,到演讲现场试讲,对演讲环境有切身的体验。

此外，为了使演讲更有效果，在肢体语言上要注意以下几个方面。

A. 肢体动作

手势、动作、身体的姿势，都属于肢体动作的部分。手势是个人习惯，西方文化偏向于多用手势。用手势时，一定要自然。手势的作用主要起加强作用，所以用的时候要与演讲中要强调的内容结合起来，不要乱用。手势也要多样化一点，不能总是一种手势。手势不能多用，太多的手势也会对听众有干扰作用。

在演讲时，有时你要决定是站在麦克风后面讲，还是手拿着麦克风；走到听众中间讲，还是就在台上来回走动，这主要是看听众的文化习惯，了解他们是属于身体多接触、少接触或不接触的文化群体。也要看场地和听众的人数，在学术会议上来回走动是很不合适的，听众人数很多，场地很大，也不适合走动，但小规模的听众和场地，走动会增加与听众的心理距离，加强互动，效果会很好。

身体的姿势给听众不同的印象。挺胸抬头的姿势给人以自信、乐观、精力充沛的印象；耷拉的肩膀，低垂着头给人以没精打采、萎靡不振的印象。总之，你的身体动作向观众传递你是一个什么样的演讲者，让他们决定是否愿意听你的演讲。

B. 眼触

眼触是演讲里最重要的非言语传播部分。你在演讲中是否看着观众，表示你是否对他们感兴趣，是否能抓住他们的注意力，是否能观察到他们的反应。听众也会根据你的眼睛行为，判断你是不是有可信度，是不是有能力和水平。有研究表明（Beebe and Ivy, 2001），如果你在演讲中只有50%的时间面对听众，听众会认为你不友好，没有经验，知识浅薄，甚至不够诚实。演讲中，尽可能所有的时间都面对听众，眼触多多益善。在演讲开始时，还有开讲之前，就要与观众通过眼触建立联系，表示对听众的兴趣和尊重。在整个开场白的过程中，不要看你的稿子，保持你的眼触。面对听众，眼睛要看着听众的眼睛，从一个人转向另一个人而不是从他们的头上望去，让在座的每一个听众都得到你的眼触，都感觉到你在与他们谈话。

C. 面部表情

在演讲中，面部表情要与演讲的内容相符，讲述一个严肃的题目，面部表情要严肃；表达幽默时，或正面信息时，要面带微笑。你的面部表情也传递你是否对你的听众感兴趣，是否尊重他们，是否对你自己演讲的题目重视和投入，是否友好和精力充沛。

D. 声音部分

声音部分包括音量、音调、音速、发音的清晰度。

音量是你声音的大小或强弱。你的音量要根据你演讲的场所和人数所决定。一般来说，音量保持在坐在最后的观众能听到你的声音即可，你可以调整你的音量用来强调演讲中的某一部分，有时声音故意减弱也是为了吸引听众的注意力，如果你使用麦克风要注意调整好音量,音量过大会使听众感到不舒服。

音调是指你声音的高低。一般来说,声音的高低是身体的自然条件决定的,女性的音调一般比男性高,演讲者要根据演讲内容适当调节自己的音调,尤其是在表达情感时,高音调能吸引听众。如果你的音调没有高低起伏,演讲就会显得平淡,甚至枯燥。但对音调的变化,也不要太牵强过分,那样就会显得很不自然。

音速是表示你演讲时的快慢,一般来说,演讲者在一分钟内说120～180个字。讲话的快慢也给演讲带来不同的效果,太快了,听众可能听不清楚;太慢,他们会不耐烦,还会以为演讲者思维迟钝。但有时演讲者可能故意加快或减慢语速以此来强调演讲的内容。要在适当时候使用停顿,比如你问听众一个不需要他们回答,但需要他们思考的问题,你就得使用停顿给他们时间思考。

最后是声音的清晰度。有时有的演讲者发音含糊不清,字与字之间拖泥带水,有些人讲话有地方口音,有人讲话慢吞吞地拉长声,这些都会影响演讲者在听众中的形象和可信度。如果你意识到你有这方面的毛病,就要多花时间练习。最好是进行录音、录像,帮助改进。

E. 服饰

在不同的演讲场合,着装的要求也不一样,一般来说,在正式场合下,着装要正式,以表示对听众和场合的尊重和重视,也表示自己的可信度。在其他场合下,着装也要得体、大方。据调查(Chaiken,1979),听众喜欢演讲者和他们穿着差不多,甚至比他们穿得更保守一些。不要穿得太招眼,太入时,转移听众的注意力。有时根据场合,你也可以在演讲时选择符合场合和题目的服装。比如,穿一个带有环保符号的T恤衫,向同学们在校园的操场上演讲环保的重要性和责任感。

小结

演讲在西方文化里是一门艺术。公共演讲不仅表现出一个人在公共场合下与大众的沟通能力,还起到推动社会进步,培养公民意识的作用。公共演讲在西方具有悠久的历史,有一套完整的理论和丰富的实践。公共演讲的目的是影响和说服他人,在西方是用以维护民主政权的工具,也是青年人走向成功的通道。亚里士多德提出的道德诉求、情感诉求、理性诉求和西塞罗的演讲教学五要素至今被西方演讲教学和演讲实践沿用。

公共演讲在中国可以追溯到春秋战国时代,表现在君王给臣民和士兵的演说,学者们在哲学问题上的争论和臣子对君王的劝谏。现代中国出现了许多著名的政治领袖如孙中山、毛泽东,他们又都是出色的演讲家。自中国步入改革开放以来,又出现了一大批以知识精英为代表的演说家,像李燕杰、曲啸、易中天、于丹、阎崇年等学者教授纷纷登上讲坛,讲解中国历史、文化,激励听众的爱国热情,探讨有意义的人生。

公共演讲有三种类型:信息演讲、说服演讲、礼仪演讲。信息演讲重在传播信息,使用清晰的结构和丰富的语言表达内容。说服演讲的目的在于改变听众的认识,说服他们采取行动,使用不协调诉求、需要诉求、恐惧诉求和推动排比的方法。理性诉求在说服演讲里尤为重要。维沃提出了几种理性诉求的方法,像类属和定义、类似比喻法、因果关系法、使用权威的证据,及历史修辞法。相比之下,中国古人更喜欢用连锁推理法对他人进行说服。值得注意的是,任何一种理性说服方式使用不当都会产生逻辑谬误。

礼仪演讲的主要形式是赞颂演讲。其主要目的是通过赞美好人好事,批评坏人坏事,来加强道德观,激励和感动听众。演讲的准备工作涉及素材的准备,对受众的类型分析,克服台上恐怖的心理,选择合适有效的传递形式,注意肢体语言的使用,从而使演讲更有效果,使演讲人与听众产生共鸣。

关键词

说辩学、智者、演讲者、政治演讲、诉讼演讲、礼仪演讲、道德诉求、情感诉求、理性诉求、受众、创意、结构、风格、演讲、记忆、誓、诰、清谈、信息演讲、说服演讲、不协调诉求、需要诉求、恐惧诉求、推动排比型、可信度、演绎法、归纳法、连锁推理、逻辑谬误、赞颂演讲、演讲素材、接受型听众、中立型听众、不接受型听众、恐慌心理、即兴演讲、有准备即兴演讲、肢体语言

讨论题

1. 在什么场合下需要公共演讲?
2. 亚里士多德的演讲理论是什么?
3. 谁是伊索格拉底?
4. 中国古代的演讲实践有什么特点?
5. 中国近代史上都有哪些杰出的演讲家?
6. 你怎样评价"百家讲坛"中的演讲者们?
7. 信息演讲、说服演讲、礼仪演讲各自都有哪些特点和目的?
8. 说服演讲使用哪些诉求方法?
9. 维沃提出的理性逻辑方法都有哪些?
10. 演讲时都会遇到哪些类型的受众?

练习题

1. 从网上查出美国总统奥巴马的一个讲话,分析该讲话的创意、结构、语言风格;讨论这是什么类型的演讲,演讲者要达到什么目的,演讲稿都有哪些部分,针对哪些观众,使用哪些有效的语言和演讲技巧,不同的受众会怎样看待这个演讲。

2. 用以上分析标准,分析一位中国领导人的讲话。对比奥巴马的演讲,比较两个演讲在结构和语言使用上有什么不同。比较中国领导人和美国领导人的演讲风格。

3. 上课时观察某教授的讲课方法,分析他是用比较正式还是非正式的形式,他讲解的要点是否清楚,他使用了哪些证据解释一个观点或理论,你是否被他所讲的内容及形式所吸引。

4. 你刚刚从外地实习回来,收获很大。老师让你给班里其他同学介绍一下你所去的城市,你工作的性质,及与你专业的联系,并且让你给同学们一些有关实习机会的信息和建议。这是个什么类型的演讲?你怎样准备这个演讲?

5. 你所在的学校动员同学们毕业后到基层单位、农村、工厂、边远城镇去工作,但是很多同学都愿意留在大城市做白领,在大公司工作。你准备响应学校的号召,并且说服其他同学与你一起去农村工作。你将怎样准备你的说服演讲才能达到你的目的和预期的效果?

6. 你去参加一个老同学的婚礼,并作为同学代表在婚礼上发言。你应该怎样准备这个发言稿才能让它既风趣、幽默,又能概括你同学的全貌?

参考书目

韩非. 韩非子全译. 张觉(译注). 贵阳:贵州人民出版社,1992
黄鸣奋. 说服君主:中国古代的讽谏传播. 北京:文化艺术出版社,2001
黄少荣. 西方当众演讲学研究与教学. 鲁曙明(编辑). 沟通交际学. 北京:人民大学出版社,2008
何文(编辑). 世界名人演说总集. 海南:海南国际新闻出版中心,1997
唐翼明. 魏晋清谈. 台北:东大图书股份有限公司,1992
杨伯峻(编著). 春秋左传注. 北京:中华书局,1990
亚里士多德. 修辞学(Rhetoric). 罗念生(译). 上海:上海人民出版社,2006
余志鸿. 中国传播思想史. 上海:上海交通大学出版社,2005
周秉钧(译注). 白话尚书. 长沙:岳麓书社,1990
张秉楠. 稷下钩沉. 上海:上海古籍出版社,1991
周国平. 人生哲思录. 上海:上海辞书出版社,2005
Adler B R and Rodman G. *Understanding human communication*(9th ed.),New York:Oxford University

Press,2006

Beebe A S, Beebe J S and Ivy K D. *Communication: principles for a lifetime*. Needham Heights, Massachusetts: Allyn and Bacon,2001

Chaiken S. *Communicator physical attractiveness and persuasion*. Journal of Personality and Social Psychology,1979(37)

Golden L J, Berquist F G and Coleman E W. *The rhetoric of western thought* (3rd ed.) Dubuque,Iowa, Kendall/Hunt Publishing Company,1976

Kennedy G. *Classical rhetoric and its christian and secular tradition from ancient to modern times*, Chapel Hill: University of North Carolina Press,1980

Janise I L and Feshback S. *Effects of fear arousing communications*, Journal of Abnormal and Social Psychology. 1953,1(48)

Xing Lu(吕行). *Rhetoric in ancient China, fifth to third century B. C. E.: a comparison with classical Greek rhetoric* Columbia,SC: University of South Carolina Press,1998

Lucas S. *The art of public speaking*. (9th ed.). McGraw-Hill,2007

Maslow A H. *Motivation and personality*. New York: Harper and Brothers,1954

Weaver M R. *A responsible rhetoric*. Intercollegiate Review (winter),1967—1977

人际沟通

人际沟通,是研究人们之间如何相互交换信息、相互影响和相互作用的一门学科。美国第 25 任总统西奥多·罗斯福曾说:"成功的第一要素是懂得如何搞好人际关系。"人际关系并非是自然的,与生俱来的能力。人们很少注意沟通形态与技巧。有时把一些沟通上或态度上的错误都想成是不可避免的,无法改变的,从而不试着去改变自己的错误的沟通态度。实际上人际沟通是需要学习的,只要认真观察周围的人,就会发现谁的沟通技巧好,谁的处事哲学顽固不堪。搞好人际沟通,要在不断的学习和练习中获益。只要真正认识人的特点,就不难发现处理人际关系的法则。在这个世界上,每个人都有被尊重、被需要、被关心和被爱的欲望。想要在人际关系中一路顺畅,我们只要满足人们在交际中的这些需要就行了。这条看似简单的规律,是人际关系黄金法则的基础。孔子说过:"己所不欲,勿施于人。"西方的黄金法则核心是"己之所欲方施于人。"虽然东西方人际关系的法则不同,但都是处理人际关系的真理。

一、人际沟通的特点

人们在社会上生活,不可能全都是孤家寡人,离群索居。如果不会人际交往,你的道路将比别人更崎岖,因为许多坦途都会被人设上路障,别人过得去,而你过不去。人际沟通可定义为两个人面对面或用其他方式进行的沟通。在沟通过程中彼此互相影响,有目的地发展某一种关系。人际沟通有几个与其他沟通形式不同的特点。

第一,人际沟通是与他人有质量地交往,而不是一般的接触。我们在生活中会遇到许许多多的人,例如食堂的厨师、公共汽车的司机、图书馆的管理员、商店的服务员等。一般说来,你与这些人的接触是暂短的,关系是肤浅的,你和对方都用自己的社会角色与对方讲话或接触,这种交往是没有质量的。西方学者称这种沟通为非人际沟通(impersonal communication)。但当你和家人、朋友、情人、同事接触时,你们的谈话会很深入,有质量,你注意对方,关心对方的生活和情绪,你也得到他们的关怀。所以真正的人际沟通是有质量、有情感、有深层次的沟通。

第二,人际沟通是有选择性的。在你认识和接触的人里面,有些人与你有着血缘、亲缘或工作的关系,这种关系是受条件和环境支配的,被称为环境关系(relationships of circumstance),如家庭成员、领导、老师、同学、同事。在与这些成员的沟通和交往中,你可能发现这群人里有些人对你有吸引力,你开始有选择地与某些人主动交往,这样的关系叫选择关系。我们一生中能够有的选择关系有限。生活中选择关系的交往要比环境关系的交往对我们的身心健康更有益处,在人际沟通上更亲密和敏感。环境关系中沟通的对象可能发展为选择关系,如同事成了好朋友,同学成了恋人。

第三,人际关系需要投入。尤其是在发展朋友关系或恋人关系时,要真心对待对方,与对方计划将来。如果双方憧憬一个共同的未来,他们的关系就能经得住风雨,不管双方有什么磕磕碰碰,都能过去。投入需要三个方面,一是感情的投入,二是时间精力的投入,三是财力的投入。投入得越多,关系就越不容易结束。在我们给友谊投资的时候,我们不知道能否再找回来。中国人的观念里讲究礼尚往来,欲取之先与之,如果只是一方投入,这样的关系很难持久。

二、西方的人际沟通理论

1. 吸引力理论

根据吸引力理论(attraction theory),人们建立人际关系的基础是吸引力(attraction)。生活中你发现有些人对你很有吸引力或你对别人有吸引力。吸引力可来自长相、智力水平、思想境界或性格方面。人际吸引表现为你愿意与另一个人建立某种关系的愿望。这种愿望使得双方在认知、情感和行为上都表现出好感。沟通学者们认为有四个原因使人们互相产生吸引力。

第一个原因是相似性。物以类聚,人以群分。如果你发现对方在价值观、性格、经历、年龄、兴趣爱好、智力、生活目标等方面都与你相似,你会感到这个人对你有很大的吸引力。一般来说,人们喜欢与他相似的人,也愿意去帮助与自己相似的人(Pornpitakpan,2003)。

第二个原因是互补性。有时人们会发现与自己完全不同的人更有吸引力。如果你是一个乱放东西的人,你可能会喜欢整洁、有条理的人。如果你是一个性格懦弱的人,你可能会感到性格强势的人更有吸引力。但有些人认为,虽然异类会相吸,但如果两人根本没有什么共同之处,他们在关系发展的初级阶段是好的,但不一定能持久。另外,男人和女人选择配偶时,常常被不同的因素所吸引。男人一般被女人的容貌、身材、肤色等外表的因素所吸引。女人更看重男人的性格、智力水平、敏感度、幽默感和是否善良(Beebe, Beebe and Ivy, 2001)。

第三个原因是距离。人们更容易被自己生活范围里距离很近的人吸引,如同学、同事、邻居。这是因为你有更多的机会与他们接触。你从小的邻居成了你的终身伴侣;开学第一天和你一起排队买书的某同学成了你的终生好朋友。因为你们站得近,就开始聊天,有了些了解和互相喜欢,就成了朋友。当然也有接触越多,你越讨厌一个人的现象。用易中天教授的话,"最好的关系是亲而不近,敬而不远,若即若离,恰到好处"(2000, p. 119)。

有时距离会产生美,由于工作原因,现代社会有许多夫妻、朋友、家人两地分居,他们不能在一起分享生活中的琐事,有时会有不切实际的期待。虽然现代人用手机、电子邮件,但还是不能像生活在一起那样方便地交谈,因为老不在一起,一旦有机会在一起,就期待一切都是美好的,不会有矛盾。而一旦因为一些事情生气吵架就会感到更加沮丧、无助和无望。维系两地分居关系的因素除了诚实、信任外,还有经济因素,有了钱,才能打更多的电话,支付得起探亲路费,才有条件用电子邮件等。

第四个原因是人的交际能力。我们更容易被别人谦虚的态度、潇洒的风度、高雅的气质、文明的举止和睿智的谈吐所吸引。交际能力表现在经常说赞美别人的话,对别人的话题感兴趣,愿意分享信息,是个好的聆听者。说话得体,让对方感到舒服和温暖。在非言语能力方面,讲话时眼睛看着对方,声音表现出对对方的兴趣,面带笑容,坐或站的姿势让对方更容易接近。当然也有一些人在被别人吸引时,表现得忐忑不安,拽自己的衣服,摸自己的头发,或有抖腿的动作,照镜子等。这类人更注意自己的外表形象,这样的人一般都缺乏自信或害羞。

2. 社交对换理论

社会对换理论(social exchange theory)由西方学者约翰·泰本特(John Thibant)和哈罗德·凯利(Harold Kelly)(1952)创立,用来解释人们在交往时有意识地比较收获与投资的关系。人们倾向于保持收获大于投资的人际关系,社交对换理论是把人际关系的交往比做经济运作的赢利或亏损,这个公式是赢利=收获-投资。收获包括钱财、地位、爱情、信息、物品和服务,投资包括为别人办事,送礼物,做你不愿意做的事,焦虑。这个理论模式是说每个人都在与别人建立关系时尽最大限度地寻求收获,而最小限度地投资,如果收获大于投资,就是赢利,你就会对你的人际关系满意。一般来说,每个人与别人交往时都有一个比较尺度,也就是多少收获才算合适。大部分已婚夫妇期待婚后能有信任,相互尊重,保持爱情和履行责任。如果你和另外一个人生活时得到的收获更大更多,你可能就选择能让你更加满意的人际关系。比如在夫妻关系中,或采取离婚,另寻新欢。

这个理论的基础是每个人在与别人交往时都从个人利益着想,每个人的收获和投资不同,得到的多少也不同。但如果一个人的人际关系在保持和发展中,说明这一公式是平衡的,至少是收获略大于平衡。有时有些人的收获低于投资,还仍然保持着人际关系,这主要是因为他们没有别的选择,他们也就只好忍受着不满意和不幸福的人际关系。

易中天教授在《闲话中国人》里写道,中国人维系人际关系的法则是"回报"。中国重视报恩,而且是"滴水之恩,当涌泉相报"。中国人的人情观是你敬我一尺,我敬你一丈,我投之以桃,你报之以李。用此规则往返相报加深感情,巩固友谊。所以,中国的人情交换不一定是对等的,也不是像西方那样契约式的,每个人都有一本人情账,礼尚往来,来而不往非礼也。回报的方式多种多样,从物质到感情,连易中天也认为"在人情关系中,一方施送,另一方领受并回报,倒像是做买卖,上回你帮了我的忙,这回我又帮了你的忙,看起来好像已经'两清',然而人情却还在。下回我找你,你还得帮忙。这样送来还去,还来还去,就永远还不清,既然还不清,两个人就只好互相依附了,因为他们永远都欠着对方"(2000,p.127)。

美国亚裔学者June Ock Yum(1987)把亚洲人的这种人际关系交往的特点归为受儒家文化的影响。儒家文化的人际关系是互补的、互报的和负有责任感的。人际间的关系,总是以欠着对方来维系的,所以个人也算不清自己投资了多少,收获了多少。在韩国的文化里有一个概念叫"Uye-ri",类似中国的"人情",就是回报和依附的意思。"Uye-ri"不是马上把人情债还清,也不必作任何承诺,双方都有一本账或是默契。有时甚至一笔人情债要到下一代才还。"Uye-ri"的价值观是不把个人利益和物质利益作为人际交往的准则,交换的目的是为了维护人的尊严和情感。所以在东方国家里,"AA"制是个从西方学来的新生事物。东方人吃饭是一个人给大家付钱,以后其他人再轮着付钱,或是"吃大户"(谁富有谁付账)。在西方,"go Dutch"(AA制)是被普遍接受的现象。

3. 人际交往辩证关系理论

人际交往辩证关系(relationships of dialectics)理论由莱丝利·鲍卡特(Leslie Boxter,1993,1996)和她的同事们创立并作了大量的研究。根据这个理论,人们在人际交往中会经历两极对立的动机和愿望。这种两极对立造成了三种不同的辩证关系。

第一,与某人关系密切和暴露自己的辩证关系。我们每个人都有倾诉的需要,向谁倾诉得多,与谁的关系就会更密切。但有些话题是我们的隐私,只能跟极少数人说,或者跟谁都不说。同时我们也不愿让别人完全了解自己,把自己完全暴露给别人。完全的暴露是不可能的。跟谁说,说多少,是有分寸的。比如在家庭成员中,谈性的问题是忌讳的,跟领导谈自己的私生活是不合适的。我们要学会尊重别人的隐私,因为每个人都有这个需要。

第二，保持新鲜感和预料之中的辩证关系。在人际交往中，我们经常希望对方能带来新意，新的惊喜，新的发现和希望。同时我们也期待对方的行为举止不陌生，有规律可循。熟悉的、日常的、可预测的东西给我们带来安全感，使我们对事物更有控制能力，如情人节时收到爱人的鲜花，晋级后收到家人和朋友的祝贺。但千篇一律的事情，总是按同一模式发生，也会让人产生"审美疲劳"。偶尔有些出乎意外，会使人际关系更添色彩，如给好朋友开一个惊喜的生日 party，给太太在结婚纪念日买一个钻石戒指等，都能使人际关系保持新鲜感。

第三，自我空间和与他人联系的辩证关系。人是社会动物，总是愿意与别人交往，在一起交流情感、分享信息，需要别人的理解、同情、宽容。但另一方面，我们又希望能保持独立，有自己的空间，就是与最亲近的人也要保持一定距离，例如，有时朋友来访，小住几天还可以，但时间长了，就会感到不方便。回家探亲时，头几天很高兴，久了就想着回到完全属于自己的空间。夫妻间老在一起也会产生"距离疲劳"。小别一段时间后，再团聚就会更亲热。用于丹教授的话说，"距离和独立是一种对人格的尊重"（2006，p.41）。

三、中国人的人际交往原则

中国古代思想中有许多人际交往的至理名言，形成了一整套为人处事的原则，这些原则包括"仁爱"、"中庸"、"慈悲"、"诚信"、"宽容"、"礼让"中国人人际交往的第一原则是仁爱。在《论语》中孔子的弟子樊迟问老师什么是"仁"，孔子回答"爱人"（《论语·颜渊》）。仁爱是人际关系的基础，这里的爱不是性爱和情爱，而是一种博大深远的爱，毫无私心杂念的爱。这种爱体现为对他人的尊重、同情、帮助，是一种人道主义。抗日战争时期白求恩大夫不远万里来到中国救死扶伤，并殉职在岗位上，就是一种仁爱精神和人道主义的体现。儒家的仁爱是由己推人，由内而外，由近及远的，所以提倡"己所不欲，勿施于人"（《论语·颜渊》）；"己欲立而立人，己欲达而达人"（《论语·雍也》）。墨子提出"兼爱"的概念，即人与人之间互相授予仁爱，才能互为得利，故曰"夫爱人者，人必从而爱之；利人者，人必从而利之；恶人者人必从而恶之；害人者，人必从而害之"（《墨子·兼爱中》）。用俗话说就是善有善报，恶有恶报。孔子把抽象的仁爱观念与具体的人际交往的品质联系起来，指出"恭、宽、信、敏、惠"为与人交往的标准，才能自己受益，即"恭则不侮，宽则得众，信则人任焉，敏则有功，惠则足以使人"（《论语·阳货》）。

中国人人际交往的第二条原则是中庸和谐，孔子讲"过犹不及"（《论语·先进》）。中庸之道是君子之道。但中庸并不是不讲原则，因为"君子和而不同，小人同而不和"（《论语·子路》）。中庸主要是为了避免偏激行为，使人际关系保持和谐状态，所以中庸是人伦之道，君子之德。孔子认为"礼之用，和为贵"（《论语·学而》）。和谐是平衡人际关系的目的和手段。刘向在《说苑·敬慎》里说,"父子不和,其世破之;兄弟不和,不能久同;夫妻不和,室家大凶。"所以和谐是根本,家和万事兴就是这个道理。

中国人在人际交往中的第三条原则是谦恭。如"君子敬而无失,与人恭而有礼。四海之内,皆兄弟也"(《论语·颜渊》),"满招损,谦受益"(《尚书·大禹谟》),都是中国有名的古训。谦恭是个人修养的美德,也是为人处世的道德标准。对己谦,对人敬,尊人卑己,自厚宽人,就能与别人相处得好,就能广交朋友,我敬人,人自然敬我,我尊人,人也自然尊我,互相恭敬,人际关系就不会出问题。

中国人人际交往的第四条原则是面子。面子可分为"脸面"和"面子功夫"。脸面是群体和社会给予一个人的荣誉、尊敬和声望(Cheng,1986;Hu,1944)。脸面是一个人的公共形象,属于道德范畴。所以要是某人做了不道德的事,人们会说"丢脸","不要脸","没脸见人"。而"面子功夫"是一种印象装饰行为(Goffman,1967)。把"面子功夫"比作戏剧行为,是指某人刻意地在别人面前修饰自己的言行举止,以达到给别人留下特定印象的目的。明恩溥(Arthur Smith)在他的《中国人的素质》一书的第一章就命题为"面子要紧"。根据他的观察,"中国人作为一个种族,有一种强烈的戏剧本能"(2001,p.7)。他还说,"面子就是一把钥匙,可以打开中国人许多重要素质这把锁"(p.8)。确实,中国人在人际交往中不能"伤(对方的)面子",要给足对方面子,让对方"丢面子"会导致对方的羞辱感,由此产生不满,甚至憎恨。

面子是调整中国人人际关系的润滑剂,是中国人情往来的潜规则。中国人的人情债是靠互相给面子维系下来的。中国人调节矛盾不是以公平为原则,而是靠给面子。通过互相给面子,人们保持着老朋友的关系,又能交新朋友。用黄国光和胡先缙(2005)的观点,面子与权力也是紧密相连的。谁的面子大,谁的话语权就大。总之,"爱面子"是中国人内在人格的重要特征之一。

四、人际关系发展阶段

人际关系的发展是多变的和多样的,没有一个固定模式,大体上西方学者们归纳了四个阶段。

1. 初级阶段

人是社会动物,需要交际,如果长时间不与别人接触,就会产生孤独、郁闷、忧郁症等现象。许多老人退休后没有了单位,行动又不便,与别人来往减少,就会出现这些问题,严重影响他们的身心健康。我们有许多要想与别人交流的理由,你可以想想你自己的理由,大多数人的理由可能是消除寂寞,增长知识,分享快乐和忧愁。

人生活在社会里,需要不断地在情感上和智力上得到刺激,与别人交流欢乐和痛苦,得到别人的关爱。在智力上和精神上人们可能在一起讨论政治观点、探讨哲学、宗教、艺术等问题,分享自己的领悟和感受,使自己的大脑不断得到刺激。这种智力上的交流使我们能排除寂寞,保持向上的动力和年轻的心。我有一个美国朋友,年龄已近70,但坚持学中文多年,他并不和中国人做生意,也不打算迁居中国,他学中文的目的就是为了刺激大脑,有一个与别人交流的机会,同时也解除孤寡老人的寂寞。

　　与别人交往是学习知识的好机会,我们生活中的许多教训、信息、知识、感悟经常是在与别人交往中获得的,聪明人的聪明之处就是听取别人的生活经验。更重要的是在与别人的交往中我们也能发现自己。当我们在生活中遇到好运或者烦恼,我们倾向于找个人"话聊"。俗话说,一个快乐两个人分享,就成了两个快乐。一个忧愁,两个人分享就成了半个忧愁。尤其是亲人、朋友、爱人,是我们分享快乐和痛苦的对象,是生活中的"心理医生"。

　　一般来说,人际关系发展的初级阶段是最关键的,因为你要确定合适的人选,看他是否符合你期待的条件。这些条件包括外表的衣着、打扮、举止行为和内在的能力、智力、才干、幽默感等。内在的条件要通过交流才能了解到,然后你要确定是否还想和这些人继续来往。如果这个人对你有吸引力,无论是作为一般朋友,还是男女朋友,你会表现出愿意来往的行为,如给对方更多的眼神和笑容,身体靠近一些以表示对对方感兴趣。在语言交流时开始介绍自己并问使对方感到舒服和有兴趣回答的问题,由此来多了解对方,多赞扬对方的长处,表示你对对方的喜欢。尽量不要把自己不满意不愉快的心事或经历在初次交谈时就暴露给对方,尽可能找有共同兴趣的话题,但不要表现得太亲密。美国人初次交谈时,总要先问对方是做什么的,然后可能谈一些天气、体育和电视电影之类的话题。中国人初次接触更倾向于问对方是哪个省来的,哪一届毕业的,家里有什么人,如果发现两人是同一个地方来的,很快就会亲热起来,有时还会发现两人共同认识的另一个人,都去过同一个地方,这些都是拉近关系的因素。

2. 保持关系

　　人们之间建立了一种关系以后,有些人以为大功告成,成为朋友了就永远是朋友,成为夫妻了就永远是夫妻,也不去做"保养"和"维修"的工作。而有些人就会精心地维护建立起来的某种关系,发现问题及时解决,平时不断给人际关系"加油"、"上肥"。

　　一般情况下,大多数人要保持一种或几种关系,比如夫妻关系或朋友关系。在夫妻关系上,如果双方都感到满意,婚姻就会继续保持下去。但有时也有其他因素,如怕影响孩子,离异后成为单身的孤独,还有经济上的损失也会使婚姻保持下去。但最大的原因大概是惯性。人们进入一种关系状态以后(除非有特别事情发生),人们一般不会想到改变,或觉得改变带来的麻烦太多。

那么要想维系一种良好的人际关系,都需要哪些沟通技巧呢?西方学者们提出以下建议(Ayres,1983;Canary and Stafford,1994;Canary,Stafford,Hause and Wallace,1993;Dindia and Baxter,1987;Guerrero,Eloy and Wabnik,1993):

① 积极社交行为——积极社交行为包括彬彬有礼,态度乐观,友善,谦让,不要生硬地批评对方。积极社交行为还包括在一起计划未来,比如一起买房子、一起投资等。

② 礼仪行为——包括给对方祝贺生日,纪念结婚周年,在一起谈论过去愉快的经历,去共同喜欢的饭店用餐等。

③ 沟通行为——经常打电话或面谈问候对方,真诚地交流感情。如果有矛盾发生,做出建设性,而不是破坏性的反应。即使在对方采取破坏性方式的情况下,也坚持与对方沟通。

④ 在一起活动——花时间在一起,比如去探望共同的朋友,一起去购物,看电影,共同完成一个项目等。经常在一起做事,会加深连接两人的纽带。

⑤ 保证行为——经常让对方感觉你很在乎你们的关系,你爱对方,珍惜对方,这些表现可以是言语的也可以是非言语的。

另外,学者们还发现,开诚布公地交谈,幽默话语交谈,向对方表现亲昵的行为都可以成为维护人际关系,尤其是夫妻关系的因素。

3. 人际关系的恶化

不是所有的人际关系都是良性发展的。有些朋友关系、夫妻关系发展到一定阶段就会破裂,破裂的形式可能是"猝死",也可能是"慢性消亡"。在夫妻关系里,如果发生一方不忠,有外遇,另一方可能果断地提出离婚,婚姻关系马上就结束了。如果两人经常吵架,越发发现不能容忍对方,或在一起没有任何吸引力,感情枯燥,生活无趣,经过一段痛苦的思考和折磨后,最后提出分手。其实分手也并不见得是坏事,两人都变成独立的人,摆脱了痛苦,也有机会再重新寻找伴侣,开始新的生活。

人际关系恶化的原因,首先会有些迹象,比如开始觉得对方没意思,做事小气,背后讲别人坏话,或是被出卖,就开始远离对方。夫妻间觉得对方没有吸引力,从生理上接触减少,心理上也就慢慢产生了隔阂。无论是朋友还是夫妻,有时关系恶化的原因是因为自己对关系的投入大于收获,并长期得不到物质上、情感上和精神上的回报。有些人对人际关系有一定的期待,比如相同的态度、价值观、信仰等,一旦发现对方在这些方面与自己不一样就开始疏远。有时关系的恶化会因为是嫉妒,想控制对方。对对方不敬,也会引起关系的恶化。夫妻间长期感到不幸福,性生活不和谐,一方出轨都会导致关系的破裂。

夫妻间也常常会因为经济问题吵架,夫妻间婚前可能很少谈钱的问题,但婚后钱经常是关系破裂的主要原因,一对夫妇结婚50多年,前40年都是在吵架中度过的,吵架的主要原因是家里钱的问题,丈夫的收入供养他自己在农村的父母和兄弟,妻子一人的工资养他们一家六口。经济的拮据,心理的不平衡,使争吵成为不可避免的事。

关系恶化的表现形式主要有几点:一是减少或避免肢体语言的接触,比如不正眼看对方,不给对方笑容,身体距离与对方拉远等。二是减少或避免言语沟通,曾经是无话不谈的好朋友,不再交谈了,肺腑之言听不到了,互相不再向对方袒露自己的秘密,甚至怀疑向对方说多了会被对方抓住把柄,对自己不利。互相批评多了,表扬少了。三是夫妻或情人之间开始互相欺骗。这种沟通行为会造成关系紧张,矛盾和冲突,有时甚至会引起打斗和家庭暴力。

4. 人际关系的修补

英文的"修补"(Repair)由六个字母组成,这六个字母每一个都代表人际关系修补的一个步骤:

R(承认):recognition,也就是双方首先要承认有问题存在。
E(约定):engagement,双方要共同寻找一个解决问题的积极方式。
P(方案):proposal,即一方提出解决问题的方案并得到双方的同意。
A(肯定):affirmation,一方肯定对方,关心对方并以积极的态度处理矛盾。
I(落实):integration,把解决问题的方案落实在行动上,使双方达到和解。
R(风险):risk,也就是说双方在做修补努力的过程中都承担一些风险,有时对方不见得接受你的努力,你必须先不怕丢面子,采取主动态度。而有时即使你尽了最大的努力也不能保证能修补已经破裂了的关系。当你尽力了还不能使对方感动,这样的人际关系就可以放弃了。

五、人际关系中的冲突和处理方法

在人际关系的发展过程中,冲突是不可能避免的。中国的传统观念在处理冲突的态度上是"不争"。遇到冲突不偏不倚是美德,"以和为贵"已成为许多中国人处理冲突的准则。"文革"期间,强调的是"与天斗,与地斗,与人斗"。所谓"与人斗",就是在"以阶级斗争为纲"的前提下,六亲不认,亲人之间也可能是敌我矛盾。于是,有些子女揭发父母;夫妻出卖对方;学生批斗老师;朋友反目成仇。因为被确认为敌我矛盾,解决的方法就不能像人民内部矛盾那样和风细雨。这种认识矛盾和解决矛盾的方法给中国人的人际关系带来了很大的负面影响。

什么是冲突?"冲突是两个有相互关系的人或群体在目的、价值观、期待、过程和结果上真正的或主观认为的互不兼容"(Martin and Nakayama,2006,p.404)。冲突就是人际关系的双方有不同的目的、利益和手段而不能达成协议。人际关系中冲突的产生可能有以下几个原因。

1. 造成冲突的原因

如果一个人想做的事没有做成，他会自然地去寻找原因，他可能把原因归咎于坏运气、客观原因、竞争太厉害，也可能归为是某个人出于嫉妒，成心破坏。如果原因是后者，而这种判断并不正确，这种心理就很容易造成与他人的冲突（Baron，1990）。

有时冲突是由于我们控制不住情绪造成的。如果你觉得某人对你不公或不恭，比如说话办事伤害了你，你可能会气愤、发脾气、情绪化，这样会加剧矛盾。

冲突的原因也可能是由于你认为你自己是对的、理智的、客观的，而对方的观点是有偏见的、情绪化的、主观的。你对对方的认识是从你个人的角度去分析，而不能换位思维，这种方式常常会使矛盾激化。

沟通中的误解也是造成冲突的原因。有时你在讲话时不经意地伤害或激怒了对方。对方不依不饶，用激烈的话语批评你，攻击你。你认为对方的批评不公平，攻击怀有恶意。你很生气，开始反击。这样的恶性循环很伤和气。

最后一点，产生冲突有时也和个人的性格有关。有些人性格上喜欢竞争，总想赢，坚持己见，容易因意见不同而被激怒，这样的人很容易与别人产生冲突。相反，性格温和、谦让、宽容的人就会减少与别人的矛盾。

2. 建设性冲突和破坏性冲突

冲突可以是建设性的，也可以是破坏性的。遇见冲突，我们是用建设性的态度还是用破坏性的态度来解决，关系到沟通的效果和人际关系的健康。

建设性冲突的特点：承认有冲突是正常的，冲突是人际关系发展的必要过程。通过直接地处理冲突达到和解是健康的。如果矛盾处理得好，会使双方解除误会，减少精神压力，使人际关系更加巩固。

破坏性冲突的特点：认为冲突对人际关系只能起干扰和破坏作用。用直接的方式处理冲突是无效果，而且是有害的。处理冲突的结果必须有输赢。冲突的产生和激化使我们更多地暴露我们的缺点。确实，如果有冲突的双方都很强势，或回避，或指控污蔑对方，这样的冲突只能是破坏性的。

3. 对冲突的处理方法

每个人对冲突的处理方式不同，但归结起来大概有五种方式（Martin and Nakayama，2006）。

第一种方式是强权型的。用这种方法处理冲突的人,首先考虑自己的利益和权威,并坚持自己一定要赢才行。这种人一般沟通方式也比较激烈,用比较大的声音和强硬的话语。

第二种方式是合作型的。用这种方式处理矛盾的人首先考虑的是双方的利益,并尽可能寻找双方都能够接受的语言沟通协商。使用这种方式大多数情况下能达到双赢的效果。但要想达到这种效果,对方必须合作才行,双方要互相尊重对方的情感,愿意聆听解释,愿意从对方的角度看问题,论事不论人。

第三种方式是妥协型的。用这种方式处理冲突的人对双方的利益有部分的考虑,但解决的办法是双方都要放弃一些自己的利益,这样才能使双方都能接受达成的协议。这种方式能暂时缓解矛盾,但从长远来讲,并不是像合作型那样达到最佳效果。

第四种方式是退让型的。也就是一方把分歧的方面抛开,仅仅强调共同点,目的是为了让对方满意。这种方式适合于把某种关系比事件本身看得更重的人,经常是权力地位低下的人屈尊于权力大的人。这样的方式表面上达到和解,但冲突的实质并没有解决,可能会有隐藏的后患。

最后一种方式是回避型的。这种方式对双方的利益都不去考虑,而采取回避、否认的态度。在有些情况下,这种方式可能是有效的,因为直接地面对和处理冲突会使双方都很痛苦,他们想让时间来疗伤。还有一种可能性是一方根本不在乎某种关系的存在,索性不做任何处理。

4. 处理冲突的沟通技能

一般来说,如果冲突很激烈,或已达到不可调和的余地,是不可能一下子就解决得了的,但有些方法还是可以试一试。

(1) 学会控制情绪

矛盾冲突的最先预兆是生气、沮丧、悲伤。生气的时候,我们身体的肾上腺素比平常增加20%,静脉血管扩张,大脑思维停顿,脑供血不足。如果不能自我控制,很可能导致武力。那么怎样才能控制情绪使自己不采取非理智的行为呢?

首先,找一个双方都同意的时间和地点讨论冲突的原因。在火头上或气头上,不要多说话,不要做任何决定,给自己点时间冷静下来,然后再认真想想面谈时应该怎么说,如果这样说结果会是怎样。为能确保效果,最好是把自己的想法写下来,然后找个好朋友先说说自己的想法和打算,让别人帮助自己分析一下,这样说是否合适。在向冲突的另一方表达不同意见时,要尽量对自己的非言语行为有意识地调节和控制,比如,口气要平静,面部表情要冷静,表示出诚意,眼睛要看着对方,也要认真听取对方的意见,不要攻击对方,不要辱骂或用激烈的词语故意伤害对方。要考虑到对方的面子,如果你攻击对方,对方也会反击,就会使矛盾更加激化。还有一个控制情绪的办法就是自我对话,在预感到自己发脾气之前,先深呼吸从1数到10,然后告诉自己,先不要说话,因为这时候说出来的话,只能加剧矛盾。

(2) 有效地沟通信息

如果你开车出门,闸坏了,刹不住车,险些出车祸,回家后,你可能向丈夫发牢骚说:"你说过修车,就是不修。你说过的事,总是不做。今天我差点出了车祸,我出了事你就高兴了。"丈夫听了这话肯定也有情绪,认为你言过其实,而且对他很不公平。如果换一个方式,你可以用叙事的方法把事情说出来,"年初,这车开始有毛病,你说要修,但没有修。这次又出了问题,如果我真出了车祸,你是不是会很后悔,我们应该尽快把车修好。"这种叙事和描述的方法,就会使对方心服口服,认识到问题的严重性和自己的责任,避免一场不愉快的口角。

在第四章提到要用"我语"来描述事情,避免使用"你语"所带来的指控性语言,解决矛盾时要认真聆听对方的想法、建议,并理解对方,达到共识。如果你有不明白、不理解的方面,提出问题,不要凭主观意识猜疑和判断。

(3) 搞清双方的目的

我们有冲突经常是因为我们的目的不一样。

你父母让你当医生;你想当个作家。

你女朋友要你天天陪她;你要为考研究生做准备,没有时间陪她。

放假了,你的同学让你和他们一起去旅游;可你计划要回家探望父母。

怎样平衡这些不同目的是保持人际关系的重要方面。你首先要弄清什么是重要的,认清楚对方的目的,把你的打算和对方沟通清楚,讲清你的理由,同时也看看能否找出一个双方的目的都能达到的解决方法。比如,你很想学跳舞,可你丈夫不愿意,你怎么劝他也不同意。你跳舞的目的是为了锻炼身体,可他一周打两次乒乓球,不需要再锻炼身体。跳舞不是他的强项,他怕跳不好丢面子。于是你就跟他讲,跳舞是能使你们两人共同在一起的活动,能增进感情,陶冶情操。反复讲这一条对两个人都有利的目的,你丈夫最终可能就会同意了。

(4) 把矛盾的根源和问题搞清楚

在解决矛盾之前,一定先要把问题的性质搞清楚,然后根据问题的性质,找出几个解决问题的方法,征求对方的意见,看这样解决是否也满足了对方的目的,找出最佳的解决方案。比如你和你的同事在对雇用新人的条件上有分歧。你们的目的是一致的,只是彼此的学术背景不一样,看问题的角度不一样。经沟通整合,探讨了你们分歧的原因,又根据单位的需要重新考虑你们的条件,最终达成共识。

六、人际关系的范围

人际关系可以有多种关系:同事、朋友、亲属、同学、战友、上下级。这里仅讨论友谊关系和家庭关系。

1. 朋友关系

亚里士多德认为"友谊是一种美德"。他认为友谊是生活中不可缺少的部分,在我们年轻时朋友给我们指清方向,待我们老了,与我们分享经历。朋友之间要有共同的价值观,朋友要有礼尚往来(Ethics,p.253)。于丹教授在《论语·心得》里说过,"选择一个朋友,就是选择一种生活方式……而交到好朋友,等于给自己打开了一个最友善的世界,能够让自己的人生具有光彩"(2006,p.82)。王蒙则认为"友谊和空气、阳光一样重要,一样须臾难离,并且是比一切物质条件更重要的东西"(2006,p.143)。

交朋友有各种标准。孔子的标准是:"益者三友,损者三友。友直、友谅、友多闻,益矣;友便辟,友善柔,友便佞,损矣"(《论语·季氏》)。我们都愿意与真诚、诚实和闻多识广的人交朋友,但朋友中也有些人喜欢阿谀奉承,两面三刀,巧言令色,夸夸其谈,与友直、友谅,友多闻正好相反。交朋友有各种形式。庄子认为"君子之交淡如水,小人之交甘若醴。君子淡以亲,小人甘以绝"(《庄子·山木》)。鲁迅则感叹"一生得一知己足矣"。周国平认为,"一切好的友谊都是自然而然形成的,不是刻意求得的";"再好的朋友也应该有距离,太热闹的朋友往往是空洞无物的"(2005,pp.261-262)。

根据斯沃特(Stewart)和班耐特(Bennett)的观察,美国人交的朋友,大部分是比较一般的朋友关系,很少建立非常深的友谊。他们选朋友的标准是吸引力,热情的性格,真诚和自然的人品。美国人把朋友关系和工作关系分开。相比较,亚洲人,如中国人和日本人的友谊关系更注重责任,最好的朋友常常是大学或中学的同学,朋友间互相依赖,为终生朋友。美国人的朋友概念很模糊,朋友可以是刚刚认识的一个人,也可以是终生好友。朋友们在一起主要是从事活动。美国人有不同的朋友圈子,在一起的社交的朋友和在一起工作的朋友是两拨人,甚至在一起玩的朋友也分滑雪的朋友、打球的朋友、桥牌俱乐部的朋友。

美国人对朋友的依赖性不强。如果他们有心理上或感情上的问题需要帮助,他们一般都去找心理专家去说,而专家们可能会告诉他们去广交朋友,接触更多的人,交朋友主要是为了自己的心理健康。法国人和俄国人交朋友是希望对方能成为终生的朋友。他们对朋友是全方位的接受,而不仅是只有共同的兴趣。他们对朋友有责任感和义务感,而这一点美国人却没有。根据美国学者的调查,信任、情感支持和分享兴趣在西方是保持友谊的三个最主要因素(Blieszner and Adams,1992)。中国人非常重视友谊关系。中国人常说"在家靠父母,出门靠朋友"、"一个篱笆三个桩,一个好汉三个帮"。中国人的朋友来源大多是同学、同乡、同事。中国人友谊的一大特点是一定要有朋友"圈子"。对朋友讲义气,为朋友两肋插刀都是中国人交友的价值观。

尽管不同文化之间在交友上有差异,但朋友之间的关系总的说来还是互相依赖的关系,满足以下几个或其中的一个需要(Wright,1984)。

A. 功利需要:朋友有特殊才能和技能,对你有用。
B. 肯定需要:朋友对你的价值观予以肯定。
C. 维护自尊的需要:朋友帮助你找到你的价值和能力。
D. 刺激需要:朋友给你带来新的观点、视野和知识。
E. 安全感的需要:朋友不会伤害你或总是提醒你的缺点。

瑞斯曼(Reisman,1979)总结了朋友的三种类型:第一种是互补型。这种友谊以忠诚为特征,为朋友自我牺牲,慷慨大方,互相倾诉内心世界。这种友谊是平等的,两人都在这个友谊关系中受益。第二种类型是:给予接受型。甲方给予乙方的多,乙方多数情况下是受益的,但甲方并不为此而感到不平衡,反而认可,愿意做出牺牲。这种关系有时会是师生关系、师徒关系、姐妹关系、情侣关系。第三种类型的朋友是一般朋友,如邻居、室友、同事、同学,这种朋友关系以友好尊敬为特征,朋友之间没有忠诚、责任、互相接受和给予的需要。

男女在友谊关系上表现也不同,女性交友比男性更多地袒露自己,表示更多的情感成分,显得更亲近;而男性在一起主要是从事活动。女性比男性在交友上更注重相互支持,更有人情味一些。

利莲·若本(Lillian Rubin,1985)把朋友分为两类:一类是交心朋友(friends of the heart)。这类朋友和我们是神交,心永远是相通的,不管朋友搬到哪里,走了多远,都保持着联系,即使有时因某种原因不联系,也各自在对方的心里。另一类朋友是过路朋友(friends of the road)。这类朋友是在我们人生的不同阶段,或在某种环境下结交的朋友。大家在一起快快活活,互相帮助。一旦分开了就不再保持联系。真正的朋友要互相多交流,要平等、友爱、宽容和谅解,给对方自由和空间。如果友谊只是为了乐趣和相互利用,这种友谊不会持久。

2. 家庭关系

(1) 对家庭的论述和研究

何天爵(Chester Holcombe)在他的《中国人本色》一书中写道,"中国人是敏锐小心的商人,是耐心、忠诚、勤劳的劳力。但是最重要的是,他们是一个爱家的民族"(2006,p.59)。林语堂在《中国人》(原译《吾国吾民》)一书中,把中国的家庭关系分析得淋漓尽致。他认为传统的五伦,君臣、父子、夫妻、兄弟、朋友中有三项都与家庭有关。确实,中国传统观念里有许多与家庭有关的价值观,三纲五常中的三纲(以父为纲,以夫为纲,以子为纲)也都是直接与家庭有关。《左传》里陈述一个好的家庭关系是:"父慈而教,子孝而婉,礼之善物也"(《左传·昭公二十六年》)。一家人互敬互爱,摆正自己的位置,是家庭和睦的关键。在孔子眼里,家庭关系里一个最重要的价值观是"孝",孝就是对父母要赡养、感恩、敬待,不要让父母为自己担心,不要离父母太远。下面是几则孔子论"孝"的语录:

"君子务本,本立而道生。孝悌也者,其为人之本与?"(《论语·学而》)。(孝悌是做人的准则)

"子夏问孝,子曰,色难"(《论语·为政》)。(对父母和颜悦色,虽然很难做到)

"父母在,不远游"(《论语·里仁》)。(父母健在,不出远门)

"今之孝者,是谓能养。犬马亦有养,不敬,何以别乎?"(《论语·为政》)。(对父母要有敬爱之心,不能仅像饲养狗和马那样)

对孔子来说,家庭是社会的最小单位,把家庭里的关系摆好了,社会上的关系也就摆好了。家庭的教育是社会道德教育的基础。在家庭中,一个人要尊老爱幼,互让互助。只有"修身齐家"才能"治国平天下"。《孝经》是五经之一,记载了无数个孝道的故事。"孝"文化是中国的特产,是中国式的道德标准。

在中国,从家庭延伸出来的裙带关系,也是进行徇私舞弊,贪污受贿,人治取代法治观念的重要原因。林语堂先生在《中国人》一书中,对中国的家庭制度提出了尖锐的批评,认为中国社会中的所有问题,面子、人情、特权、官吏的腐败都源自于家庭关系。中国人的家庭观念使中国人缺乏社会头脑,使青年人失去了独创精神,给中国人的性格带来了灾难性的影响。

许烺光(Francis L. K. Hsu)1953年出版的《美国人与中国人:两种生活方式的比较》(*Americans and Chinese: Passage to Differences*)一书中分析了传统中国家庭和美国家庭的区别,指出中国孩子成长的环境与美国孩子的不同。中国孩子大多数是在围墙内的院子里长大的(指旧中国)和兄弟或姐妹住在一起,所以中国孩子没有"个人空间"的概念。美国孩子从小有自己的房间,独立性很强。中国的父母认为孩子归他们所有,对孩子有控制权力,比如为孩子安排他们的活动,干涉他们与什么人交往,帮助他们考试、升学、择职、选配偶。美国的父母尊重孩子的隐私和他们的选择。易中天教授认为中国家庭的特点是"公私不分,内外有别",在中国尊长抑幼现象仍随处可见(2000,p.197)。中国的家庭把伦理道德放在第一位,也就是家教。说某人没有家教是这人在做人方面出了问题。说某人在做人方面出了问题的原因也多半是因为没有家教。

在中国的文学里,孝道为美德,有许多孝子的故事,教导孩子们模仿;在美国,更多的书籍是关于怎样认识和理解孩子的心理和行为。在中国,父母要求孩子对父母要绝对服从;在美国,父母和孩子是平等的。在中国,父母期待孩子表现得像个大人;在美国,如果孩子的行为像大人,他们可能会被送到心理医生那里。美国人谈到家庭仅包括父母和孩子,而中国的家庭要包括祖父母、外祖父母和其他亲属。所以在一个中国孩子的成长过程中,要和许多亲属关系打交道。中国人家里的直系亲属,如舅舅、姑姑等对孩子也负有责任和权力,这在美国是很少见的。

以上这些家庭特征,自从中国实行独生子女的计划生育政策和随着社会的都市化、现代化及受西方的影响,都有所变化。传统的家庭观念受到很大的冲击。在 Godwin Chu 和 Yanan Ju 1993 年发表的《毁坏了的长城》(*The Great Wall in Ruins*)一书中,两位学者对自改革开放以来的中国社会观念和实践做了定量调查。结果表明,虽然现在许多孩子成人后,不再和父母住在一起,可家庭成员之间的交流还是很频繁的。在许多家庭里,已经不是父母说了算。在婚姻、工作等选择上,孩子们都自己做决定。他们比他们的上一代有更多的自主权。

美国太平洋大学 Qingwen Dong 教授对中国的家庭结构与孩子的消费行为做过调查(2002)。他把中国家庭分为两类:社会型家庭和概念型家庭。社会型家庭强调孩子对父母权威的尊重,压抑或避免有争议的交流。概念型的家庭鼓励孩子公开表达他们的想法,家庭成员参与对消费决定的讨论并互相提出质疑。经过问卷调查,他发现社会型家庭给予孩子的是中国传统文化的教育,但这种教育方法并不影响他们的消费行为。在概念型家庭里,尤其是独生子女家庭里,孩子有更多的消费选择权和决定权。

现代社会的家庭结构多种多样。有传统的家庭结构,父母和一个或几个孩子;有父母因离婚分居或一方早逝的单亲家庭;有收养孩子的同性恋家庭;有带着孩子再婚的重组家庭。不管是什么样的家庭形式,不管中西家庭如何不同,家庭沟通对一个家庭来说都是事关重大的。美国的一项调查表明,86%有问题的家庭认为沟通是解决问题的关键(Beck and Jones,1973)。

对家庭沟通的研究可以从几个角度切入,第一个角度是社会描述,这个角度主要从社会学和人类学的方面分析家庭成员的角色、观念在家庭生活中起的作用。第二个角度是技能培养,主要通过掌握和运用沟通技巧来改善和提高家庭生活的质量。第三个角度是疗伤,主要是帮助有问题的家庭分析问题所在,并提供帮助和解决的方法。

托尔斯泰有一句名言"幸福的家庭都是一样的,不幸的家庭各有各的不幸"。一般来说,幸福的家庭在沟通上表现的形式是主动聆听,解决问题,理解和支持,这样的家庭往往互相适应,有凝聚力。沟通不好的家庭的表现形式是家庭成员之间互相责备,总是批评对方,不认真聆听对方。

(2) 沟通与家庭成员的角色

每个家庭成员都扮演一个特殊的角色,我们对父母、孩子及兄弟姐妹们的期待经常受文化传统、社会规范和媒体的影响。如果我们对其他家庭成员的期待得以兑现,我们就很平衡和满足,反之,我们就有怨言。比如,你和你的妻子/丈夫都工作,你就期待着双方都分担家务,如果一方只管工作,不顾家,另一方就会有不满。如果你在家里是老大,你的兄弟姐妹就期待你承担更多的家庭责任。

弗兹帕特里克(Fitzpatrick,1988)根据角色的不同,确认出三种婚姻形式。第一种是独立型的。独立型婚姻从传统的观念来认识男女双方在家庭的分工,夫妻双方对待家庭矛盾持一种温和的态度,他们不断调整和适应家庭不同的关系和变化。对独立型的夫妻来说,沟通能力极为重要,因为他们要经常适应和调整新的角色,如添了孩子,有了新的工作,孩子离开家等。独立型夫妻把个人的身份看得比两个人的关系更重要,双方有在一起的时间,但是不固定化,各方都花时间给自己的家庭和朋友。独立型的夫妻各方兼有男女性别共有的特征。他们把矛盾公开化,他们各自向对方有较多的坦露,包括不愉快的事情。

第二种是传统型夫妻。这类夫妻不喜欢变化和不确定的因素,他们寻求稳定,尽量躲避冲突。他们互相依赖,扮演传统的男女不同分工的角色。他们分享共同的生活哲学,把两人的生活看成一体。他们互相依赖,认为对方应该为家庭牺牲个人利益。在沟通方面,他们积极做出反应。在非言语行为上,他们经常靠拢在一起,倾诉和互相传递微笑。他们经常打断对方,帮助对方完成他们的句子。

第三种是分离型夫妻。他们在身体和情感上都有距离,他们也过着日常的生活,尽量躲避冲突。他们之间很少交流,他们的行为也遵循传统的男女在家庭的角色。分离型的夫妻住在一起,但住在一起更多是为了方便,不是为了爱。他们几乎没有生活在一起的愿望,除了一些仪式或节假日以外,分离型的夫妻都有自己的生理和心理空间。他们虽然也遵循传统的男女角色和行为区别,但他们走自己的路,把自己看成一个独立单位。

当然也有一些夫妻形式是三者都兼顾,在这三种类型里,传统型比较其他两种是满意度最大的。

以下是幸福婚姻家庭里丈夫和妻子的感觉(Lauer and Lauer,1985,in Beebe,Beebe and Redmond,p.394)。

我妻子/丈夫是我最好的朋友。我喜欢我妻子/丈夫这个人。

婚姻是长期的责任。婚姻是神圣的。我们有共同的目标。

我想让我的婚姻成功。我妻子/丈夫越来越有意思。

稳定的婚姻是社会稳定的保证。

我们一起笑。

我为我妻子/丈夫的成就感到自豪。

我们有共同的生活哲学。

我们对性生活有共同的认识。

我们对如何表达情感有共同的认识。

我向我妻子/丈夫倾吐我的内心。

我们有共同的兴趣、爱好。

我们经常交流思想。

我们很平静地讨论事情。

（3）关于吵架

很多人认为生气吵架是不成功婚姻的标志。约翰·高特曼(John Gottman)和南·休沃(Nan Silver)(2000)花了很多年研究成功婚姻和不成功婚姻的不同,结果是,吵架并不是区分两种婚姻的主要因素。所有的夫妻都吵架,决定婚姻成功与否,不是吵架而是怎样吵架。比如,他们经常使用幽默、互相道歉,保持亲密,做到这些,通常他们吵架反而会增进相互的了解和感情。夫妻吵架应避免使用伤害对方的语言和方式,这里包括个人攻击,污蔑和不尊重,自我辩护,拒绝沟通。

相反,夫妻间经常传递愉悦的信息,会使他们建立更多的理解。理解的范围包括对方的生活方式、梦想、他与别人的关系、内心的恐惧和想法。如果两人有这样的理解基础,他们偶尔的吵架和争论不会影响他们的婚姻关系。

（4）家庭里的有效沟通

A. 以表扬为主。在中国的传统观念里,夫妻间、父母与孩子之间,经常听到的是对对方的不满和批评。为了表示谦虚,一些传统男人称自己的太太为"丑妻",说自己的孩子"没出息"。在现代社会,这些观念都需要改变。家庭成员之间应该互相表扬优点,多给予鼓励,尤其是在外人面前。赞扬的话给对方面子,营造和谐的气氛,但表扬也要和期待区分开。有时牢骚是因为对对方的期待太高。没有一个人或一个家庭是完美无缺的,要多看对方的优点,多表扬。

B. 开诚布公。每个家庭都会有矛盾,中国人的传统方式是躲避矛盾,现代人的方式是把矛盾摆在桌面上。这首先要求有聆听对方,从对方的角度看问题的意愿,尤其是细心体会对方的意愿、想法、恐惧心理或压力。换位思维能使自己跳出唯我正确的观念,增加对对方的理解和同情。由此而来,交流也会平和,心会更诚,对解决问题和增进感情更有效果。

C. 培养共同的兴趣。你对你的配偶越感兴趣,越欣赏,你的配偶就越对你感兴趣、越欣赏你。对他的工作,在外面的生活,都抱有兴趣,会使双方有更多的了解。另外要发展共同的兴趣,如一起唱歌、健身、跳舞、旅游。孩子小的时候,共同的兴趣表现在培养孩子方面,等孩子大了离开家,空巢后的夫妻更要培养和发展共同的兴趣。关注别人的兴趣,也能使自己成为一个有意思有趣味的人。

　　D. 诚实和信任。诚实和信任是夫妻、家庭关系的基础,但诚实也不等于什么都相互倾吐、表白。每个人都有自己的隐私,包括最亲近的人,也不一定什么都吐露。各自也要尊重对方的隐私。比如有些人不愿意讲他过去的恋爱关系,怕讲出自己的过去会影响现在的关系,就不要再追问,有时糊涂一点是必要的。

　　E. 积极主动。主动地参与对方的生活和分享对方的生活目标,但不是打扰对方。像电视剧《中国式离婚》里妻子对丈夫的每个行踪都进行监视,最后导致丈夫受不了,提出离婚,这是一个反面的例子。精心呵护两个人的关系,如发生矛盾了,不是躲避或大吵大闹,而是认真聆听对方的想法,积极寻找解决问题的方法,并付之行动。

　　F. 调整。当你最初爱上一个人时,你可能被对方的某些内在价值观或信仰所吸引,随着时间的磨耗和生活的平庸化,你可能开始视为当然,不去想或忘记了这些最早吸引你的因素。所以,你要不断提醒自己,为什么我被他吸引了,他的最大优点是什么?是什么把我们俩拴在一起?这样就会使你们相互更能欣赏对方,如果你妻子/丈夫当初最吸引你的是她/他的乐观性格,有时你和她/他生气时,就把这一点忘了。你应该意识到这一点,并不断地提醒自己。经常重温对方的优点和吸引力会使婚姻永远保鲜。

　　G. 平等。家庭关系从结构来说是不平等的。尤其在中国,父母对孩子,哥哥姐姐对弟弟妹妹有更多的控制权力。但在现代社会里,除了保持尊老爱幼的传统美德外,还要互相平等对待,使双方都在家庭关系中受益,减少损失。平等的意识也表现在对矛盾的处理上,如果家庭成员有了矛盾,一方如果采取一定要赢,压抑另一方的方法,结果不是两败俱伤,就是一方受伤。受伤的人会有报复心理或行动,使关系进入恶性循环。如果是采取合作的态度,为了达到进一步理解的态度,双方都不会受到伤害,而是通过问题的解决从中受益。

小结

　　人际沟通是走向事业成功和生活幸福的重要渠道。人际沟通的法则是"己所不欲,勿施于人"或"己之所欲,方施于人"。这一章所讲的人际沟通主要指两个人面对面或通过其他形式的沟通,而人际沟通的两个主要部分是友谊关系和家庭关系。

　　人际沟通是有质量、有选择、有投入的个人之间的交往。人与人之间是靠相似性和互补性互相吸引的。但是,有时距离也是建立和发展人际关系的重要因素。最主要的吸引力还是一个人的交际能力。人际关系得以维系靠的是社交对换,即收获要大于投入。亚洲人的人际关系靠的是无止境的还欠人情账,用回报或者欠着对方来维持关系的发展的。

人际交往是靠辩证关系来保持平衡的。这些辩证关系包括关系密切和吐露程度的关系，新鲜感和预料之中的关系，自我空间和与别人联系的关系。掌握好每一个辩证关系的尺度需要很好的人际沟通能力。中国人人际关系的宗旨是仁爱、中庸、恭谦和面子。

人际关系有不同的发展阶段。从不认识到认识，从简单问候到深层交流都有一个发展和选择的过程。在建立了良好关系之后，沟通技巧就成了维系关系的手段。这些技巧包括积极社交行为，礼仪行为，沟通行为，在一起活动和保证行为。当人际关系恶化以后，导致的结果是破裂或修补。恶化的原因和表现多种多样。修补的过程需要双方的合作和努力，也有丢面子的风险。

冲突在人际关系发展过程中是不可避免的。冲突很大程度上是由错误或者不慎的沟通造成的。冲突有建设性的和破坏性的两种。建设性的冲突采取积极和健康的解决方法，破坏性的冲突对人际关系起伤害作用。不同的场合、背景和性格因素使人们解决冲突的方式各有不同。要处理好与别人的矛盾冲突，首先要学会控制情绪，用叙事和描述的方式而不是用批评或指责的态度沟通。多使用"我语"并且弄清对方的目的。

这一章主要讲述了友谊关系和家庭关系这两种人际关系的范围。友谊关系是人们生活中不可缺少的组成部分。友谊关系的发展程度各有不同。中西方的传统都非常重视友谊和保持友谊的基本原则。东方人的朋友关系更看重责任和相互依赖。美国人交友则看重个人的魅力，朋友之间的关系相对独立。

在家庭问题上，中国传统里讲孝道。中国人有很强的家庭观念。孩子都要听从长辈的话，不像美国孩子那样有独立性。父母和孩子之间的关系是不平等的。但是自从改革开放和实行独生子女政策以来，中国人的家庭观念有了很大的变化，尤其在城市里，孩子们有更多的自主权。在夫妻关系上有不同的类型：独立型、传统型和分离型。幸福的婚姻基于双方互相欣赏，经常交流，有共同的兴趣和爱好，并享有共同的目标，吵架时不使用攻击性语言。要使家庭沟通有效、愉悦，就要以表扬为主，抱以开诚布公的态度，建立共同的兴趣，积极主动，不断调整，平等待人。家庭是生活的港湾，有效的家庭沟通能给我们带来平静和安全的感觉，使生活更加多彩，更加有意义。

关键词

人际关系、人际沟通、非人际沟通、环境关系、选择关系、吸引力、社交对换理论、人情账、儒家文化、人际交往辩证关系理论、仁爱、中庸、恭谦、面子、人际关系发展阶段、保持关系、人际关系的恶化、人际关系的修补、冲突、建设性冲突、破坏性冲突、强权型、合作型、妥协型、退让型、回避型、叙事和描述的方法、友谊关系、家庭关系、交心朋友、过路朋友、孝道、社会型家庭、概念型家庭、独立型夫妻、传统型夫妻、分离型夫妻

讨论题

1. 在你接触的人里面,什么样的关系是环境关系?什么样的关系是选择关系?
2. 是什么因素使你对别人产生吸引力?
3. 社交对换理论在中国人的人际关系实践中是否适用?
4. 儒家文化对中国的人际关系产生哪些影响?
5. 怎样才能平衡人际交往中的辩证关系?
6. 中国人的人际交往原则都有哪些?
7. 人际关系的发展都需要哪些因素?
8. 怎样才能最有效地处理人际关系中的冲突?
9. 你在交朋友的过程中面临的最大挑战是什么?
10. 你自己的家庭是属于哪一类型的?

练习题

1. 在一张纸上,写出20个你所认识的人的名字。看看哪些人与你是环境关系,哪些人与你是选择关系,哪些人与你是有质量的交往,哪些人与你只是一般的交往?
2. 回忆你与你的男/女朋友认识的经历(如果没有,可以用好朋友替代),是什么因素使你们互相吸引的?
3. 谈一谈中国人人际交往中的"人情账"的利与弊,比较西方的AA制里蕴藏的文化观念。
4. 在你认识的人当中,选一个人(可以是同学、老师、父母、男/女朋友、好朋友),记录你们之间关系的发展过程,保持关系的沟通技巧和对关系发展中矛盾的处理。
5. 把你所有的朋友分为不同类型,你从不同类型的朋友身上得到的收获是什么?损失是什么?是什么因素使你们仍然保持关系?
6. 采访一个家庭成员,问他"家"的意义是什么?家庭成员之间一般都有什么矛盾冲突?他们吵架时互相都说些什么?他们怎么解决家庭矛盾?

参考书目

何天爵.中国人本色.张程,唐琳娜(译).北京:中国言实出版社,2006
黄光国.胡先缙.面子——中国人的权力游戏.北京:人民大学出版社,2005

孔子. 论语. 勾承益，李亚东(译注). 北京：中国书店出版社，1992
林语堂. 中国人. 沈益洪，郝志东(译). 上海：学林出版社，1994
刘向. 说苑. 王瑛，王天海(译注). 贵阳：贵州人民出版社，1992
墨子. 墨子. 吴龙辉等(译注). 北京：中国书店出版社，1992
明恩溥. 中国人的素质(*Chinese Characteristics*). 上海：学林出版社，2001
王蒙. 王蒙语录. 北京：中国青年出版社，2006
易中天. 闲话中国人. 上海：上海文艺出版社，2000
于丹. 于丹〈论语〉心得. 北京：中华书局，2006
左丘明. 左传选译. 陈世铙(译注). 成都：巴蜀书社，1990
庄子. 白话庄子. 张玉良(主编). 西安：三秦出版社，1990
周国平. 人生哲思录. 上海：上海辞书出版社，2005
Aristotle. *The Nicomachean Ethics*. Welldon J E C(Trans.). Buffalo，New York：Prometheus Books，1987
Ayres J. *Strategies to maintain relationships：Their identification and perceived usage. Communication Quarterly*，1983(31)，62～67
Baron R A. *Attributions and organizational conflict*. In Grahas and Folksv(eds.). *Attribution Theory：Applications to Achievement，Mental Health，and Interpersonal Conflict*. Hillsdale，N. J.：Erlbaum，1990
Baxter L A and Simon E P. *Relationship maintenance strategies and dialectical contradictions in personal relationships. Journal of Social and Personal Relationships*，1993(10)
Baxter L A and Montgomery B. *Relating：Dialogues and dialectics*. New York：Guilford，1996
Beck D F and Jones M A. *Progress on family problems：A nationwide study of clients' and counselors' views on family agency services*. New York：Family Service Association of America，1973
Beebe S，Beebe S and Ivy D. *Communication：Principles for a lifetime*. Boston，USA：Allyn and Bacon，2001
Beebe S，Beebe S and Redmond M. *Interpersonal communication：Relating to others*. Boston，USA：Allyn and Bacon，1996
Blieszner R and Adams R G. *Adult friendship*. Thousand Oaks，CA：Sage，1992
Canary D J and Stafford L. *Maintaining relationships through strategic and routine interaction*. In Canary D J and Stafford L(eds.). *Communication and relationship maintenance*. San Diego，CA：Academic Press，1994
Canary D J，Stafford L，Hause K S and Wallace L A. *An inductive analysis of relationship maintenance strategies：Comparisons among lovers，relatives，friends，and others. Communication Research Reports*，1993，7(10)
Cheng Chung-Ying. *The Concept of face and its confucian roots. Journal of Chinese Philosophy* 13，1986(13)，329-348
Chu Godwin and Ju Yannan. *The Great Wall in ruins：communication and cultural change in China*. New York：State University of New York Press，1993
Dindia K and Baxter L A. *Strategies for maintaining and repairing marital relationships. Journal of Social and Personal Relationships*，1987(4)

Dong Qingwen. *Chinese family consumer socialization: A study of Chinese urban adolescents' involvement in family purchasing activities*. In Lu Xing, Jia Wenshan, and Heisay (eds.) *Chinese communication studies: Contexts and comparisons*. Westport, CT: Ablex Publishing, 2002

Fitzpatrick M A. *Between husbands and wives: Communication in marriage*. Beverly Hills, CA: Sage Publications, 1988

Goffman Erving. *On face-work*. In Goffman. *Interaction ritual: Essays in face-to-face behavior*. New York: Pantheon, 1967

Gottman J and Silver N. *The seven principles for making marriage work*. Three Rivers, MI: Three Rivers Press, 2000

Guerrero L K, Eloy S V and Wabnik A I. *Linking maintenance strategies to relationship development and disengagement: A reconceptualization*. Journal of Social and Personal Relationships, 1993(10)

Hu Hsien Chin. *On the concept of Chinese face*. American Journal of Sociology, 1994(46)

Martin Judith N and Thomas K Nakayama. *Intercultural communication in context*, 4th ed., McGraw Hill, Boston, 2006

Pornpitakpan C. *The effect of personality traits and perceived cultural similarity on attraction*. Journal of International Consumer Marketing, 2003(15)

Stewart, Edward and Bennett Milton. *American cultural patterns: A cross-cultural perspective*. Yarmouth, Main: Intercultural Press, 1991

Reisman John. *Anatomy of friendship*. Lexington, MA: Lewis, 1979

Rubin. Lillian. *Just friends: The role of friendship in our lives*. New York: Harper and Row, 1985

Thibault J W and Kelley H H. *The social psychology of groups*. New York: John Wiley and Sons, 1952

Wright P H. Self-referent motivation and the intrinsic quality of friendship. *Journal of Social and Personal Relationships*, 1984(1)

Hsu L K Francis. *Americans and Chinese: Passage to differences*. Honolulu: University of Hawaii Press, 1953

Yum. June-Ock. *Koren philosophy and communication*. In Kincaid D Lawrence (ed.) *Communication theory: Eastern and western perspectives*. San Diego, California: Harcourt Brace Jovanovich Publishers, 1987. 70~85

第八章 小组沟通

民间谚语说:"三个臭皮匠,胜过诸葛亮。"指的是没有学位也没有职称的平头百姓的智慧加在一起,就超过了诸葛亮。另一句谚语说:"三人一条心,黄土变成金。"这句话没有说那三个人是臭皮匠,还是科学家,重点在于:一条心可以创造奇迹。古今中外有无数事实印证了上述谚语的准确性。人类自古以来靠群居,互相合作而得以生存,并解决衣食住行的问题,完成共同的生活目标。

"二战"结束不久,日本上空愁云惨淡,大城小镇一片废墟。曾在日本海军服役的井深大作和好友盛田昭夫与七位技术骨干创办了东京通信研究所,当时他们只有 19 万日元的资产。一年后他们将研究所改组为东京通信工业株式会社,到了 1950 年,他们历经艰辛克服了各种困难,终于生产出亚洲第一台磁带录音机……这家小小的株式会社就是后来举世闻名的索尼(SONY)公司。井深大作和盛田昭夫在企业界声名大噪。根据 Collins 和 Porras(2002)的记载,世界上许多成功的公司和企业,如摩托罗拉、迪斯尼、沃尔玛、本田、惠普都是从小组会议开始发展起来的。

我们在群组的环境里长大,在群组的环境下接受教育,在群组里工作,在群组里娱乐。传统的小组沟通是面对面的。随着科技的发展,今天我们也可以与别的小组成员通过各种媒体进行交流。我们在工作中大部分时间靠与同事们沟通、与团队的合作来完成工作任务。在对美国 750 个成功公司的调查表明,绝大多数人认为:工商管理毕业生最重要的技能不是如何统计数字,而是是否具备在团队里工作的能力(Du Bois,1992)。

一、小组的构成

"物以类聚,人以群分"。小组成员应该志同道合,有共同语言,他们的水平不宜太悬殊,成员之间的关系是互相依赖,互相影响,具有共同的任务目标。小组成员扮演不同的角色,但同时又有归属感。组员的行为受共同的规范限制,小组成员之间经常互相交流和沟通。

小组的人数最多不要超过 15 个,最少要有 3 个组员。比较理想的人数是 5～7 人。这个规模的小组有足够的人数提供不同的意见,又比较容易在确定的时间内解决问题。小组可分任务小组和社交小组,任何一类小组里都有完成任务和社交活动的内容。

小组成员是为了一个共同的任务目标走到一起的,因此要靠互相依赖,互相帮助,互相支持来实现共同的目标。同时,小组成员也靠建立友谊和情感的交流达到社交方面的满足。小组成员的归属感来自于小组成员之间共享有的特点和自我认同。

威廉·苏兹(William Shutz,1966)认为一般人加入小组有三个原动力。第一个原动力是被别人接受的愿望,这是人类的基本需要,每个人都需要与其他人有联系并被别人认可。第二个原动力是控制自己和别人的愿望。每个人都有掌握自己命运的需要,但同时又能对他人产生影响力。第三个原动力是表达感情的需要。人是有感情的动物。因为有感情,我们与别人建立友谊,对别人表示关心和信任,也得到别人的关心和信任。人类的这三种基本愿望都可以在小组沟通或小组活动时得到满足。

二、小组沟通的特点

小组沟通跟人际沟通的不同不仅表现在人数上,还表现在沟通形式和沟通目的上。下面介绍小组沟通的几个特点。

1. 相互依赖和共同活动

如果一群人在一起说话,他们并不构成小组。如果他们仅是仰慕小组其他成员的成就,他们也不构成小组。构成小组的条件是,小组成员一定要互相依赖,并参与共同的活动。比如班级活动,公司的董事会,家庭在饭桌上讨论事情,做决定,解决问题,这都算成是小组。

2. 经常交流和沟通

小组成员之间必须经常交流和沟通。除了正常的交流以外,小组里每加入一个成员,组员之间的交流就成倍增长(如下表)(Harris and Sherblom,2005,p.10)。

小组成员	2	3	4	5	6	7	8
交流的可能性	2	9	28	75	186	441	1016

当然组员之间沟通频率的增多是好事也可能是坏事。随着新成员的加入,小组要不断地熟悉每个人的背景,对组员的行为更加注意,也有不同程度的敏感性,在决策过程中

达到意见的统一会更有难度,组员之间的关系也会更为复杂。但新的成员,也带来新的观点和视角,会使小组更有活力。我在美国迪堡大学曾是学校终身教授评选委员会的成员,委员会一共7个人,每三年要轮换一次,每次换上3个从不同领域来的教授。这样即保证了组员的流动性,给委员会带来新的面孔和视野,又保持了小组成员相对的稳定,使大家都能尽快熟悉决策的背景。

3. 和谐性

和谐性是指小组成员在一起协调工作,相互尊重,共同完成任务。和谐性产生的效果要比两个人加起来工作的效果更显著。因为在交流中两个组员的思想碰撞,使某个小组成员产生了新的想法,这个新的想法又被小组其他成员修饰、提炼,使想法更加完善。新的想法已经不能归属于哪个人的功绩,而是集体的力量。想法重新组合能促进思维活动和创造性,常常会出现许多事先意想不到的结果。

三、小组的规范和角色

1. 小组规范

每一个小组成员在采取某个行动时,首先要考虑你所在小组的规范。规范就是小组成员共同遵守的准则。比如我任教的学校的终身教授评选委员会有一个规范就是不许把会议的内容和讨论过程泄露给任何人。小组成员必须考虑学校的利益,凡事要顾全学校的形象和威信。同时对每个案例都要有公平的评论。

小组规范是建立在小组成员共同确认的价值观上的。小组规范有成文或不成文的。成文的规范写在所在单位的规章制度里,或是由小组成员共同起草的,要求每一个成员要切实遵守。不成文的规范(潜规范)可以是价值观和行为举止方面的,比如公正、礼貌待人、说话不要大声、发言不要过长。小组规范也可以是在小组活动的过程中逐步建立起来的,比如参加会议的人员都要发言、开会准时到、别人发言时认真听。可如果你是一个新的小组成员,你在最初阶段可能比较注意聆听别人的发言,把情况搞清楚了再表达你的意见。新来的成员要在与小组其他成员之间的沟通过程中不断观察并摸索这些规范。

小组规范使小组成员有一个集体意识,知道自己应该做什么,不应该做什么,什么该说,什么不该说。比如,开会不迟到,如果迟到就罚一元钱,这种规范可以加强小组成员遵守时间的意识。如果你想知道一个小组的潜规范,在得到小组成员允许的情况下,你可以观察会议期间小组成员的行为,以及他们交流沟通的过程。谁和谁讲话,他们讲什么,是否在讲话的过程中有一定的顺序,会后小组成员是否还继续交流,小组成员是否有目的地选择座位。如果某一成员打断会议的进程,开始讲述一个不雅的话题,其他小组成员的反应是什么。这些都是小组规范的表现。违反小组规范的行为一般要受到惩罚。惩罚的方式与违反规范的程度有关,如果是一般的开会迟到,最初时,其他小组成员可能忍耐,但如果屡次迟到,其他小组成员可能会表示出不满,不满的表达可以是直接的语言表达,"你怎么老是迟到",或者是用肢体语言表达,冷落或不理对方。别人发言时不注意听,搞小动作也可能遭到同事的白眼和上司的批评。

成文的规范也是可以调整或改变的,但必须是在成文规范已经影响到小组不能实现他们的目的,并且在小组大多数成员同意的情况下才能进行。新规范的建立可以是由组长发起的,也可以来自任何一个小组成员的建议。

2. 小组成员的角色

虽然我们每个人是独立的,但每个人的成长、感受、经历是和小组活动分不开的。杜威(John Dewey),美国哲学家和教育家,认为一个孩子如果与群体和现实分开就不能算是受到真正的教育。心理学家爱泊特(Floyd Allport)也认为个人行为总是受群体影响的(Cathcart,Samovar,and Henman,1996)。

规范是小组对成员的期待和衡量组员行为的标准。小组角色确是个人行为,是小组成员在交流和沟通中表现的不同行为。小组角色有两种,一种是由小组成员的身份和地位决定的,属于正式角色;另一种是由小组成员的其他因素组成的,如性格、能力、性别、年龄等,属于非正式角色。

克畴(Ketrow,1991)把小组成员的角色分为任务角色(task roles)和社交角色(social roles)。任务角色主要注重于完成工作任务并达到预定的目标。社交角色关注小组成员的情感和社交的需要。这个角色的目的是努力营造小组成员之间的良好氛围。两种角色都很重要,而且互相紧密地联系。有时,一个人同时可扮演任务和社交两种角色。一个人也可以同时表现出多种小组沟通行为。小组成员扮演越多的角色,对小组的工作效率和凝聚力越有帮助。

(1)小组成员的任务角色和行为

发起行为:提出新主意,建立新目标,计划行动步骤,确定小组成员之间与组外成员之间的关系,提出如何行动的建议和方法。

阐述行为:解释清楚提出的观点和建议,在别人已经提出的主意和建议上进一步发挥,提供例子、图表和详细说明。

合作协助行为:归纳组员们提出的不同意见和建议,协助小组的组织工作,推动团队各部门的合作。

总结行为:重复和总结已经提出的意见和建议,提醒小组成员已经提出或讨论过的事项。

记录行为：把小组的活动和工作记录下来向小组汇报，扮演秘书的角色。

评估行为：对提出的建议加以评价，表达自己的观点，提出可行的评估标准。

提供信息行为：提供数据、事实、证据和其他有关信息，也向别人询问信息，对提供的信息质疑，把握信息的准确度。

表达行为：表达自己的信仰、价值观，解读别人的观点，根据事实表达自己的判断和结论。

解释行为：对提出的事项给予解释，对含糊不清的陈述给予澄清。启发组员提供更多的例子。

测试小组一致性行为：询问小组的决定是否被所有人接受，做出的决定，确保得到大家同意。

程序建议行为：提出讨论事项，建议不同的决策方法，提出讨论的程序。

上述的许多任务角色在中国文化里多半是由领导扮演的。在美国文化里，每个组员都可以扮演其中一个或多个任务角色。

(2) 小组成员的社交情感角色和行为

鼓励行为：表扬别人，对小组其他成员表示热情和感激。在欣赏别人的价值时，同时表示积极乐观的情感，致力于小组的团结和凝聚力。

支持行为：支持别人的信仰和建议，同意别人的观点，承认别人的建议和贡献。

和谐行为：帮助其他成员解除精神压力，调节不同意见，建议让步策略或提出不同的和解方案，化解小组成员的不满情绪。

守门行为：维持沟通渠道的畅通，帮助小组的成员保持冷静，确保并建议组员都有机会轮流发言。

过程观察行为：对小组的工作进程和小组成员的合作发表意见。

确定标准行为：帮助小组确定目标和标准，帮助制定小组规范，对态度不积极的小组成员产生约束，对违反规范和制度的成员表示不满。

解除压力行为：使用幽默，让新的成员感到舒服，强调共同点，推动小组的团结。

综上所述的任务角色和社交情感角色的行为都是积极的，且是建设性的，有利于提高小组完成任务的效率和促进人际关系的和谐。

四、小组成员以个人为中心的行为

在小组沟通过程中，也有一些行为是消极的、破坏性的，阻碍小组任务的完成，影响组员们的团结。这类行为被贲尼（Benne）和沙特（Sheats）（1948）称为"以个人为中心"的行为。具体表现如下：

阻止行为：不断地提出反对意见，使小组不能达到预期目的，不断地把小组已经否定的建议再次提出来，阻止小组达成一致意见，拒绝接受也不支持小组的决定。

攻击性行为：总是批评别人，恐吓小组其他成员，阻止小组成员之间的合作。

退缩行为：表现冷漠，拒绝参与；不表示意见，躲避矛盾；不表示立场，掩盖自己的情绪；对别人的看法保持沉默。

控制行为：行为霸道，不断地打断别人，拒绝接受别人的分析和结论，强行充当小组领导。

寻求承认行为：不断显耀自己的身份和能力，寻求注意力，顾影自怜，转变话题。

特殊利益乞求行为：不断向小组要求时间和财力资源以满足个人的利益，或只顾自己的小圈子利益，不考虑小组的共同利益。

小组角色是在实践中决定的，也可以是在小组沟通中自发产生的。在不同的小组里，我们会根据小组的氛围，扮演不同的角色。在一个小组里你可能是领导，在另一个小组里你仅是个普通成员。在一个小组里你可能有多次发言，大胆提议，在另一个组里你可能小心聆听，沉默寡言。有时你自己想扮演的角色和小组成员对你期待的角色会产生矛盾。比如，你自己不想当领导，而小组成员却非要你当领导；而你在他们的压力下当了领导，又得不到他们的支持，这会很影响你参与的积极性和能力的发挥。确定一个角色并不难，难的是扮演多种角色，为小组的工作效率和团队精神做出一份贡献。

五、小组凝聚力

小组的凝聚力是指小组成员愿意在一起工作并团结一致。在有凝聚力的小组里，小组成员自觉地为完成小组的任务做出贡献。具体表现为小组成员交流自如，自觉地参加小组的各项活动，并愿意帮助别的小组成员共同完成小组的目标。他们对小组成员经常使用的代词是"我们"，对非小组成员使用的代词是"他们"。他们的工作效率要比没有凝聚力的小组高(Evans and Dion,1991)。

那么，怎样才能使小组有凝聚力？维德梅叶尔(Widmeye)和威廉姆斯(Williams)(1991)从三个因素加以分析：小组规模的大小，小组成员的背景是否相同，小组成员对完成任务的满意程度。规模大的小组在社交上受到限制，对提高小组的凝聚力不利。小组成员之间的文化知识、语言能力、社会背景方面差距太大也不利于凝聚力的提高。小组成员如果对任务的执行没有成就感，也缺乏满意度，这将阻碍小组的凝聚力。一般来说，加强对小组规范的认识和执行，会帮助建立凝聚力。但更重要的因素是通过沟通让小组成员明确他们的目的。在讨论决策的过程中，小组成员高度地发挥社交情感角色的作用，尤其是对其他小组成员的鼓励关心,对他们的想法给予肯定和表扬,都会增加小组的凝聚力。但光靠良好的人际关系还不够,小组必须在完成任务的共识上有组织,有成效,使小组成员感到受尊重,能力得到承认,并从中受益。

六、从"挑战者号灾难"看小组凝聚力和小组思维

1986年1月28日,卡纳维拉尔角晴空万里。发射场观礼台上聚集了1000多名观众,其中有19名中学生代表,他们是来欢送他们敬爱的老师麦考利芙,期待她在太空为全国中小学生讲授有关太空和飞行的科普课。当孩子们看到航天飞机载着他们的老师升空的壮观场面时,激动得又是吹号又是敲鼓。

"挑战者"号航天飞机在上升50秒钟时,地面曾有人发现航天飞机右侧固体助推器侧部冒出一丝丝白烟,这个现象没有引起人们的注意。第72秒时,高度16600米,航天飞机突然闪出一团亮光,外挂燃料箱凌空爆炸,航天飞机被炸得粉碎,与地面的通讯猝然中断,监控中心屏幕上的数据陡然全部消失。"挑战者"号变成了一团大火,"挑战者"号失事了!7名宇航员全部遇难。这次航空遇难震惊了世界。这个事件被称为"挑战者号灾难"。

此事发生之前,相关人员并非毫无质疑。专家们对零下5℃发射他们的火箭存有疑虑。讨论进行了近5个小时,宇航局终于表示,它不会不听火箭设计者的建议而强行发射。就在这个时候,主管公司瑟奥科尔公司副总裁请求暂停会议5分钟。接着,瑟奥科尔总裁杰里·马森就开口说:"我们必须作出一个可操作的决定。"工程师博伊斯乔利马上意识到,公司主管为了取悦最主要的客户宇航局,态度已从"不要发射"变成了"可以发射"。公司内部的讨论持续了不是5分钟而是30分钟,包括博伊斯乔利在内的工程师被排除在外,4名高级经理投票赞成发射。博伊斯乔利站起来,抓起那张被烧毁的画有"○"的照片,放到4名高级经理面前的桌子上,但他们连看都不看。老板随即接通了电视会议,通知宇航局,瑟奥科尔的态度有了变化,"挑战者"可以发射。悲剧于是发生了。

总统调查委员会对此空难得出的结论是:飞船发射中心的负责人员在决策过程中表现的小组思维是造成这一灾难的主要原因。那么,什么是小组思维?

小组思维这一概念是由简尼斯(Janis,1972)根据对古巴的猪湾事件和日本偷袭珍珠港事件提出的。它是指小组成员趋于规范的压力,过分在乎小组的凝聚力,虽然在决定上达成了一致,但是压抑了不同意见,忽视了不同的方案和解决问题的方法,从而做出了错误的决定,导致了坏的结果,并造成了巨大损失。简尼斯在他的书中提出,一些政府的错误决策可能就是由小组思维造成的。比如肯尼迪在总统任期时对古巴猪湾的入侵,就是在会议讨论时压抑了不同意见,导致了小组思维的结果。在会议上,曾有总统顾问对入侵

古巴持反对意见，但却不敢说。结果美国入侵失败，伤亡惨重，加深了美国和古巴的敌意。简尼斯列举了产生小组思维的八个特征。

① 认为自己的小组是不可战胜的。大部分或全部的小组成员在面对危险时过分乐观，认为自己的小组所向无敌，这使他们不在乎任何危险。

② 集体对事件合理化分析的认同。小组成员表现出集体理性行为，忽视警告和批评性的反馈。

③ 对道德范畴不可质疑。小组成员坚定地认为他们的行动是正义和道德的，因此他们不考虑伦理上或道德上可能产生的后果。

④ 对敌手有刻板印象。小组成员对他们的对手或有不同意见的人带有歧视和偏见，过低估计对手的能力。

⑤ 对不同意见者施加压力。小组成员对不同观点的其他成员进行质问和怀疑，甚至施加压力。

⑥ 潜意识里自我排斥不同意见。趋于要达到统一认识的压力，有些小组成员主动压抑自己的疑问和与集体不同的观点。

⑦ 自认为小组成员对事件都有一致的认识。小组成员盲目地认为部分组员的意见也是小组的一致意见。不发言的组员盲目地同意发言组员的观点。小组的领导在沟通行为上竭力造成小组全体成员已经达成一致的印象，而对不同意见和观点置若罔闻。

⑧ 大脑逐渐自我封闭。一些小组成员竭力使小组其他成员听不到反面信息，尤其是那些可能会影响小组大多数人的意见和决策的信息。

毛海德，弗仁斯和奈克（Moorhead，Ference and Neck，1991）仔细研究了总统调查委员会的报告并对"挑战者号灾难"进行了小组思维特征的分析。他们注意到，参加宇宙飞船发射决策的人员对发射成功信心十足，一致认为不会出错。除了1967年"阿波罗一号"出了事故以外，此后的55次发射都顺利成功。在这期间，美国的登月计划也已实现了。在美国人心中，这次发射也不会有问题。另外，在发射之前的一次会议上，有工程师提出当天的气候不适合发射，而发射中心的官员们要求工程师提供具体的证据来论证他们的观点。工程师不能够提供数量化的证据，发射中心的官员们就认为不能发射的建议是非理性的，无根据的。发射中心的主要领导对不同意见置若罔闻，听不进反对意见。不仅如此，他们还逼迫持反对意见的工程师改变他们的建议，让他们同意发射。一位工程部门的副总管一开始是反对发射的，后来看见大家都支持发射计划，就压抑了自己的不同意见。另外一个原因是会议是以电话会议的形式进行的，在沟通过程中只能听到对方的声音，看不到对方表示疑惑的手势和面部表情。参加会议的组员们产生了大家意见都一致的幻觉。有一个技术细节曾发生过问题，但在决定发射前的会议上没有提出来，这是大脑自我封闭的结果。

简尼斯提出了产生小组思维的5个条件：
① 首要条件：小组具有很强的凝聚力
② 次要条件：小组与外界隔离
③ 领导人独断
④ 没有合理的系统
⑤ 小组成员背景一致

毛海德、弗仁斯和奈克三位学者对小组思维在"挑战者号灾难"事件的产生原因进行了分析。他们认为参加会议的小组成员过分团结,凝聚力过强。这些组员们已经在一起工作多年,彼此之间极为熟悉,也互相信任,在这种情况下,就不容易产生质疑。另一个原因是领导执意要发射,听不进不同意见,排斥专家们（工程师）在功能、设备和气候方面提出的不同意见。最后一个原因是小组成员为了能达成统一认识、减少冲突,而放弃了分析、评估与测试不同的意见和方案。看来"挑战者号灾难"事件的发生与小组思维现象是紧密相关的。

"挑战者号灾难"事件还验证了决策过程中的小组思维行为和结果。

小组思维行为：
① 对别的可能性不加讨论
② 不征求所有组员的意见
③ 不评估最初的决定
④ 被否定的决定不再重新考虑
⑤ 没有咨询外界专家的意见
⑥ 忽视或只是选择性地听取外界专家的意见
⑦ 没有应急计划

决策结果：
① 惨败
② 完全错误的结果
③ 决策错误
④ 小组极差的表现

七、怎样避免小组思维的消极因素

鉴于小组思维经常会带来灾难性的结果,怎样有效沟通,以避免小组思维就非常重要。贝卜（Beeb）和玛斯特逊（Masterson）(1988)对怎样防止小组思维的出现提出了几点建议。

1. 小组的领导要多鼓励小组成员独立思考

一般来说,小组成员趋向于与领导的意见保持一致。这一点在亚洲文化里尤其明显。有些领导为了保持自己的尊严,给组员施加压力,让他们同意领导的意见。好的领导要能够听取不同意见,开会时确保每个人都发言,而且每个不同意见都受到足够的重视。

2. 不要轻易服从身份比你高的组员的意见

每个人的经历、年龄、学历和身份各有不同。往往是资历老、年龄大、学历高、有官位的人更有信誉和说服力。但是,他们的意见、观点并不总是对的。身份低的组员不要轻易附和身份高的组员,而是要自己独立思考,发挥创造性,这样才可以避免小组思维。这一点亚洲人很难做到,因为亚洲文化里等级观念强,地位不平等是自然的,服从上级命令是理所当然的事。身份高的人得到更多的尊重,因而一般人也就容易服从他们。

3. 邀请局外人观察并评估小组的决策过程

为了避免小组思维的产生,小组负责人可以邀请非小组成员参加他们的会议,以观察小组决策的过程是否有效,小组的规范是否执行,小组成员的不同意见是否被认真听取。参加会议的小组成员往往没意识到这些小组沟通过程中的环节。非小组成员可以向小组汇报观察的结果,并提出改进的意见。

4. 指定一位小组成员为"故意唱反调的人"

如果小组成员之间太和谐了,对什么事情都达成一致意见,小组就要警惕是否会有小组思维的发生。小组可以指派一个人专门与大家的意见唱反调,故意从对手的角度看问题,避免忽视不同意见的现象。有效的小组决策建立在对小组成员不同意见的全面听取和考虑上,小组成员的统一认识的建立必须要经过大家对不同意见的认真讨论。如果不经过认真讨论就达到一致意见,小组的决策结果就会受到影响。

5. 把大组分成小组解决问题

当小组人员在7~8个人以上时,每个人发言的机会相对减少,为达成一致意见的压力也越大。最好是把小组分成3~5人的小组,确保大家都有机会发言,独立思考以及互相评估。

八、小组幻想和小组沟通表现行为

小组经常会在沟通过程中产生幻想(fantasy)。幻想这里指"对某一事件进行创造性和想象性地解读,这种解读满足某种心情和说服他人的需要,使组员的经历更有意义,使他们对未来有所期待"。这是鲍曼(Borman,1992,110)给小组幻想下的定义。小组幻想使得小组成员对某种事件通过沟通有了新的认识。这种认识可以是积极的,也可以是破坏性的。它使得小组成员对他们的群体有共同的认同。比如一个公司的座右铭是"顾客至上,服务第一"。全公司职员如果认同这个座右铭,产生共同的幻想和认同,他们就会在行动上去实现这一共同的目标,遵守共同的原则。这个座右铭为公司雇员建立了奋斗目标,也就是小组幻想。公司领导通过与职员的沟通,加深对座右铭的认同,对内对外打造公司的品牌和积极形象。小组成员对公司本身的形象认同也是通过组员们的相互沟通产生的。比如,组员们对公司领导的敬重,讲述公司领导廉洁奉公,善待职工的故事;讲述公司的发展史,成功与失败。在讲述的过程中,组员们多少会有夸张的渲染,会产生情绪化,这些都会使组员们共享幻想,加深对公司的认同。比如,厦门大学的校训是"自强不息,止于至善",厦门大学的师生员工分享的是陈家庚和其他海外华侨为厦门大学投资、办学的校史。这些"小组幻想"都鼓励了厦大师生的奉献精神和爱国热情。

小组沟通的主要表现形式有两种。

1. 以工作为主的沟通

小组的工作一般都是有计划性和目的性的。在沟通中,如果小组成员在语言使用上侧重于完成任务,制订和实现计划,注重效率,这类语言属于"任务性语言"。如"我们的主要目的是什么","让我们先来规划一下","下一步应该做什么"都是任务性语言。这类语言的传递作用主要是完成小组任务,而不是为了情感方面交流。一般来说男性的沟通行为偏重于任务的完成。一些国家的文化行为也更偏重于完成任务,如美国、日本、奥地利、瑞典等。但是,小组沟通过分以完成任务为中心,给组员造成工作紧张,心理压力大的环境,使人感到缺少人情味。

李察德·坡泰尔(Richard Porter)在"跨文化小组沟通"一文里写道,"美国人(在小组里)以完成任务为中心,他们表达直接,公事公办;立即要抓到问题的实质,并尽快采取行动"(1998,p.161)。由于美国文化是以"个人为中心"的文化,个人在小组里的作用要比整个小组重要。个人在小组里要承担责任,如果某个人在决策上出错,要由这个人对后果负责。

相反,亚洲国家是以"集体为中心"的文化。小组的集体形象和作用要比个人重要。个人可以为了小组牺牲自己的利益。在日本,如果在决策上出了错,整个集体,而不是某个人要对此负责。

2. 以社交为中心的沟通

以社交为中心的小组沟通注重小组成员之间情感方面的交流。小组成员视小组的和谐、工作时的愉悦心情为主要沟通目的。小组成员的沟通形式是互相问候,关心小组其他成员的身体和生活，组员之间经常开玩笑，活跃小组的气氛。开会时组员们用心询问其他成员的意见和感受，也表现出很好的聆听行为。一般来说，女性较男性更注重以社交为中心的小组沟通。一些国家如葡萄牙、泰国都表现出以社交为中心的小组沟通行为。在这些国家里，小组成员关注集体的利益，注重合作精神，共同努力营造友好和谐的气氛。组员们也有完成任务方面的沟通，但完成任务是次要目的。这类沟通行为可以减少由于过度重视任务的完成而造成的心理压力或由于竞争互相产生的敌意。

瓦拉弛（Wallach）和梅特考夫（Metcalf）(1997)在他们的《如何与老美共事》一书中分析了亚洲人和美国人不同的沟通方式。他们写道："亚洲人虽然也喜欢有作为，但是在以团体为主要的亚洲文化中，优先顺序是不太一样的。完成任务的过程往往比最后的结果还重要，所以建立及维持良好的人际关系是很要紧⋯⋯对很多亚洲人来说，考虑、聆听、建立关系等，比真正做些事来得有价值。关心别人或是单单出现在那儿比行动更要紧"(pp. 147-148)。

无论来自哪一个文化，一般情况下，我们都喜欢与表达能力强，自信，有热情，有工作能力，有准确的判断力，讲话有透明度，做人有亲和力的人一起工作。我们不愿意也不喜欢跟挑三拣四，待人苛刻，遇事情绪化，有偏见，讲话让人下不了台，做事遮遮掩掩的人在一起工作。

九、小组成员沟通的性别区别

一般来说，小组成员都是由男女成员组成。男女的区别不仅表现在体力上，而且表现在传播行为上。据研究表明，在小组沟通中，男性比女性占有更多的话语权。男性更多地使用以任务为中心的话语，男性的目的性比女性强烈，在决策上也比女性更没有耐心。女性往往给予小组其他成员更多的鼓励，也更趋向于表达自己的主观意见，更注重使用社交和情感方面的语言(Stewart, Friedley, and Cooper, 1990)。

在中国，流行一句带有歧视性的话："三个女人一台戏"。意思是女人心胸狭窄，唧唧喳喳好闹无原则纠纷。在美国，对女性的偏见则反映在小组沟通中。多数人认为男性在决策和解决问题方面比女性更有能力，但研究证明，男性只是在某些问题的决策上比女性略强。男女在一起工作时，当男女双方都有很大驱动力时，男女之间的差别并不明显(Meeker and Weitzel-O'Neil, 1977)。

在工作中，女性更容易与她们的对手合作。女性一般愿意与对手分享资源。她们更在乎公平，不在乎输赢。男人一般来说比较好斗，并容易采取欺骗手段取得个人利益。男人更趋向于报复行为，甚至用武力行为解决矛盾。女性更容易用社会规范和理解来解决矛盾。如果全组成员都是男性，取得凝聚力会比较困难。如果全组成员都是女性，大家关系一般很融洽。

美国电影《十二怒汉》(12 Angry Men)说的是一个在贫民窟长大的18岁少年因为"杀害自己的父亲"被告上法庭,证人言之凿凿,各方面的证据都对他极为不利。12个大男人在炎热的夏天挤在一间小房子里,争得面红耳赤。这12个愤怒的男人当中有巧舌如簧的广告商、仗义执言的工程师、毫无见地的富家子、歧视平民的新贵族、性情暴躁的老警察、精明冷静的银行家、只赶时间的推销员。每个人都有自己思考和说话的方式,但是除了亨利·方达扮演的工程师之外,其余的人都对这个案子不屑一顾,先入为主地认定男孩就是杀人凶手。在第一次投票表决的时候,由于工程师的一票"无罪"票,使得大家要进入讨论;经过一番争吵,有一个老者开始站到了工程师的一边;没有达成一致就要继续讨论,而在一次又一次的激烈争论和思维斗争中,越来越多的人认为本案有着诸多的疑点,如果大家都不负责任地投了"有罪"票的话,将会白白地断送一个年轻人的性命。最终通过了各种不同人生观的冲突,各种思维方式的较量,所有的陪审团员都负责任地投出了自己神圣的一票。那位工程师的行动,就是与陪审团这个"非自愿结合的小组"进行着人命关天的沟通。

美国的另一部电影《陌生的伴侣》(The Strangers in Good Company)讲述的是一组女性旅游者的故事。她们的旅游车行驶在林中的一条小路时,突然出了故障,不能继续往前行。她们与外界失去了联系,不得不就地创造生存条件,并同时争取与外界联系。电影描述了这些女性本来并不互相认识,但她们互相聆听,互相关心,互相帮助,终于克服了重重困难,绝处逢生。她们之间的沟通以情感交流为主,互相较为平等、温和、放松。她们通过这一共同的经历,增进了了解,建立了感情,并成了患难之交的朋友。

男女的区别并不在于性别,而是在于性别特征。有些女性具有男性性别特征,有些男性具有女性性别特征,所以在判断男女行为上,要避免使用偏见和性别歧视的字眼。

十、小组权力

身份经常被看作权力的象征,有身份的人才能使用权力,但实际上权力并非总是与身份挂钩。权力也指一种威信或对别人产生影响的能力。一个小组成员可能很有身份,但却没有权力,所谓有职无权。权力的使用可以与资源控制在谁的手里有关,与对他人的影响力有关。权力的使用和分配也影响到小组成员之间的人际关系。权力影响的表现形式是看在小组沟通时,谁发言最多,谁能控制讨论的局面和发展,谁的观点最有说服力。权力影响力小的人往往是发言最少的。如果一个小组只有几个人控制讨论过程,不能听取所有人的意见,这个小组的权力分配是不平衡的。一般来说,只有在讨论中大家都发言,集思广益,才能保证小组决策的质量。

弗瑞斯(French)和瑞文(Raven)(1953)把小组成员的权力分为五类。

1. 正式合法权力

正式合法权力是指某人被选为或指定为某个职位。这个职位赋予这个人的权力范围和对他管辖范围的责任，如学校的校长、国家的领导人、协会的主席、公司的老板。

2. 亲和力权力

如果小组成员都喜欢你，你有亲和力的权力，也就是你对喜欢你的人能产生说服影响。他们更愿意听取你的意见，更愿意与你站在一起。有这种权力的人可以是有资源、有控制力的组员；可以是有资历和智慧的组员；可以是与大家关系都很融洽的组员；也可以是性格开朗、有朝气、受人信赖的组员。

3. 专业权力

知识就是力量。有专业权力的人在某一方面被认为是专家，有知识、有能力，他们对小组其他成员的认识和决策都会有很大影响。比如，你与一组科学家在一起工作，讨论水利建设问题。某位科学家具有多年的研究成果，得到海内外同行的认可，那么在制定有关水利问题的决策上，这位水利专家就会有很大的影响力。

4. 奖赏权力

如有人提供钱财或其他物质形式进行奖赏，这人就有奖赏权力。有奖赏权力的人可以是持合法权力的人，也可以是合法权力以外的人。比如在美国许多大学里都有董事会，董事会的成员并不在大学任职，他们仅为这所大学提供基金和其他形式的钱财资助。但学校在制定政策时，就要考虑这些人的意见并经得他们的同意。

5. 强制权力

如果你有惩罚组员的权力，你就有强制权力，强制权力与奖赏权力相反，表现形式是降低你的工资、分数或强迫你做你不喜欢的工作。一般来说，人们认为只有有合法权力的人才能使用强制权力。但有时组里有影响力的人可能也会间接地使用这种权力，尤其是这个成员对持合法权力的人有影响力。

十一、小组解决问题的过程

小组成员一起工作的最终目的是解决问题，并做出决定。怎样才能确保问题的解决？有的小组这方面做得成功，有的却不尽理想，这里向大家推荐一套解决问题的程序。

1910年杜威(John Dewey)提出了"反思思维"(reflective thinking)的观点,并用在小组解决问题的程序上,提出以下六个方面。

① 认清问题:小组的目的是什么?小组成员的目的是什么?

② 分析问题:搜集信息,找出问题的障碍以及影响问题的因素。

③ 通过大脑风暴,找出创造性地解决问题的方法。在用大脑风暴方法的过程中,要注意以下几点:

◎ 避免任何批评意见

◎ 鼓励随意性意见的表达

◎ 提出诸多的解决方案

◎ 重新组合一些相似的解决方案

④ 对提出的解决方案进行评估

◎ 确定哪一个是最佳方案

◎ 哪一个方案最有希望实现

◎ 哪一个方案损失最小

⑤ 执行计划

◎ 确认具体的任务

◎ 决定必须用的资源

◎ 明确个人的责任

◎ 为紧急情况做准备

⑥ 跟踪计划

◎ 开会评估解决问题的过程

◎ 如需要,对行动计划有所调整

认清问题首先要清楚组员的想法和他们参与这个小组的目的。比如有的小组成员参加小组活动并不是为了输赢,而是为了交朋友,为了开心。如果小组成员的需要没有得到满足,他们可能会很沮丧,而影响整个小组的情绪。有时小组在一起工作为了保证和谐,没有发现问题,没有创新精神,这时候就需要小组成员多动脑筋,发现新的挑战和机遇。

在分析问题时不要马上就想到怎么去解决问题,而是把问题和解决问题的方法都看成是灵活多变的。如此,可避免组员在尚未看到问题的全貌时就太快地做出选择或决定。比如一个家庭成员在一起讨论去哪里度假,先不要确认只能去某地,只能做某事,而是先建立一个合作的气氛。对需要做的事先有个探索,再做些调查,从多方面去考虑执行的方案。

搜集信息是分析问题中很重要的环节,比如一家人要决定去哪里度假,要把名胜古迹的历史、现状先了解好,再调查机票、日期、服务等情况。如果是与另一球队比赛,要把对手的队员情况了解清楚。要想推销一个新产品上市,要调查好市场的需要和消费者的心理。

分析问题中还要了解到可能有的障碍是什么,比如一个小组在一起做一个要共同完成的作业,然后向全班报告。大部分组员不在乎得多少分,只是愿意在一起交流,通过完成这个作业互相认识,交朋友。但少数人还是愿意得个好分数,分析问题时,要把这个分歧摆出来,让大家有准备,为达成共识或妥协做努力。

在讨论解决方案时,要保证提出更多的想法来,最先提出的方案不见得是最好的方案。在讨论方案时最忌讳的是,某人提出一个方案,另一个人马上否定,开始批评。这个人会被迫为自己的方案辩护,也阻止了创造力的发挥。在小组沟通时,我们经常听到这样一些批评别人的话语:"这个主意不行","你错了","你脑子太简单了","你不知道你在说什么","这样做太冒险","从来没有人这样做过"。这些话语会使对方产生抵触情绪,思想不能集中在创造新的方案上。

大脑风暴是集思广益鼓励创造的有效方法,促使新想法的产生,但小组成员必须遵守四个重要的规则(Adler and Rodman,2006):

① 不允许有任何批评意见。
② 随意放松地谈自己的想法。
③ 意见的数量比质量更重要。
④ 组员们可以在别人提出想法的基础上再进行补充、修改或提出新的建议。

为了在小组讨论时,大家都能有机会把自己的意见和想法表达出来,又不遭别人的批评,小组可以使用"小组行为规范化"来调动组员的积极性。它的步骤是:

① 每个组员都先各自写出一个解决方案的单子来。
② 轮着让每一个成员把他的方案念出来,并写出来给大家看,别的组员可以问问题,但不可以给予评价。
③ 每个组员把他的想法排列顺序,把最好的点子放在最上边,然后由一人把所有的排列最高的想法收集起来。
④ 小组对所有排到最高的想法进行讨论,小组成员可以提出自己的批评建议,讨论可以持续进行,直到做出决策为止。

最后,在评估方案时要问以下几个问题:

① 这个方案是否会有进一步改变?
② 这个方案是否能由小组成员来共同完成?
③ 这个方案会不会有严重的弊病或后果?

这个解决问题的步骤仅是提供一个参考,它并不完善,也不能保证解决问题的高效率。小组成员的积极性和创造性,以及小组的沟通气氛,凝聚力都起很大作用。这个以理性为主,有步骤的模式仅为小组完成目标提供帮助。

十二、决策的方法

小组的决策结果是通过不同形式完成的,西方学者归纳了五种形式。

第一种是意见一致。意见一致是指所有的组员都赞同并支持同一个决定。一般来说,是小组成员热烈参与讨论的结果。取得意见一致对复杂和重大的事情的决定事关重大。如果全组成员能对某一决定达成共识,执行起来的阻力也就相对减少。但这种达成一致的方式也有弊端,那就是要花费很多时间,也可能在讨论中有不愉快、情绪化或没有耐心的行为出现,所以这种形式要求组员要有很强的沟通技能。

第二种是少数服从多数。在现实生活中,让所有小组成员达成一致意见是很难的。小组成员意见分歧,争执不下的结果往往就是少数服从多数,哪怕多数只有51%,少数只有49%,少数也要服从多数。

一般来说这种方式的决策没有意见一致的决策优越,因为有时真理在少数人手里。而且,少数人因为没有达到目的而感到不满,在贯彻执行时他们也不会太积极。

第三种是专家决定。有时小组里某个成员会被认定为是在某一领域上的专家。决策权就赋予给这个人。如果这个专家的判断准确,决策无疑是优质的。但是有时不是所有的人都同意某人是专家,有些人认为自己也很有经验,这样他们对真正专家的意见可能就不认真听取。

第四种是少数人决定。有时小组的决定是由少数人决定的。这主要在一些非事关重大的事情上,或者没有足够的时间来召集所有的人讨论。在这种情况下,这些少数组员要为他们的决策向全体组员做出解释,并事后汇报,才能保证决策得以贯彻执行。

最后一个方法是权威决定。顾名思义,决定来自权威人士,一般是小组的领导。听起来这种形式很不民主,但却很省时间,尤其是在来不及开会讨论的情况下。这种方法也适合于一般的日程,不需要有组员的认可。常常使用这种方法会拉开领导与组员的距离,在贯彻执行上会缺少组员的支持。如果时间允许,小组领导可以先征求一些组员的意见。当然他们的想法不经过讨论,也不见得成熟,他们也许只提供一些领导爱听的意见(Adler and Rodman,2006)。

没有一个决策方法是绝对优越的,都需要根据具体情况决定。有时文化因素也影响决策方式。在日本,意见一致的方法比较能被普遍认同并加以实践。英国和荷兰的生意人一定要全体成员都在才做决定。德国、法国和西班牙主要靠权威领导决策(Day,1990)。

十三、小组会议

开会是小组的重要活动。据美国对 11000 多个公司的调查,雇员们每周工作 59 个小时,但要花 21 个小时开会,占工作三分之一的时间。怎样才能使会议开得更有效,哈瑞斯(Harris)和谢布隆(Sherblom,2005)提出以下一些建议。

1. 会议之前

① 有一个明确的目的,把会议的讨论事项事先发给大家。
② 确定参加会议的人员和人数。
③ 找一个适合大家的时间和地点。
④ 事先发布会议通知,告诉组员会前要有所准备。
⑤ 准时开会。

2. 会议中间

① 减少社交往来,尽快进入正题,有一个清楚的议程。
② 除非临时有变化,否则必须遵守事先定好的会议事项,但也要保持一定的灵活性。
③ 把最重要的议程放在最前面。尽量不要浪费时间。
④ 确保各方面信息都收集到,所有会议成员都表达意见,确保会议不被几个少数人垄断。
⑤ 对会议进行总结。
⑥ 不要对有瑕疵的决策轻易妥协。

3. 会议之后

① 把会议内容整理转发给大家作为备忘录。
② 贯彻会议中的决定。
③ 评估会议是否成功,吸取教训,使下一个会开得更好。

上列这些会议形式和准备主要集中在有效地利用时间,并确保任务得以顺利完成。

根据我在美国工作的经历,美国人开会和结束会议的时间是非常准时的。参加会议的人因为事先已收到了会议的内容,一般都要做好"作业",有备而来。我在 20 世纪 80 年代在中国工作时,单位开会经常不准时,开会前也没有什么文字准备。参加会议的人有的聊家常,有的织毛衣,领导讲话时,下面的人开小会,叽叽喳喳,窃窃私语,传纸条,分散注意力,开会气氛很是散漫。开会时,一般只是领导讲话,或传达上级指示,或给下级布置任务。组员参与决策的时候几乎没有。这种现象在海外留学生开会时也常常出现。

美国文化是一个重视语言表达的文化。在美国,单位里开会时,大部分人都准时到会,小组成员都踊跃发言。当一个人发言时,其他人都安静地听,以示尊重。美国人从小在学校就被教导要在小组开会时勇于发言,主动发表意见。他们经常用提问打破沉默,不怕说错,也不怕别人批评。一般情况下,他们的发言都是事先准备好的。开会时积极发言是向上司表示能力和口才的机会,也表现自己的参与意识和投入的热忱。

十四、领导和领导能力

在美国一所医学院出现了以下镜头:教授聚会时,布朗校长因为工作繁忙,匆匆赶来时已是午餐时间,诸位教授正松松散散地排起一条长龙领取自助午餐。看到校长进门,不甚熟悉的人和他点点头致意,熟悉的摆摆手,打个招呼而已。布朗校长自己走到队尾,和其他人一样老老实实地排队领饭,并不时和前后左右相熟的人聊聊天,说说无关紧要的话。领到饭后,环顾四周,已没有空位,自己走到远处找了个空位坐下。说起来,在医学院这个领域里,布朗是绝对的一把手,整所综合性大学的二把手,来到基层,即使不是检查工作,也得有点前呼后拥的架势吧?吃个三明治还要亲自排队,连个让座的人都没有。

布朗的上述经历,以及部下对他直呼其名,人们习以为常,他本人也不觉得有啥不妥。在中国会有这样的镜头吗?下级对上级不但不呼其名,一个市或一个学院有许多副职,但几乎没有人叫"王副市长"、"李副院长",一律称呼为正职,加上那个副字怕领导不高兴。在美国,部门负责人逢年过节要把部下请到家里 party,联欢一番。在中国,上级很少宴请下级,下级宴请上级倒是司空见惯的。

本章不是要讨论中美官场文化的异同,而是探讨小组沟通成功的一个重要因素——那就是小组的领导能力。好的领导者是啥样呢?他应该心胸坦荡,博学多才,具有明确的目标,有梦想,有远见,既能领导组员完成小组的任务,又能使小组成员有一个愉悦的感受。

有效的领导者首先是个好的聆听者。他能够调动组员的能力,重用他们的特长,能使小组在完成任务的过程中不偏离方向,也能在讨论中控制局面。他既能把小组成员的不同意见,归纳总结,鼓励小组成员发表他们的意见,也能调解小组成员之间的矛盾,并做出有创造性的决定。有效的领导为小组沟通提供方向,及时纠正小组沟通中出现的问题。有效的领导受小组成员的尊重,也尊重他的组员。考博(Kolb)认为,"一个领导者的有效性往往是通过组员的工作表现来衡量的"(1996,p.173)。

维特(White)和李培特(Lippitt)(1968)分析了三种类型的小组领导者。

第一种是武断型。武断型的领导,自作主张,有的甚至专横跋扈。决策上不向组员征求意见。这类领导在作决策的过程上是节省了一些时间,但在决策的执行上可能遇到阻力,尤其是组员对领导的决策持有反对意见时。但有时因为时间关系来不及召集小组讨论,一人果断决策可能是最有效的。

第二种类型是民主型。这种类型的领导凡事与组员商量,听取所有组员的意见,对问题给予充分的讨论,并得到所有人的同意和支持。这种类型的领导比较受组员的欢迎,在决策执行上没有阻力,是理想的领导者。但这类领导既要有很强的沟通能力和耐心,又要有调和组员之间不同意见及矛盾冲突的能力。在决策上要比第一种类型花更多时间。

第三种类型的领导者是随意型。他们基本不主动地去调动组员的积极性,对组员也没有明确的任务分配。他们允许组员任意发挥他们的能力。在开会时,他们让大家畅所欲言,最后的决定往往是顺从大多数人的意愿。这样的领导能使组员感到轻松,没有压力,但也会使组员感到没有方向,工作效率也会受到影响。

领导者能力的发挥和工作效率往往是通过不同的场景表现出来的。有的人在自己的社区里是个领导,但在工作单位里却不能发挥他的领导能力。有的人和同龄人在一起时是领导,与年长和阅历深的人在一起就不能成为领导。有的人在自己国家和文化里是领导,可到别的国家工作由于语言和文化的关系就不能成为领导。任何一种类型的领导都不是绝对有效的。组员的成分、环境和任务的特点都对领导者有不同的要求。最终,是否是个好领导就在于他能不能带领组员完成预定的任务和目标,能不能使组员感到满意和有成就感。

对领导能力的认识随着社会的进步和企业管理人性化而改变。早期的领导能力表现在(在企业里)给他们的下属清楚的指令,监督管制下属,使他们不能偷懒。工人们也没改进领导方式的意愿和要求,这类领导一般比较僵化、比较独裁。

传统的领导能力理论重点放在承认和分析领导者共有的特征上,也称特征理论。这个理论认定所有领导者在性格和行为上都有一些共同的特征和处理事情的方式。有些人性格和心理的一些特点决定了这些人生来就是领导人物,比如果断,有感召力、亲和力,豪爽,认真负责,乐观,开朗,逻辑清楚,表达能力强(Hackman and Johnson,2000)。

另一个领导能力的理论称为互动理论。这个理论把重点放在小组成员的交流和互动上。这类领导者注重任务的完成。他们为组员制定目标并带领他们一起完成任务。他们用各种方法使组员能心服于他们的领导,比如给组员奖励、惩罚,启发组员的无私精神(Barge,1994)。

第三种领导能力理论是转化型。这类领导者有很强的使命感,并有吸引忠实组员的能力。这类领导者具有很大的人格魅力。他们能把很复杂的事情和想法解释清楚。他们总有一些忠实的跟随者。他们对每一个组员都给予注意力和尊重。他们带领组员完成任务,实现目标,靠的不是奖励和惩罚,而是靠组员们对完成任务具有的使命感。他们不断激励组员去实现目标(Hackman and Johnson,2000)。这类领导者在管理上靠的不是规章制度而是靠主动沟通,对组员充分的信任并给组员创造机会,以发挥他们的能力。

尽管领导者能力的理论各有不同,但好的领导者应具有以下特点。

1. 有眼光和视野

好的领导者不仅是很好的会议主持者,而且对小组的发展有前景规划、有梦想,并能率领组员去实现他们的前景。这就要求领导者有战略眼光、宽广的视野和创新的精神。

2. 有信誉

有效的领导要依靠组员心甘情愿地服从。这个服从是根据组员对领导者能力和信誉的承认与敬仰而得来的。如果没有组员的信任,任何有能力的领导人都不会成功。信誉包括工作能力,人格上诚实,可信度高,有很强的控制能力,应急能力,社交能力,对他人感兴趣的能力。一般来说,这些能力会使领导者建立威信,再加上领导者对小组全心全意的精神投入,会使领导者有很强的亲和力和说服力。

3. 有沟通能力

有效的领导者应具有把有关知识、技能、任务、目的,清楚地传递、解释和沟通的能力,使组员理解并建立起信任感。沟通能力还包括能应付模糊的和不稳定的局面,尤其是有危机出现的时候,有一个冷静的头脑并及时给予组员安慰,建立信心。

十五、电脑渠道与小组沟通

当我们面对面沟通时,我们立即注意到对方的肢体语言,对方的目光、面部表情、姿势、声音都能传递信息,表达意义。通过对肢体语言的观察,我们对自己要说的话和自己的肢体语言进行调整。在小组沟通时,面对面的沟通使小组成员相互产生影响。

当今的社会里,科学技术深深地影响着我们生活的各个层面,电脑渠道沟通是指小组成员通过音像手段和电脑信息传递的方式来进行沟通。无论是电脑信息传递,电话会议还是录像会议,小组沟通的过程和结果与传统的面对面的沟通都有很大的差异。电脑渠道沟通更倾向于任务的完成,而不注意个人和社交层面的沟通;更注重内容的传递,而不是情感的表达(Walther,1996)。这种沟通方式使小组成员的个人因素很少表露,组员的参与机会较平等,身份低的组员也能自由地表达。但电脑渠道沟通又容易产生消极的信息传递,因为它不能像面对面那样对误会和矛盾及时补救,组员之间容易产生误解和冲突,这种方式也不容易使小组自然产生出领导。

电脑渠道沟通比面对面沟通在意见观点上更有创造性,但需花更长的时间达成组员的意见统一。前者花更多的时间完成任务,但效果往往比后者更好。前者更适合以任务而不是以情感为主的小组沟通。前者不总是被社会规范所约束,对其他组员往往缺乏全面的认识和了解。

为了更有效地解决问题和完成任务,小组成员和领导可以把电脑渠道沟通方式和面对面沟通形式结合使用。在用电脑渠道沟通时,要注意交流的方式,讨论的形式,不断寻找不同渠道以传播想法并建立与组员的联系。在电脑渠道沟通的过程中,每个组员都可以发挥领导者的作用,积极参与,共同承担责任,有效地完成小组的目标和任务。

小结

在生活和工作中,许多问题都是通过小组沟通来解决的,任务都是小组成员协调合作完成的。许多成功的企业也是靠有效的小组沟通发财致富的,所以小组沟通能力具有举足轻重的地位。

小组一般由3～15人组成,可分任务小组和社交小组。任务小组主要在工作范围内,社交小组主要在社会生活范围内,但是也有许多小组二者兼顾。一般情况下,小组成员都是为了一个共同的目标而聚在一起的。通过互相合作和依赖完成任务的同时,小组成员还寻求情感和社交愿望的满足。

在小组沟通的过程中,组员的言行举止一般要遵循成文和不成文的规范。如果某一组员违反了这些规范,就会受到惩罚。小组成员还在沟通中扮演不同的角色。主要的两种角色是任务角色和社交情感角色。角色是根据一个人的沟通行为来确定的。在有些情况下,某些小组成员会表现出以个人为中心的行为。这种行为对小组在决策的质量上和小组成员的满意程度上都有很大的负面影响。

小组的凝聚力是小组沟通中的重要因素。凝聚力强的小组在任务完成上会更有效率,情感交流上也得到最大满足,但是凝聚力过强往往会导致"小组思维"。"小组思维"指在小组决策过程中不同意见受到压制,小组成员对小组的决策毫无质疑而造成错误的决定。美国"挑战者"号就是因为小组思维的原因才发生了重大灾难。小组要采取措施,预防小组思维的发生。

在小组沟通中,组员们会使用"任务性语言",集中精力完成一项任务或计划,但有时小组成员也会使用社交和情感方面的语言来营造和谐与人文关怀的气氛。不同的文化在沟通中有不同的侧重点。男性和女性在沟通中也呈现不同的倾向。男性更容易使用任务语言,把输赢、竞争看得过重。女性更容易使用社交和情感方面的语言,更容易合作,对其他组员也表示出更多的鼓励和关怀。

小组成员由于社会背景和沟通能力的不同享有不同的权力因素。这些权力因素都在小组决策过程中起到不同的说服和影响作用。小组在解决问题的过程中最好遵循一套完整的程序，以确保决策的质量。小组可以根据情况采取不同的方法作出决定，确保小组会议的质量和效果对作出正确的决定至关重大。

小组领导是小组沟通顺利和决策成功的关键。领导者要有很好的素质和领导才能。不同类型的领导采取不同的方法与组员沟通。好的领导者应该具有视野、信誉和沟通能力。

随着科学技术的不断发展，小组成员的沟通也经常是通过电脑渠道来完成的。电脑渠道沟通有利有弊。选择合适的沟通渠道对完成小组目标有积极作用。

关键词

小组沟通、任务小组、社交小组、相互依赖、合作型、小组规范、成文的规范、不成文的规范、小组成员的角色、任务角色、社交角色、以个人为中心行为、小组凝聚力、小组思维、挑战者号灾难、小组幻想、任务性语言、社交和情感方面的语言、小组权力、反思思维、大脑风暴、决策方法、小组会议、领导能力、电脑渠道沟通

讨论题

1. 小组沟通的特点是什么？
2. 小组的成文规范和不成文规范都有哪些？
3. 小组成员的任务角色都有哪些？
4. 哪些小组沟通行为属于以个人为中心行为？
5. 小组凝聚力的利弊是什么？
6. 怎样避免小组思维？
7. 男性与女性在小组沟通上有什么不同？
8. 小组成员都有哪些权力？
9. 哪种决策方法更有效？
10. 小组领导应该具备哪些条件？

练习题

1. 选一个小组会议，征得小组领导的同意，旁听他们的会议过程，记录下小组成员都遵循哪些成文和不成文的规定，小组成员都扮演什么角色？

2. 采访一个部门的领导,询问他用什么方法调动其属下的积极性,用什么方法提高小组凝聚力,采取什么样的决策方法。

3. 调查一些中外大事件,分析在决策上是否有小组思维的因素,譬如希特勒屠杀犹太人的决定,中美介入朝鲜战争的决定。

4. 你的朋友跟你讲,在他主持的会议上,有人总是开玩笑,不注意别人发言,有人出出进进,态度很不认真。朋友问你怎么办才能扭转局面,把会开好。你能给朋友什么样的建议?

5. 想出5个中外著名人物,列出每一个人具备的领导能力。比较中国领导和外国领导人的领导风格,分析当地的文化特征和领导人产生的历史原因。

6. 尝试在网上与某一小组成员讨论问题,比较网上讨论和面对面讨论的区别,分析今后小组沟通的趋势。

参考书目

Barge J K. *Leadership*, New York: St. Martin's Press, 1994

Beebe S A and Masterson J T. *Groupthink*. In Cathcart R S and Samovar L A(Eds.), *Small group communication: A reader*(5th ed.), Dubuque, Iowa: Wm. C. Brown Publishers, 1998

Benne K D and Sheats P. *Functional roles of group members*. Journal of Social Issues, 1948(4)

Bormann E G and Bormann N C. *Effective small group communication*(5th ed.) Edina, MN: Burgess, 1992

Cathcart D and Cathcart R. *Japanese social experience and concept of group*. In Samovar L and Porter R (Eds.), *Intercultural communication: A reader*(2nd ed.), Belmont, CA: Wadsworth, 1976

Cathcart R, Samovar L and Henman L. *Small group communication: theory and practice*(7th ed.). Madison, WI: Brown and Benchmark, 1996

Collins J C and Porras J I. *Built to last: Successful habits of visionary companies*. New York: Harper/Business Essentials, 2002

Day B. *The art of conducting international business*. Advertising Age, 1990, 10(48)

Dewey J. *How we think*. Boston, D. C. Health & Co., 1910

DuBois C C. *Portrait of the ideal MBA*. The Penn Stater, 1992(31)

Evans C R and Dion K L. *Group cohesion and performance: A meta-analysis*. Small Group Research, 1991, 22(2), 175~186

French J R R and Raven B H. The bases of social power. In Carwright D and Zander A(Eds.), *Group dynamics: Research and theory*. New York: Harper and Row, 1953. 607~623

Hackman M Z and Johnson C E. *Leadership: A communication perspective*(3rd ed.), Prospect Heights, IL: Waveland, 2000

Harris T and Sherblom J C. *Small group and team communication*(3rd ed.), Boston: Pearson, 2005

Janis I L. *Victims of groupthink*. Boston: Houghton Mifflin, 1972

Ketrow S M. *Communication role specializations and perceptions of leadership*. Small Group Research, 1991, 22(4), 492~514

Kolb J A. *A comparison of leadership behaviors and competencies in high and average performance teams*. Communication Reports, 1996, 9(2), 173~183

Management meetings mount. USA Today, March 2, B1, 1998

Moorhead G, Ference R and Neck C. *Group decision fiascoes continue: Space shuttle challenger and a groupthink framework*. Human Relations, 1991, 44(6), 539~550

Porter R. *Intercultural small group communication*. In Cathcart R and Samovar L(Eds.). *Small group communication: A reader*(5th ed.), Dubuque, Iowa: Wm. C. Brown Publishers, 1988

Ronald B, A and Rodman G. *Understanding human communication* (9th ed.), New York: Oxford University Press, 2006

Schutz W. *The interpersonal underworld*. Palo Alto, CA: Science and Behavior Books, 1966

Stewart L P, Stewart A D, Friedley S A and Cooper P J. *Communication between the sexes: Sex differences and sex role stereotypes*(2nd ed.). Scottsdale, Ariz: Gorsuch Scarisbrick, 1990

Wallach J and Metcalf G. 如何与老美共事. 萧碧风译. 台湾: 麦格劳・希尔国际股份有限公司, 台湾分公司, 1997

Walther J B. *Computer-mediated communication: Impersonal, interpersonal, and hyperpersonal interaction*. Communication Research 23(1), 1996. 3-43

White R and Lippitt R. *Leader behavior and member reaction in three 'social climates'*. In Carwright D and Zander A(Eds.). *Group dynamics: Research and theory*(3rd ed.), New York: Harper and Row, 1968

Widmeyer W N and Williams J M. *Predicting cohesion in a coacting sport*. Small Group Research, 1991, 22(4), 548~570

第九章 跨文化沟通

《圣经·旧约》上说,人类的祖先原先讲的是同一种语言。他们决定修一座通向天堂的高塔,为以后升入天堂做准备。因为大家语言相通,同心协力,阶梯式的通天塔修建得非常顺利,很快就高耸入云。上帝耶和华得知此事,立即从天国下凡视察。上帝看罢非常不满。于是施展法术扰乱了人类统一的语言。造成沟通障碍致使高塔坍塌。人类由于语言不通,彼此不能很好地沟通,从而导致人类之间充满猜忌,分崩离析的现象。

这是神话,也是寓言,揭示出人类充满猜忌,甚至发生战乱的原因是因为语言不通,彼此不能很好地沟通所致。由此可见,跨文化沟通关系重大,直接影响到人类社会的进步和繁荣发展。

一、文化的概念

文化,在汉语里是"人文教化"的简称。文,包括语言文字;教化,是指人类精神生活和物质生活所遵守的共同规范。文化最早的含义是指文明。人们说"这人没有文化",便是指此人的行为不文明。关于文化的定义层出不穷。文化这个概念的提出,几乎就像文化本身一样悠久,文化的定义也因此众说纷纭,多种多样。克莱德·克拉克洪(Kroeber Kluckhohn)曾在1952年对文化的定义进行了搜索,结果发现164个不同的定义。索莫瓦(Samovar)和鲍特(Porter)将文化定义为"个人和群体,经过世代习得而来的知识、经历、信仰、价值观、态度、意义、宗教、时间概念、角色、空间关系、宇宙的含义和物质实体"(1997, pp. 12-13)。总的说来,文化是由人类创造的,是经过历史检验沉淀下来的物质财富和精神财富。文化,包括文字、象征符号、习俗、习惯、信仰、艺术、道德、法律、思想意识、社会制度等。文化也有地域之分,如黄河流域文化、非洲文化、希腊文化等。

人类的价值观、态度、信仰、判断等都是文化的主观成分。这些成分影响我们怎样看待专制与民主、生与死;怎样穿衣、吃饭、谈恋爱、交友;怎样对待父母、老师;怎样表示喜怒哀乐;怎样教育子女等。文化像生活中的网,处处包围着我们。文化是通过社会活动、与人交往、所受教育、家庭影响、艺术熏陶和媒体传播等外界通道习得而来的。文化是群体现象。在同一个群体里,个人之间分享同样的文化。文化是经口头和文字材料世代相传的。文化是以不同的速度不断变化的。

文化在不同民族、不同信仰、不同习俗的世界里表现出千差万别形态。例如,世界各国的政党都有自己的徽章。中国共产党是镰刀和斧头;国民党是青天白日。而美国的民主、共和两党的徽章却是驴子和大象。

四年一次的美国总统选举又称为"驴象之争"或"驴象赛跑"。驴和象的象征起源于画家纳斯特的讽刺漫画。1870年,他在《哈泼斯周刊》上画了一头笨头笨脑的驴,以讽刺当时北部反对内战的民主党人。民主党人却把驴子视为既聪明又勇敢的动物。后来,纳斯特又在《哈泼斯周刊》上以大象的"大而无当、华而不实、保守愚昧"来讥讽共和党。而共和党人却认为大象代表尊严、力量和智慧。从此,民主、共和两党分别以驴子和大象作为自己的代表性动物。

这在中国人看来简直是不可思议。任何政党和个人,都不会接受以驴子为符号。驴,作为农民的忠实助手,勤勤恳恳,任劳任怨,不知道为啥,却充当着反面形象。例如,谁唱歌难听,便被形容为"驴叫";谁所问非所答,是"驴唇不对马嘴";高利贷翻倍还钱,叫做"驴打滚儿";形容极坏的心肠,叫"驴肝肺";说某人专横,叫"驴性霸道";说坏人无计可施,叫"黔驴技穷"。在美国大选期间,如果你在脖子上挂着个毛驴牌子招摇过市,会有许多人跟你握手,甚至伴你同行。

饮食也是文化。但是这种文化的分歧却到了不可沟通的程度。全球大多数国家的餐桌上离不开猪肉,而穆斯林世界则"谈猪色变",中国回族甚至连姓朱的人氏都要改成姓黑才行,他们是禁食猪肉的民族。中国亦有禁吃狗肉的民族,同样是生活在长白山下,满族对狗情有独钟,不要说把狗儿活活勒死吃肉,就连戴狗皮帽子都犯忌;与满族的习俗相反,朝鲜族是一个最爱吃狗肉的民族,他们认为吃狗肉可以清热解毒,用狗肉来烹制菜肴,是朝鲜族烹饪中的一大特色。大洋彼岸的美国人,也对韩国人杀狗吃肉极其反感,认为是一种不可理喻的野蛮行为。但是政治利益比饮食习惯更受青睐,所以没有影响美国同韩国结成军事同盟。

二、跨文化沟通的先驱

中国古代先贤早已有"走出去"的意识,这对跨文化沟通起到了积极的作用。根据史料记载,最早到西域求法的是三国时代的一位高僧。三国以后,两晋南北朝,也就是从

3—8世纪这段时间里,有很多人到西方去求经。其中最著名的是东晋僧人法显,他的佛学修养非常深,而且梵文的基础也很好。法显西行求经,经过大漠雪山,游历印度三年,带了很多经书回国。

唐玄奘的特点是"取经"。另外一位"走出去"的代表人物是唐代高僧鉴真,他的特点是"传经"。"取"与"传"是跨文化沟通的两方面。鉴真东渡对日本文化的各个方面影响重大而深远,日本人民称鉴真为"盲圣"、"日本律宗太祖"、"日本医学之祖"、"日本文化的恩人"等,充分地表达了日本人民对鉴真崇敬、膜拜的感情。

自唐至元代,基督教各派曾先后传播于中国,但元朝灭亡后曾一度沉寂。明代中叶以后,由于地理大发现的进展,东西新航路畅通无阻,耶稣会便派遣大批传教士来华,形成西学东渐的一次高潮。当时,来华传教的西方教士有数百人之多,其中对后世影响较大者有沙勿略、罗明坚、利玛窦、龙华民、罗如望、庞迪我、熊三拔、艾儒略、邓玉函、汤若望、罗雅各布等。

1582年,意大利那不勒斯人罗明坚(Michele Ruggieri)(1543—1607)得到两广总督陈瑞的批准,第一个进入中国内地,在广东肇庆天宁寺居住,正式开始传教。他曾获两种法学博士学位,加入了耶稣会后取得教士的职位。他于1579年到达澳门,开始学习汉语,了解中国的风俗习惯。罗明坚是一位很有毅力并有极高天赋的传教士,到达澳门后2年4个月,便能认识许多汉字,可以初步阅读中国的书籍,三年多后,便开始用汉语写作,并开始用中文在澳门传教。他还编写了中国最早的《葡汉字典》,并用拉丁字母编注了汉语拼音。

利玛窦(Matteo Ricci)(1522—1610)有着丰富的神学、哲学、历史和自然科学知识,明万历十一年(1583年),罗明坚和利玛窦来到广东肇庆,为缓解当地百姓的敌对情绪,利玛窦等穿起中国式的大褂长袍,决定暂时不谈宗教,并出重金聘请当地有名望的学者介绍中国情况,讲解经书,以便与中国知识分子有更多的共同语言。他们又用西方科学技术、新奇的西洋物吸引中国人,以博取当地民众的好感。他们积极学习中国文化,将天主教教义融入中国的古代经籍之中,从《中庸》、《诗经》、《周易》、《尚书》等书中摘取有关"天"和"帝"的条目,比作西方天主教教义中的天主。为吸引中国人的目光,利玛窦还公开展览西方先进的机械制造产品和科技成果,如钟表、三棱镜、圣母像、地图等。为迎合中国人"中国是中央帝国"的观念,利玛窦还改变了世界地图在西方的原始面貌,使中国刚好位于地图中央。这些都引起了中国人的浓厚兴趣,利玛窦的住宅门庭若市。他利用所学的知识,致力于制造天球仪、地球仪,成为西方先进自然科学知识的传播者。利玛窦的译著有《坤舆万国全图》、《天学实义》和《几何原本》等。那时候,没有一个西方人在中国的影响能与利玛窦相提并论,他被尊称为"利西泰"。

利玛窦、庞迪我、汤若望等人除了给中国带来了科学、西医和基督教的观点以外,还向西方人介绍中国哲学、历史和文学等方面的知识,如利玛窦写的《中国札记》翻译成多种外国文字。法国思想家莱布尼茨、伏尔泰等都受过中国儒家思想的影响,并对中国文化传统给予高度的评价。

马可·波罗(1254—1324)于1271年来到中国,在中国游历了17年。他游览了中国的许多省市,为中国的经济发展和灿烂文化所震撼,回国后撰写了介绍关于中国的游记《马可·波罗游记》,又名《东方见闻录》。他向西方人介绍了中国的烧煤、瓷器和纸的生产方法,也记述了他在中国的所见所闻。他的书引起了欧洲人对东方文化的浓厚兴趣。

文化交流也有通过武力行为来进行的。从16世纪起,欧洲一些列强在非洲、亚洲、南美洲及拉丁美洲实行殖民统治,把西方的语言、文化、宗教强加于原住民。在交流中与当地文化也产生了碰撞、冲突和抵抗。当今的经济全球化,使得西方文化,尤其是大众文化在世界范围内得以传播,无论你是否愿意,在日常生活中、外交事务中和生意场上与不同文化、不同语言、不同肤色的人打交道已经是很普遍的现象。2008年第29届夏季奥运会在北京举行,全世界204个国家和1万多名运动员云集北京。不同国度、不同民族、不同文化在五环旗下聚首,演绎着奥运团结、和平和友谊的宗旨。

三、跨文化沟通的重要性

自从20世纪80年代改革开放以来,中国就走进了世界的视野,渴望被了解,被理解;同时也渴望了解世界,理解世界。在当今全球化的时代,人们比以往任何时候都需要理解、包容和合作。全球化已成为改变世界的主要力量之一。

如果从广为传播的信息、观念、资金、媒体、文化作品,或者个人角度来看,历史上一度区分国家和社群的边界越来越具渗透性。城墙、关隘、界栏、边卡等设施,统统阻挡不了跨文化的沟通。你只要看看美国麻省理工学院学生的组成,就可以证明这一点:8%的本科生和37%的研究生来自109个不同的国家。

文化与沟通紧密相连,文化信息是通过文字、象征符号、习俗和一系列沟通行为和事件传递表现出来的,所以霍尔(Edward Hall)认为"文化就是沟通"。文化是沟通的基础与前提,文化为沟通提供潜台词,沟通又是文化的载体,沟通行为虽然受文化影响,但有些沟通行为也可以是个性的,我们大部分情况下生活在自己的文化里。但随着世界的变小,人们在不同范围、不同环境下,为了不同的目的开始有各种各样的文化交流和沟通。

朱迪斯·马丁(Judith Martin)和托马斯·中山(Thomas Nakayama)(2007)列举了跨文化沟通的六个重要性。

(1)科技发展的需要。现在越来越多的人使用科技来达到沟通的目的。电子邮件和互联网的使用使人们更容易得到关于其他文化的信息,对其他文化产生兴趣也增进了彼此之间的了解,与其他国家的人建立了联系,发展了友谊。当然网上关于其他文化的信息未见得都准确,甚至有人还利用互联网传播偏见,加剧歧视和仇恨。另外,网上的交流由于没有非言语的扶助,也很容易产生误会。还有一些人在网上掩盖自己的真实身份、性别、种族、年龄,使得沟通失掉了真实性和可靠性。总而言之,传播手段的改变将会影响我们与他人交流的方式,关系的发展,也增进了对本土文化以及其他文化的认识。

(2) 人口成分的变化。由于移民的原因,许多国家的人口成分已有明显的变化,以美国为例,据统计,按现在的移民趋势到 2050 年,南美裔将从现在的 3600 万人到 10 300 万人,亚裔将从现在的 1000 万人到 3300 万人,非裔将从现在的 3600 万人到 6100 万人。种族人口的多元化促进文化的多元化。美国人曾经用"大熔炉"(melting pot)来形容美国,传达的信息是不管你从哪个国家移民到美国,你最终都会变成具有相同文化价值观的美国人。现在这一比喻已经过时,因为各种文化背景的移民及他们的子女已经不必非要融入以欧洲文化为中心的"熔炉"里,而是要在适应新的文化环境的同时,保持自己的本土文化,取而代之的比喻是"水果色拉"(fruit salad)。这个比喻象征着多民族文化各自保持自己的文化特色和味道,但又能与其他文化成分融合,形成五颜六色的统一体。中国也是个多民族的国家,近些年来,也有许多外国人因留学、工作、做生意、移民等原因选择在中国居住。据统计,仅 2008 年上半年来北京的外国人就有 140 万人,在北京长期居住的外国人有 6.4 万人。(百度知道)这就使中国人有与外国人跨文化交流的机会,但同时中国人也更需要加强对其他文化的了解并培养文化沟通的能力。

(3) 经济发展的需要。经济全球化不仅使公司经营与管理发生了变化,也使人际交流关系变得更为错综复杂。其中,由文化差异引发的文化冲突已成为跨文化沟通中的最大障碍,也是跨国公司兼并失败的主要原因。

经济全球化使各国之间往来更为频繁。在中国的大城市里,到处都可以看到外国企业公司,如美国的快餐店和其他异国风情等。以中国向全世界出口贸易为例,据商务部国际经济合作研究院的消息,2008 年中国对外贸易将增长 15%,进出口总额可能超过 2.4 万亿美元。这就说明我们国人有越来越多的机会得以与外国人一起工作、谈判、参加会议。在美国,有无数家跨国公司。美国的一台计算机可以是在台湾设计,在菲律宾或马来西亚生产微信息处理机,在韩国或日本生产记忆卡,在爱尔兰、以色列或英国生产键盘、硬件、电池。

在与不同文化的人谈生意时,很重要的是要了解对方的文化习惯、价值观和沟通行为。有一次我在飞机上遇到一位来中国做生意的匈牙利人,他说在卖他的产品时,如果对方是欧洲人,他们一定是要中档的,付中间价格;而对方如果是美国人,他们一定要最好的产品,付最贵的价钱;而如果对方是中国人,他们一定要最好的产品,但付最少的价钱。他说与中国人做生意很难做,而且中国人又最会讲价。他还说中国人在谈判时经常意图含糊不清,使他捉摸不透。我的许多美国朋友认为中国人是世界上最不好理解的民族。这也反映了在文化沟通上中美两国有着很大的差异,同时也说明美国人对中国文化缺乏了解。

中国人与欧洲人做生意时也要了解对方的文化习惯、价值观和沟通行为。光会讲外语还不够用。比如,欧美人约会准时,以完成任务(而不是拉人情关系)为做生意的目的,沟通语言直截了当,意图明确。在与他们谈判时,既要有技巧,又不要太刻意玩游戏,讲话时有时不必太含蓄。

(4) 和平发展的需要。整个世界,由于民族矛盾、强权政治和历史的原因,经常动荡不安,危机四起。比如卢旺达的胡图族和图西族之间的历史恩怨,英国的天主教和新教之间的宗教矛盾,伊拉克逊尼派和什叶派之间的长期对立,以色列和阿拉伯国家之间多年的武力角斗,全球范围内基督教和伊斯兰教之间的冲突。这些矛盾造成文化之间的偏见、歧视,甚至武力冲突。"9·11"恐怖事件发生之后,这些冲突不断升级,文化间的隔阂不断加深。为了世界和平的需要,我们要更多地了解其他文化的历史,加强建设性的沟通。

(5) 自我意识。如今,我们与自己完全不同的人的交流越来越多,"跨文化交流"课程的目的,在于帮助你面对生活中可能遇到的挑战,帮助你提高对跨文化交流的敏感度,并提供相应的知识及技巧让你与不同文化的人能进行成功的交流。

我们每个人都是在一个特定的文化环境中长大的,习惯于特定的文化行为。这就使我们容易犯以本民族、本地区文化为中心的错误(ethnocentrism)。换句话说,就是拿自己的文化价值观衡量别人的行为,这样就会对别人产生误解和偏见。比如把西方人交往中的尊重个人空间的行为看成冷漠;把东方人的热情和关心看成是对个人隐私的侵犯。媒体经常传递带有偏见色彩的文化知识,并没有在现实生活中验证,但人们反而容易在现实生活中"先入为主"地套用这些偏见。比如,对美国黑人的认识是懒惰、犯罪率高,亚洲人都是书虫或武林高手。自我认识就是要不断意识到自己的偏见,不断寻找机会接触不同文化背景的人,不断增加自己的文化知识,使跨文化沟通更有意义,并产生更积极的效果。

(6) 认识不同的伦理观。伦理是个人或群体衡量行为的原则。在文化沟通方面,有两种伦理存在。一种是普遍性的,人类共同认同的,比如和平、正义、环保;另一种是限于某一文化范围内的,比如西方的民主观念,平等意识;中东一些国家的妇女戴面纱;中国的独生子女政策;埃塞俄比亚人用手吃饭等文化差异。如果认为自己国家的文化观念和习惯优越,强调以自我文化为中心就是"文化中心主义"的表现,若再以不同的手段强加给别的国家就是文化霸权主义(cultural imperialism)。

当两个文化间不同的伦理观相互碰撞时,哪个是对哪个是错很难确定。一般来说,文化间的不同是不能用正确与错误来判断的。这种判断是文化自我中心论的表现,文化间只能是互相尊重,互相理解,不能把自己国家的文化观念强加给别的文化。比如在人权的问题上,西方的人权表现在言论自由方面,允许不同政见者批评政府和领导人。以西方为中心的联合国在 1948 年国际人权声明里把个人的自由、尊严放在首位,强调个人的政治和公民的权利。而在另一些国家,人权表现在吃穿不愁,有安全感以及社会福利保障上(如新加坡)。在跨文化传播中,经常是因为文化之间伦理观念的不同,而造成偏见、误会和矛盾。

四、跨文化沟通研究的历史

跨文化沟通最早的研究学者是人类学家和语言学家,他们对某一语言或文化进行观察、研究,再对这些语言、文化进行描述,并与本民族文化进行比较。许烺光教授(Francis L. K. Hsu)1953 年出版的《美国人与中国人:两种生活方式的比较》就是一例。许烺光对中美文化在社会生活和文化价值观等方面进行了详细的比较,认为中美文化有两个主要区别:美国人以个人为中心,而中国人以情境为中心;美国人比较重视情感,而中国人在情感表达上总是有所克制。美国人的个人主义造成的负面影响是心理上的孤独和人际关系上的危机。而中国人的情境中心倾向使中国人过于依赖他人。

克卢克宏(Kluckhohn)和斯托罗德拜克(Strodbeck)1961 年出版了《文化倾向的类别》(*Variations in Value Orientation*),书中提出了文化倾向的 5 个方面。

(1) 对人性的认识上,是人之初性本善?性本恶?或是两者兼顾?
(2) 对人与自然关系的认识上,是征服自然?被自然征服?还是在两者之间?
(3) 对人与人之间关系的认识上,重视个人?重视群体?还是两者同等重要?
(4) 对文化性格倾向上,是强调动态?还是强调存在?
(5) 对时间的认识上,是强调过去?现在?还是将来?

他们认为,每一个文化都有自己的价值选择倾向,不同的选择倾向会影响文化上的沟通行为。比如有些文化的时间观念倾向于"过去",人们会用过去的经验和历史作为说服他人的例子。而在时间倾向于将来的文化里,人们会用希望和实现梦想刺激对方。比如中国领导人讲话注重吸取历史教训,引用古训。美国领导人讲话偏向对未来的展望,描写前途的美好。强调以个人为中心的文化倾向在行为上就会多给对方空间,尊重个人选择;强调以群体为中心的文化倾向在行为上就会以群体利益为目的,甚至以牺牲个人利益为代价。

第二次世界大战以后,美国在世界上的势力越来越大,派出国外的外交人员、商人日益增多。但是这些人并没有做好充分的准备,对所在国家的语言能力和文化知识都很欠缺。因此,美国在 1946 年成立了外交服务学院(the Foreign Service Institute),并雇用了著名的人类学家爱德华·霍尔(Edward Hall)为学院设计出国培训的课程。霍尔在培训中强调非言语能力的重要，包括手势、时间、空间的使用。他是最早把文化倾向和沟通行为联系起来的美国学者，并认为文化就是沟通。他著有《无声的语言》(*The Silent Language*)(1959)；《隐蔽的一面》(*The Hidden Dimension*)(1966)和《文化的背后》(*Beyond Culture*)(1976)等关于文化与沟通方面的书籍。他最早提出文化之间有高语境(high context)和低语境(low context)的区别。在高语境文化环境里，人们使用隐讳的语句，只能限于有同一文化背景的人才能理解。在低语境文化里，人们使用直白的语句，强调信息的细节。他把中国和亚洲其他国家归属于高语境文化；欧美国家划分为低语境文化。霍尔还认为高语境文化的传播效率高，低语境文化要花费更多的时间解释和说明信息。他还特意提出中国的高语境文化会导致信息传递的高效率，从而推进中国经济建设的快速发展。看来他的预见是对的。

在20世纪六七十年代，中国正在进行史无前例的"文化大革命"，美国也正处在社会动荡时期，尤其呈现出种族之间的矛盾冲突。以黑人为代表的少数民族和其他弱势群体，为争取平等和公正纷纷举行抗议活动。从这一时期起，跨文化沟通的范围扩展到种族、阶级、性别。

从80年代起，美国跨文化沟通的研究又转向国与国之间的沟通。重点之一是与日本文化的比较。日本在这一时期的经济崛起受到世界的瞩目。美国试图从日本文化和传播行为方面了解日本经济成功的原因。这期间出现了一大批研究文化类型的学术书籍，他们把重点放在东西方文化的比较，如：古地库恩斯特(Gudykunst)和金(Kim)的《与陌生人的沟通》(*Communication with Strangers*)(1984)；劳仑斯·金彩德(Lawrence Kincaid)编辑的《沟通理论：东西方的视角》(*Communication Theory: Eastern and Western Perspectives*)(1987)。跨文化传播的理论建设在这一时期也有了高度的发展，但重点放在国际场景下的人际交流，主要目的是为了提高个人在认识、情感和行为上的文化交流能力。

从90年代开始，在欧洲展开的文化批评研究(cultural studies)开始影响跨文化沟通的研究。沟通学学者朱莫·穆(Dreama Moon)(1998)提出，文化沟通研究不应该仅仅停止在价值观和沟通行为的不同，而要把权力和权势因素纳入考虑范畴。权力和权势的因素影响了人们对文化意义、行为和文化特征的诠释。比如怎样认识美国文化，美国是以白人为中心的欧洲文化为特征，还是个多元文化的结合体？主流文化与弱势群体的关系是什么？另外，媒体也对大众文化产生直接影响，如制造偏见，刻板印象，歪曲某个文化群体的形象等。

另一个对文化有影响的因素是历史和权力的关系。谁掌握权力谁就有话语权，谁就可以对历史进行任意解释或删除。比如，日本政府在教科书里删除对华侵略的历史就是一例。另外，文化沟通研究的范围也不能仅限于国家之间的文化差异，而应包括具有不同特征的文化群体，如民族、性别、年龄、阶级、同性恋等。这类跨文化研究方法受后殖民主义和文化批评研究的影响,文本分析、媒体批评、修辞批评等是常见的研究方法。

在中国,从20世纪90年代开始重视跨文化沟通学。北京大学教授关世杰1995年出版了《跨文化交流学》,主要运用人类学和语言学的方法,把文化分为多种类型,分析文化与思维方式,语言和非语言的关系。哈尔滨工业大学贾玉新教授也是中国跨文化研究的先驱之一,编写了《跨文化交际研究探索》,并与国际接轨,在哈工大举办数届跨文化交流研讨会。

五、文化的种类

社会心理学家盖尔特·豪夫斯太德(Geert Hofstede,1984)在20世纪80年代初对全世界53个国家的IBM分公司的雇员们进行了一次问卷调查。调查结果表明,这些国家在4个方面具有不同的文化倾向。

1. 个性特征文化与群体特征文化的区别

哈里·特迪斯(Harry Triandis)把个性特征文化定义为"大多数人的大部分社会行为取决于个人的目的、态度和所属群体的价值观。在群体特征文化里,大多数人的社会行为在大多数情况下取决于与所属群体的目的、态度和价值观"(1994,p.71)。在以群体为主要特征的文化里,人们更重视本群体的利益和需要,更看重社会观念和责任,与本群体的人有着共同的信仰,更愿意与本群体的人合作。在群体特征非常突出的社会里,人们可以完全放弃个人的目标和愿望,互相依赖,遵守社会规范,更容易被别人影响。人们对本群体和本群体以外的界限划得非常清楚。他们对本群体的人和群体以外的人用不同的沟通行为,对前者注入更多的关心、热情和投入;对后者则保持距离,或者以礼貌,或者以粗鲁的方式对待。在以群体特征为主的文化里,人们祈望和谐,把个人的成绩归功于集体的努力。世界上许多发展中国家,南美、非洲、南欧和大部分亚洲国家都属于群体特征的文化类型。

中国传统社会是典型的以群体为特征的社会。社会成员以家庭、族系、朋友圈子和各种社会关系组成大大小小的群体。人们在自己所属的群体里互相依赖、互相帮助,以为集体利益牺牲个人利益为荣,这个文化传统在当今中国社会仍有体现。比如,为了准备第29届奥运会,北京采取了一系列措施确保空气的干净和城市的美观,规定在北京奥运会期间,所有的交通车每天分车牌的单双号出车,这项规定对有车的人来说,只能隔一天出车。这样做要损失很多人的个人利益,包括经济上的和生活方便程度上的。但大部分中国人都认为为了国家的荣耀和奥运会的安全,这些措施都是必要的。我在奥运会期间遇见的北京人都认为做些个人牺牲不算什么。国家的利益高于一切。

在一个以个性特征为主的文化里,人们更看重个人的权力、利益和需要,更追求与众不同，有时为了达到个人目的而牺牲集体利益。他们不轻易受别人观点的影响，允许各抒己见，他们用同一沟通行为和价值标准对待所属群体和群体以外的人。

美国和西欧一些国家明显具有个性文化特征的倾向。在公司里，美国人从事一件任务之前，首先考虑的是这样做会给个人带来什么利益。美国人也讲团队精神，但团体的目的也要仰赖个人潜力方面得以发挥。美国人在表达自己观点时总是用"我认为"，而不是"我们认为"。个人主义是西方的自由哲学派的宗旨之一，渗透在美国社会的各个层面。有一位美国人对我说，如果美国在举办奥运会期间采取像中国那样的措施，不知会有多少人向法庭控告当地政府侵犯他们的人权和个人利益。

但是，个性特征与群体特征文化的区别并不是绝对的，两者经常是交融的。比如：在美国也有许多群体特征文化的现象，如捐款给慈善机构，做义工，救济穷人，帮助别人，比比皆是。在中国，也有人为了达到个人目的牺牲集体利益，这种现象自改革开放以来尤其突出。我在1998年做了一个采访调查，问题围绕着中国传统的"义"和"利"的行为自改革开放以来有哪些变化。在采访的28人中，多数人认为"君子重于义"的时代已经过去了。现在中国人的人际关系是以"利益"来衡量的，虽然在亲友中也有"利"和"义"并存的行为，中国人的文化价值观随着改革开放的深入正在不断改变(Lu,1998)。

但是，西方的个性文化和中国的"利"文化有着本质上的区别。第一，西方的个性文化是建立在个人自由，神圣和自主的价值观念上的。中国的"利"观念来源于墨家思想中的"兼爱、互利"，是为了达到个人的利益而顾全别人的实际生活哲学。第二，西方的个人观念是建立在社会成员都默认和守约的规则下的。中国的"利"观念是个人在特殊情况下对利益获取作出的判断。第三，西方的个性文化属于道德范围的价值观；而中国的"利"文化在传统文化观念里一直是遭到唾弃和鄙视的。虽然改革开放以来，人们对"利"的追崇直言不讳，但它仍然不是国人公认的道德范畴和文化价值观。

2. 权力距离的区别

权力距离的远近是指在一个国家里，权力低下或无权的人在某一机构或公司里和有权势的个人保持什么样的距离。比如在丹麦、以色列、新西兰这些国家，人们认为上下级的距离应该缩短，最好的公司老板不是用权力控制公司，而是靠优秀的人品和管理能力令人折服。他们与雇员们平等相待，互称名字。但有的国家，如日本、中国、墨西哥强调拉大两者的距离，尤其是在决策上和个人关系上表现得很正式也很有礼貌，上级称呼下级要带有官腔，下级称呼上级要带有官衔。我初到美国读书时，我的美国导师让我称呼他的名字David，我很不习惯，一直叫他 Dr. Frank。过了好久才改过来。待我当了老师后，有的美国学生也直称我的名字。我开始有点儿不舒服，后来也习惯了。

中国传统文化是等级观念很强的国家。当权者与百姓有一定的距离，皇帝与臣子讲话时是堂上堂下,干部与群众讲话时是台上台下,职员与领导讲话时总是毕恭毕敬,并一定带有官衔或尊称。只有在"文化大革命"期间,中国人之间的权力关系才被打破。下级不但对上级直呼大名,还对上级辱骂、动武。一时间,礼仪之邦成了无序、无礼、无法无天的乱世。

3. 女性特征文化和男性特征文化

文化特征在表现形式上有刚性和柔性两种。刚性文化在价值观和行为上具有男性的特征,如追求成就、好强、进取、好斗。柔性文化在价值观和行为上具有女性特征,如在乎生活质量、为别人服务、待人温和。另外,刚柔文化的不同还表现在社会的沟通行为对男女的社会角色的肯定程度。豪夫斯泰德(Hofstede,1983)的调查表明,日本、奥地利和墨西哥,在男女社会角色分工上非常明显,社会行为更以男性特征为主;而欧洲国家,如丹麦、挪威、瑞典和荷兰没有明显的男女角色分工,社会行为更以女性特征为主,整个社会更注重生活质量。

易中天在他的《读城记》里描述了中国城市的"性别"。他认为中国北方城市大抵是"男性"的,有阳刚之气。"比如北京是威严而慈祥的父亲,西安、兰州、太原、济南、洛阳、开封,不是'汉子',便是'大哥'"。(p.21)而南方城市则多半是有女人味的,如杭州、苏州、南京、上海、成都、重庆、广州、武汉、厦门。他还把杭州比喻为"大家闺秀",苏州为"小家碧玉",重庆为"徐娘半老",厦门为"纯情少女"。

4. 对不确定因素的容忍程度

我们在生活中经常遇到许多不确定因素,如在沟通中模糊不清的事物和情景。对此,我们或采取躲避,不能容忍的态度,或是泰然处之,并想办法弄清楚,然后再采取行动。不同文化对此有不同的态度,如英国、瑞典和美国大抵采取接受不同意见,承担风险,限制规则的态度。这些国家对不确定因素的忍耐力较强。反之,希腊、葡萄牙和日本在公司里制定严格的规章制度以保证事情能顺利运作。他们对不确定因素的容忍程度相对较差(martin and Nakayama 2007)。

1987年,香港的一批中国学者对豪夫斯太德的文化类型进行了重新的调查(Chinese Culture Connection,1987)。他们调查了22个国家,并且在调查问卷上加入了儒家思想成分。他们发现,在这些国家里,个性特征文化和群体特征文化,权力距离,男性特征和女性特征文化方面并没有明显的区别。而大部分西方国家对不确定因素采取躲避态度。此外,他们又加入了第五种文化类型:这就是生活目标是长期的还是短期的选择。调查发现,在短期生活目标倾向的文化里,人们关心绝对真理(主要表现在西方宗教里的犹太教、基督教和伊斯兰教),重视快速效果,承认人是在社会压力下遵守社会规范的。长期生活目标倾向的文化里,人们尊重品德(主要反映在以儒教、印度教、佛教和神道为主的国家里)。具有这种生活倾向的民族重视节俭,有持之以恒的毅力,并情愿为了大目标牺牲个人的短暂利益。

这些文化类型的区分,对我们认识不同文化提供了理论概念。但盲目的套用也会造成认识上的偏见和刻板印象。许多文化并不是绝对以某一种类型为主要特征的,而是多种类型交织在一起的。政治、经济、宗教、教育等因素都会造成人们的文化价值倾向和沟通行为上的不同。另外,文化是不断变化的,如传统的中国文化、价值观、沟通行为在改革开放后,受到很大的冲击,中国文化呈现了前所未有的多元化。随着经济的全球化,越来越多的传统文化遭受冲击,媒体和大众文化的渗透也使得人们的心理更趋向于资本主义的消费文化,更要求民主、平等,更加能容忍差异,也更追求个性。跨文化研究的学者应该重新评价文化的类型,国家的界线已经不能作为唯一的尺度来对文化进行区别和评价。

六、文化沟通案例——沙特阿拉伯与美国

姜尼斯·W.安德尔森(Janice Walker Anderson)(1997)在她的 *A Comparison of Arab and American Conceptions of "Effective" Persuasion* 一文中,针对沙特阿拉伯政府和美国美孚石油公司就1973年阿拉伯石油抵制事件互相的公开信中的修辞、说服辞令进行了比较文化分析。

文章首先列举了两个国家文化价值观的不同,沙特阿拉伯主要以阿拉伯文化的价值观为主:好客、慷慨、看重勇气、尊严、荣誉。相对来说,美国人更看重利益、成功和理性。在阿拉伯文化里,叙述或讲故事是很重要的传播手段,诗人享有社会的最高尊重,因为他们显示了能控制人们情感和行动的魔力,是使用语言的魔术师,是受到高等教育的象征。

在美孚石油公司对沙特阿拉伯的公开信中,美国把1973年石油抵制行为归为经济问题,认为沙特阿拉伯的石油抵制会对美国的石油供应产生重大影响。信中提到美国对中东石油的依赖直接影响美国人的生活质量。美国方面使用了大量的统计资料来论证他们的观点,运用了直线型思维和原因—效果的逻辑方法进行论辩。

与此同时,沙特阿拉伯也向美国人民发表了一封公开信。文章把石油抵制的事件看成是政治行为,并追溯其历史原因。信中说,美国偏向以色列的立场伤害了阿拉伯人的感情。信中追溯了以色列占领巴勒斯坦的历史事实。另外,在美国的媒体里,阿拉伯人被描写成攻击者,而实际上阿拉伯人才是受害者(尤其是巴勒斯坦人被以色列人驱逐出家园),以色列的行为确确实实侵害了他国的利益。公开信还批评美国高傲自大,把问题简单化。公开信中的手法采用的是重复、对比和复杂多样的词句。信中告诉美国人,"以色列不可能在中东地区靠着占领我们的土地而赢得和平。1973年石油抵制不是'讹诈'美国人民,

而是对美国在阿拉伯—以色列政策上改变的要求"。信中使用了荣誉、尊严和正义的情感诉求。

双方最后都没能使对方接受自己的观点。原因除了政治、历史因素以外，还主要反映在文化价值观的不同，说服方式、思维习惯和语言使用的不同。如果双方了解对方的思维习惯和语言修辞方式，就能有更多的理解和让步。所以，跨文化传播，不仅需要了解对方的语言，还要了解对方的思维习惯和沟通方式。

七、文化认同

美国沟通学者麦瑞·考列尔（Mary Jane Collier, 1997）认为，一个人的身份认同来自两个方面：一个是自我认识；另一个是别人或社会对你的认识。比如，我自称为老师、母亲、中国人等；别人对我的认识可能是亚洲妇女、孝顺女儿、忠实的朋友等。别人或社会对一个人或一个群体的认识可能来自媒体所造成的偏见。比如亚洲妇女在美国媒体里的形象是顺从、性感、温柔。在现实生活中，美国人可能带着这些偏见与亚洲妇女交往。结果有时会发现他们印象中的亚洲妇女形象和现实生活中的亚洲妇女并不吻合。

我们经常在自我认识和别人对我们的认识之间不断认识并调整自己。小时候，别人，尤其是父母、老师的评价非常重要。老师说你是个聪明的孩子，你就认为自己是一个聪明的孩子。如果社会上认为智障人没有正常的思维和生活能力，认为同性恋者是有心理疾病，有些智障人和同性恋者可能也会认为自己的确如此。有些自我认识终生跟随着一个人，有些人则在其人生旅途中不断地调整对自己的认识，逐渐摆脱社会和别人的影响。在电影《立春》里，女主人公王彩玲梦想成为歌唱家，她为人善良、单纯，常常与周围的世俗格格不入，但她并不想改变自己，也不放弃自己的梦想，坚持自己的人格。这样的人在现实生活中是很少见的。

此外，文化认同还包括三个方面：范围、重要性和强调性。范围指文化认同的各个方面，如性别、年龄、种族、教育水平、政治立场、宗教信仰等。但我们有时会把文化认同的某些方面排列在前面，表示这方面的重要性。比如对我来说，我的职业身份是大学教授，这个认同对我很重要，我把它排在我所有其他身份之前。可在别人眼里，排在首位的可能是我的性别和年龄，因为这是表面上最容易看到的。其他方面的身份要通过沟通才能发现。有时在某一特定场合下，某一方面的身份往往格外受到强调（intensity），比如当我参加有外国人的聚会时，我的中国人的民族身份就尤为突显。

文化认同是指某人能被某一文化群体接受，并能与这个文化产生认同。产生认同的原因是这个人能与这个文化群体分享共同的象征系统、生活目标和意义（Ting-Toomey, 1992）。从沟通学的角度看，文化认同的研究可以从三个方面入手。

(1) 社会科学的角度。这一角度看重的是一个人归属于哪个文化群体,他所属的那个群体决定了他的文化认同。他的自我认同是个人和他所属的群体是在沟通的过程中逐渐形成的。这个认同过程不是有序的、一帆风顺的,而是经过迷惑、跳跃,伴随着个人的经历而塑成的(Eric Erikson,1968)。比如在美国长大的中国孩子,他们很小的时候(没上学前),父母告诉他们是中国人,他们就认为自己是中国人。但上学以后,受美国文化和教育的环境影响,他们又认为自己是美国人。待上大学以后,他们开始有文化返归的现象,又把自己看成中国人或美籍华人(Shi and Lu,2007)。

(2) 从人类学的角度关注文化与沟通的关系,并给予诠释。从这个角度看,每个人的认同范围、重点和强调性都是在不同的场合下用沟通的方式表现出来的。在不同的场合下,认同表现的重点不同。比如在学术会议上,我就与传播学界的学者们认同;而与家人在一起时,我的身份是母亲、妻子、女儿。在有些场合下,一个人的自我认识和文化认同并不完全受别人的承认。这时候我们就要用沟通手段和策略让别人认识自己。比如,在美国的一些社交场合里,如果我与某个美国人第一次见面,他可能不会想到我是大学教授,因为在美国的媒体里从未有过亚洲妇女作为知识女性形象的出现。在这种情境下,我经常要用直接或间接的方式向对方介绍我的教授身份。另外,我们有些民族认同或身份认同是在象征性活动或符号的使用中展现出来的,如参加春节期间唐人街的华人庆祝活动,参加某一宗教活动的服饰,听音乐会、看画展,都是自我身份和文化价值的表现形式。

(3) 批评学的角度。这个角度主要考虑历史、政治、经济和语言的因素对文化认同的影响。比如在美国,印第安人被白人抢走了土地、遭到杀戮,使之丢掉了自己的语言与文化,人口由800万人减少到200万人。黑人在美国做了300年奴隶,然后又经历了近100年的种族隔离。美国的12万日裔在第二次世界大战中被隔离监视了三年半,理由是"他们有可能会效忠日本,给日方提供情报"。由于这些历史和政治因素,这些少数民族在以白人为中心的主流文化里产生了一套自我认同的模式。他们要么就屈服于白人文化,把自己融入主流社会,放弃自己的本土文化;要么就对主流社会产生敌视心理,尤其是当他们有过积极融入主流社会的努力,但仍受到种族歧视,他们对主流社会的敌视态度就会加强。

从批评学的角度认识文化认同的发展过程还包括弱势群体对主流社会尤其是主流媒体造成的歧视和偏见的抵抗。由于话语和象征手段的作用,社会对某一文化成员会产生固有的偏见和刻板印象。比如"9·11"以后,美国的阿拉伯裔人在英、美国家受到歧视,凡是有阿拉伯面孔的人就被怀疑为恐怖主义分子。在电影《撞击》(Crash)里,一家波斯人的杂货店被洗劫,原因就是他们长得像阿拉伯人,甚至印度锡克族(Sikh)男人因为戴头巾也被误认为是阿拉伯人而受到伤害。许多阿拉伯裔社区为此纷纷提出抗议。与此同时,许多"9·11"以前称自己是阿拉伯人的人改称自己为约旦人、伊拉克人、沙特人,为的是强调自己的国家身份,削弱自己的文化身份(Saskia Witteborn,2004)。反而,住在英国和法国的一些伊斯兰教妇女,为了表现自己阿拉伯人的身份,她们重新带起面罩,在一起集会、吟唱《古兰经》。这种形式既是对阿拉伯人文化身份的自我肯定,也是对主流文化歧视阿拉伯人的一种反抗。

八、文化冲击

在跨文化沟通的环境里,一个人的文化认同通过沟通和经历而产生改变。当一个人最初到一个新的文化环境里的时候,他还带有自己文化观念的痕迹,并用自己的文化习惯在认知、情感和行动上做出判断和猜测。可一旦发现自己的想法和做法与新的文化环境产生冲突时,就会产生心理压力,从而导致身体的不适。这就是所谓的文化冲击(culture shock)。

文化冲击是一种自然现象,也是一个过程。根据学者阿德列尔(Adler,1975)、金(Kim,1996)和派德尔森(Pedersen,1995)的理论,文化冲击有四个阶段。

(1)"蜜月"阶段。许多移民或是留学生最初来到一个国家或新的文化环境时,都有许多新鲜感、好奇心。他们像个旅游者一样到处照相,心情很好,态度乐观,像在度蜜月一样。

(2)危机阶段。在这一阶段,他们发现他们的观念和行为与新的文化有许多冲突。比如你是个初到美国的留学生,学校安排的友好家庭把你从机场接回家里后,也不问你吃没吃饭,只是说"冰箱里有吃的,自己去拿"。你不好意思自己去拿,只好饿着。实在太饿了,你就自己跑出去买饼干。第二天友好家庭把你送到学校,也不帮助你注册,更不用说带你熟悉环境,而是让你一个人去闯。他们请你去他们家里吃饭,只做三个菜,而且从来不给你夹菜。你给他们的礼物,他们迫不及待地在你面前打开包装。你想托他们把你妹妹办出国,他们直截了当地告诉你不能办。在这些文化碰撞面前,你束手无策,一片茫然。

(3)重新调整。经过痛苦的危机阶段后,你开始逐步地调整自己。开始观察对方的文化行为和习惯,并加以效仿他们,但在情绪上你还是不稳定。你感到缺少温暖,开始想家,想妈妈做的饭菜。精神上的压力可能给你带来头疼、消化不良等身体症状。你开始后悔不该出国来遭这份洋罪。根据金(Kim)的文化认同发展阶段的理论,第二阶段和第三阶段是文化成长的前提,也为下一个阶段做了准备。

(4)适应阶段。你开始了解也愿意接受对方文化的处世方法和价值观。你不再用"好"或"坏"的词句来给自己的和对方的文化进行价值判断。你开始加强自己的语言和文化知识,交朋友或参加社交活动。经过这些努力,你开始能对新的环境有预测和控制能力,也感到舒服些。

根据传播学者陈凌(Ling Chen,2000)的研究,文化适应有三个阶段。

(1)用自己文化模式对事物进行判断。

(2) 通过亲身经历开始熟悉新的文化习惯。

(3) 开始用新的信息和文化习惯指导自己的行动。

在陈凌教授采访的中国留学生里,有一位同学讲了这样一个经历:他来美国的飞机是半夜抵达的,他以为学生的宿舍都是校方给安排好的。在飞机上与一美国人聊天,才知道没有人会给他安排住宿。幸运的是那位美国人说他可以住在她家里。第二天这位学生来到国际学生办公室,接待人给了他一张地图,让他自己找房子住。后来他找到了中国学生联谊会,他们帮助他安排了住宿。随后,他给那位给他提供一晚住宿的美国人打了多次电话,对方却没有继续来往的意思。他后来才明白,有些美国人很愿意帮助别人,不等于就愿意跟你交朋友。这位留学生就是通过这些小小的跨文化沟通的经历逐步了解了美国文化,逐步地适应了美国人的观念和习惯。

在经过前四个阶段后你开始有了一个新的自我,也就是文化冲击的第五个阶段。在这一阶段里,你的文化认同又增加了新的内容,因为你还保持着你自己本民族的文化传统,你的文化认同就有了双重性(intercultural identity)。你能在两种文化中间左右游刃,自由穿梭,就像美国加州伯克利大学前校长田长霖所说,"和中国人在一起时要像中国人,和美国人在一起时要像美国人"。

当然,从一个阶段到另一个阶段的转变还需要其他条件。比如个人的性格,是封闭型的还是开放型的,是内向型的还是外向型的;新的文化环境是友善的还是带有敌意的。此外,个人的语言能力、工作技能、年龄、性别等都是很重要的因素。当你在一个文化里工作学习了一段时间再回到本土文化环境时,你也会感到不适应。这种现象被学者们称为"倒转文化冲击"(reverse culture shock)。这是因为你自己在经过文化冲击的五个阶段后你自己的文化认同有了变化。同时,你自己的本土文化也在你离开的这一段时间里发生了变化。我国许多"海归"人员都有"倒转文化冲击"的感受。

九、文化与思维方式

语言与思维的关系是跨文化交流的一个重要内容。人类使用不同的语言,有不同的思维方式,从而导致对现实的不同认识。德裔美国学者弗朗兹·巴斯(Franz Boas)(1858—1942)早在20世纪20年代就提出语言是用来描述经历的,不同语言的使用能使我们区别不同的经历。这种例子很多,比如中国人表示伤心时会说"我的心都凉了";而在东南亚的苗族人却用"肝"来表示情感,当他们很高兴时会说"我有一个愉悦的肝";美国人经常用颜色表示心情,"I feel blue"意思是"我很压抑"。语言反映思维,但不决定思维。语言结构也能误导或阻碍思维。巴斯的学生爱德华·萨皮尔(Edward Sapir)(1884—1939),认为语言是一个象征系统,具有社会功能。比如,在丹麦,人们在生活中经常使用"Yentala"这个词。词的意思是"没有一个人比另一个人强"。所以在丹麦,大家都互相尊重,以礼相待,没有歧视。据调查,丹麦人是全世界最快乐的人。而在中国"文革"期间,一个普遍接受的口号是:"与天斗,其乐无穷;与地斗,其乐无穷;与人斗,其乐无穷。"人与人的关系极不正常,是残酷的阶级斗争的产物。在这里,语言造成了人们对事物的认识和思维方式的极端化,从而导致了行动的极端化。思维和行为是通过语言来刺激的,语言与文化的关系也是可以通过对思维方式的分析而发现的。笔者在《文革语言》(*Rhetoric of Chinese Cultural Revolution*)一书中对这种现象有更详细的论述。

巴斯和萨皮尔在语言、文化和思维的关系上只是提供了论断与设想,并没有研究某一语言在一个文化里对思维的影响作用。倒是萨皮尔的学生本杰明·沃尔夫(Benjamin Whorf)通过对美国印第安人荷比族(Hopi)的语言研究,对他老师的设想提供了证据。沃尔夫发现英语和荷比族语言里对时间的概念理解不同。荷比族语里强调时间延续循环,英语里强调时间的直线走向,表现在英语语法里有过去式、现在式和将来式。而荷比族语里却没有时态这样的语法。根据沃尔夫对荷比族人对时间的态度和行为进行的观察,他很确信地认为语言决定思维,语言的使用影响文化行为。

萨皮尔和沃尔夫的理论被称为"萨皮尔-沃尔夫假设学说"(Sapir-Whorf hypothesis)。这个设想的宗旨是指由于不同语言的使用,居住在同一环境的人们,会对他们的环境有不同的认识。语言的结构,决定了文化行为和思维方式。这一理论假设也遭到了许多学者的反驳,有研究表明在新几内亚的语言里虽然没有蓝色和绿色的区别,但那里的人都能区别这两种颜色(Heider and Oliver, 1972)。另一项研究表明丧失听力的孩子的认识能力与有正常听力的孩子认识能力是一样的(Rodda and Grove, 1987)。这些研究排除了语言对思维起决定性作用的推断。另外,这一假设不能解释有双语能力的人是否有双项思维能力。语言之间在结构上相似的部分被忽略了。

东西方的学者们普遍认为,说英语的人是直线型思维,东方的思维是迂回型思维。北京大学的关世杰教授在 *A Comparison of Sino-American Thinking Patterns and the Function of Chinese Characters in the Difference*(2000)一文中提出西方人重视逻辑思维,东方人重视形象思维。西方人重视单项思维,中国人偏好综合思维。中国人的形象思维受中国文字的影响。中国文字,尤其是甲骨文具有的象形特点。中国的中医、京剧和国画都反映了整体和辩证思维的特点。汉字是具有意符、音符和记号的三维图像文字,而印欧语系的文字是一系列的表音文字。理解汉字时,我们中国人从意、音、形这三个角度考虑,从而促进了中国人的综合思维能力,象形的汉字还能刺激左右脑同时工作。科学家发现人类左脑是控制语言的,右脑是负责形象的。使用汉字的人被认为右脑得到发展,形象思维较强。使用拼音文字的人左脑得到发展,从而逻辑思维能力较强。实际上,在我认识的中西方人里,都有逻辑思维和形象思维较强的人。虽然传统思维中,中国人重视辩证统一的思维方式,可在现代,尤其是"文革"期间语言使用的极端化,在中国人的思维方式上也造成了严重的极端化。

十、多元化与全球化

随着科技的发展,交通、通信工具的发达,世界正在变小,成为了马尔绍·麦克卢汉(Marshall McLuhan)所说的地球村,世界正走向多元化和全球化。在这个全球化的过程中,传统文化观点受到很大冲击,西方的观念和消费文化占有文化霸权的地位,许多第三世界国家在文化霸权的冲击下俯首称臣。而有些民族和文化则采取抵抗行动。在文化沟通上,全球化包括以下两个方面。

1. 文化扩散

文化扩散(cultural diffusion)指文化之间通过交往和接触,某一文化从另一个文化学习并接收新的事物和思想。历史上有许多文化传播的例子。中国在1911年推翻满清王朝后,引进了许多西方的观念、思想和科学技术,为中国走向现代化注入了活力。哥伦布刚发现美洲大陆时带来了欧洲的文化、饮食习惯,也从印第安人那里学到耕种各种适应当地气候生长的植物。"二战"以后,日本经济重整旗鼓,美国派爱德华·戴明(Edwards Deming)(1900—1994)去日本帮助经济建设。他在日本各个公司给雇员做讲座,强调产品质量的重要,提出了一套产品质量检查制度。从1962年以后,日本就建立了严格的质量检查制度,生产出了高质量的电器产品,很快称雄世界,就连美国人后来也试图借用这种制度来提高自己的产品质量。

2. 文化霸权

文化扩散最明显的手段是通过各种象征物把一种产品、食物,或影像介绍到另一个文化里,如可口可乐、麦当劳、肯德基,美国的电影、电视剧等。在扩散这些饮食和文化产品的同时,美国也向中国和世界传播了美国的生活方式和文化观念。这种现象被称为是文化霸权(cultural hegemony),主要是指通过西方文化符号、话语、大众文化的渗入对第三世界和殖民地的文化侵略。但是,不是所有的文化都对文化霸权束手无策。意大利慢餐食品的发展就是对美国快餐食品的抵制。

饮食是一种文化,各国都有自己对食品结构、意义和作用的认识。但是近年来,随着经济的全球化,麦当劳快餐饮食席卷了整个世界(McDonaldization)。麦当劳产生于美国的20世纪50年代,当时美国的经济正处于繁荣时期。人们的工资提高了,开始在外面就餐。麦当劳兄弟(毛瑞斯和里查德)趁着市场的需要,打造出一种既有质量,又省时间,又经济实惠的汉堡包,主要为郊区的白领阶层服务。他们在加州的圣贝纳迪诺市开设了第一家麦当劳店。麦当劳很快就受到人们的青睐。1955年，发展成了连锁店，并走向了城市。到了90年代麦当劳已经有了25000个分店，分布在120个国家里。在美国芝加哥的西郊还有一所麦当劳大学，负责培训全世界麦当劳分店的管理人员。

麦当劳的饮食文化打破了传统的饮食习惯和观念。传统饮食习惯是在家里的餐厅进餐，一家人围坐在一起，交流信息和感情，品尝男女主人精心制作的美味佳肴。而汉堡包却用单一的食品材料，在很短的时间内准备好，用很快的速度进餐。所以当麦当劳在世界一些地方开分店时，遭到了当地人的抵制。英国伦敦 Hampstead 区的居民联合起来反对麦当劳在该区开设分店。意大利人在罗马举行示威游行，反对麦当劳在该市开设分店。不仅如此，1986年在一些意大利作家和厨师的号召与努力下意大利人在意大利北部一个叫卜拉(Bra)的小镇开设了一家"慢餐店"(slow food)。慢餐的理念是推崇当地的饮食文化。他们还发表了"慢餐文化"宣言。宣言中强调，这个慢餐运动的目的是推广一种新的"品味哲学"，认为饮食的目的是品味，是享受，是愉悦。为了保护传统、艺术和环境，为了保护植物和生物，这类慢餐店命名为："康都得"(Condotte)，而且在意大利的许多地方落地生根。这种慢餐店发展到欧洲别的国家后被称为"康维维"(Convivia)。(miela and murdoch 2003)

到了1989年，"慢餐运动"成了国际运动。20多个国家在巴黎召开会议，发表宣言："我们的目的是重新找回地方饮食的独特风格，向流行的快餐饮食观念挑战。"到目前为止，这类慢餐店已经在世界40多个国家设有分店。

"慢餐运动"使消费者通过饮食了解当地的产品和文化。"慢餐运动"的推行者们还发表文章、创办杂志，宣传慢餐的产品和好处。他们的季刊《慢》(*Slow*)用5种文字在世界范围内发表。他们还评比、颁发"慢餐"企业成功奖，建立慢餐培训学校。该校为推广慢餐理念培养了大批从业人员。

还有一个文化扩散失败的例子。1992年，美国在法国投资了44亿美元建设欧洲迪斯尼乐园。游乐园一开张就受到了法国人的抵制。许多法国人认为这是美国娱乐文化的侵入，会对弘扬法国文化产生不良影响。法国人只有星期天休息，而传统上他们总是利用这一天外出郊游，欣赏大自然风光，而不去人工造的游乐园。游乐园里雇用的法国人也不习惯为游客提供微笑服务，他们对美国严格的管理方式很不习惯。法国人游玩时，自带午餐，早去早回，不吃游乐园餐馆里的饭，不住游乐园里的饭店，使游乐园经济损失严重。

十一、美国人的沟通行为

这里主要指美国人与美国人之间的沟通。请注意，本文所说的"美国人"，不是指美利坚合众国各族裔全体公民，而是泛指具有一定文化素养，以欧洲价值观为中心的美国主流社会成员。

  根据斯特瓦尔特(Stewart)和本耐特(Bennett)(1991)的观点,美国人沟通的主要目的是想说服别人。每个美国人都是彻头彻尾的"推销员"。说服他人的手段主要是巧妙的逻辑思维和事实的列举。"摆出你的事实,控制你的情感,直言不讳地讲出你要说的话"是许多美国人采取的沟通方式。美国人的沟通着重于:解决问题,沟通方式直截了当,清楚地表达自己。美国人把问题和解决问题看成生活的现实,把自己看成行动的推动者。在信息交流过程中自觉地去"发现问题",然后找出解决问题的办法。美国政界的竞选人,总是把对手说成在政策制定和贯彻中有种种问题,然后把自己推销成解决问题的候选人。如奥巴马在他的竞选演说中不断地指责共和党和布什总统在过去八年执政期间出现的种种问题,提出如果他当总统后怎样来解决这些问题。在私人交谈中,如果对方说"我很想减肥",美国人就会竭力提供减肥中心或饮食方面的信息,帮助你解决问题。

  美国人讲话直截了当,他们受不了对方拐弯抹角的"绕题"。对说话者提供的很多细节没有耐心听。如果对方讲话冗长,他们可能会打断你,然后说"让我说说这是不是你要表达的意思","让我们言归正传"。美国人对语言的信赖超过于非语言或肢体语言,他们的沟通环境经常是低语境,即交谈者之间并不分享其他与情境和背景有关的知识。他们对意义的理解全靠对话语本身的解码。这样也就把讲话者的清楚程度放在首位。如果有误解,常常被认为是讲话者而不是聆听者的责任。这种情况与亚洲人的含糊其辞,确切意义经常包含在非言语范围内,靠聆听者的感悟、猜测和体会的沟通方式截然相反。

  美国人在交谈中注重个人的经历和知识。他们话题很广泛,谈话双方都在寻找某一个话题里具有的共同经历,如对某一篮球明星队员的崇拜,对某一旅游点的游后感,对某一电影或电影演员的评论。他们建立友谊的基础经常是在一起做事,如打球、打桥牌、看电影、吃饭等。对比之下,欧洲人熟人之间交流的内容多半是学术、政治、宗教、哲学等话题。所以欧洲人认为美国人肤浅,美国人认为欧洲人冷漠。

  美国人交往中的不拘形式与他们传统中的个性文化有关。他们认为人人都是平等的,对待每个人的方式也基本上应该是平等的,这是对人的尊敬。太拘于形式的拘谨、死板,反而让人感到不舒服。他们比较欣赏被称为"他是个普通人,非常脚踏实地"。这种沟通方式与东方人正相反,东方人等级意识很强,对比自己社会地位高,年长的人都用头衔称呼,有知识、有文化、有地位的人相对地得到尊重。中国与美国在文化传统和沟通行为上有许多不同,但也有很多相似之处,比如中美人民都很友善,重实际,也乐于助人。

十二、怎样提高跨文化沟通的能力

跨文化沟通学者斯皮兹别尔戈(Spitzberg)把跨文化沟通能力定义为"在某一特定情境下合适且有效的行为"(2000,p.75)。金(Kim,1991)则认为跨文化沟通能力表现在个人在面对不同文化时,及时调整沟通方式,接受挑战,以应付来自文化冲击的压力。大多数学者认为跨文化沟通能力强的人总是选择最恰当的沟通方式。他们一般具有如下几个明显特征。

(1) 具有跨文化沟通的驱动力。他们渴望与来自不同文化的人交流沟通。他们不受文化偏见及文化自我中心主义的影响。他们对不同文化充满好奇,愿意了解其他的文化。有些人对其他文化不感兴趣,原因可能是有文化优越感,他们认为不需要向对方学习;也可能是对其他文化有恐惧感,譬如美国人"9·11"以后对穆斯林文化的消极和敌视态度。也有的是历史的原因,如以色列与巴勒斯坦,双方都因历史原因持有敌意,谈何交流。

(2) 对不同文化有所了解。这个了解是建立在对对方文化知识的掌握上的。比如在什么场合下,说什么话,应该怎样做。在美国同事和朋友之间一般不问收入多少、政治观点、宗教信仰等问题。话题大多是体育活动、电视、电影。与女士谈话不问年龄,不问婚姻。在中国,朋友之间经常主动告诉对方自己的收入情况、年龄、家庭。聚会时爱谈政治和国家大事。在此情况下,如果对不同文化没有基本知识层面的了解,就会在跨文化沟通过程中产生误会。文化知识还包括对方文化的历史、政治、法律、宗教信仰及大众文化等方面,而知识层面的一个很重要的部分是语言能力。到一个国家或文化里,能够有听、说、读、写对方语言的能力就会使沟通更方便、更有效,并产生愉悦感。反之不仅会很吃力,而且往往出现问题。

(3) 具有跨文化沟通的技能。也就是说为了达到某种目的的具体行为。一个人是否具有跨文化沟通的技能决定了沟通的有效性。比如在西方文化里,与人谈话一定要目视对方。但是在东方文化里,用眼睛直视对方可能会被看作是无礼的、挑战的行为。中国人在接受礼物时不忙着打开,表示礼貌;而西方人则一定要当着送礼人的面打开,并当面感谢。中东人坐下时脚心从来不冲着对方,这样做是侮辱对方。美国人对雇员做得不够好的地方通常是直言相告,而亚洲人则经常要考虑对方的面子。这些技能都是通过观察或参加培训班学来的。

(4) 对不同文化的观念和习惯有宽容的态度,否则他们就会对不同文化的差异产生烦躁或者不安。比如有些美国人到中国教书,发现中国学生上课不爱发言。他们认为中国学生不如美国学生积极主动,往往不能配合教学。而不知道中国学生上课保持安静是表示对老师的尊重。有的中国人来到美国,发现与美国人不能深交朋友,因此认为美国人不够真诚。跨文化沟通能力强的人能接受并理解文化间的不同以及观念上的差异。他们会以积极主动、乐观大度的态度对待文化差异。在这种人的眼中,文化没有好坏优劣之分,只有差异而已。

（5）具有设身处地为对方着想或者换位思考的能力。这种能力的基础是同情和理解,能从对方的角度考虑问题。比如中国的独生子女政策,有些国家不理解,他们认为中国政府这样做是限制公民的生育自由。可是一些对中国情况了解的外国友人,或者来过中国,看到人口问题给中国带来隐患的西方人,就会理解甚至支持中国的人口政策。要有换位思考的能力,就要避免凡事用自己的价值观来判断。要有意识地克服自己的傲慢与偏见,多学习掌握对方的文化知识,多旅游或者多接触对方的文化,保持乐观和开放的心态,在跨文化沟通中享受乐趣和收获。

总之,培养文化多元化的意识,不仅使我们在认识上了解其他文化,而且能使我们从多种角度看问题,换位思考,培养慈悲心肠,同时具有自我批判能力,从而达到传递信息、表达情感和说服他人的沟通目的。台湾成功大学校长吴京先生说得好:"我在东方文化中长大,在西方文化中成熟,有机会让东西方文化同时充满脑袋,冲击全身。"

小结

文化的定义包罗万象。文化是人类创造的物质财富和精神财富的总和,包括价值观、信仰、艺术、风俗、饮食、服饰等等。文化规范为所在文化的个人和群体提供行为的指南和标准。文化是传承的、变化的。跨文化沟通指来自不同文化背景的人们,在不同的场合下,为了某种目的进行的沟通和交流活动。

中外历史上都有跨文化沟通的记载,如玄奘法师去印度取经,鉴真和尚东渡日本,西方来华的传教士和大家所熟悉的马可·波罗。除了这些在宗教上的传统活动,跨文化沟通也包括血腥的殖民统治,文化间的碰撞与冲突。在当今全球化的世界里,人们已经开始了全方位的文化交流:政治、经济、科技、艺术、体育等。在这些交流过程中,人们互相学习,增进了解,但是也会产生误会和偏见,所以具有跨文化沟通的能力非常重要。

跨文化沟通的研究最早可以追溯到人类学和历史语言学。文化之间的比较,局限在比较不同的语言和人类行为。在美国,跨文化沟通研究的鼻祖应该属于爱德华·霍尔。霍尔提出文化之间有高语境和低语境的不同。他把文化和沟通紧密地联系在一起。跨文化研究不仅包括国家之间的交流,还发展到对权力的认识和对某一个国家内的不同群体和地域的研究。

西方学者习惯于把文化分为不同类型。东方文化一般被归类为群体特征文化,西方文化一般被归类为个性特征文化。文化类型的不同还表现在权力距离的不同,刚性和柔性的特征，对不确定因素的忍耐程度，以及生活目标的长期或短期的价值观。文化观念不同会造成表达方式的不同，以及说服效果的不同。沙特阿拉伯与美国在美孚石油抵制事件上的公开信说明了这一点。

随着科技的发展、媒体的渗透和经济的全球化，以西方文化为代表的资本主义消费文化冲击着发展中国家的传统文化。但是有些国家对美国的文化霸权采取了抵制行动，比如意大利的"慢餐运动"和法国的迪斯尼乐园事件。

文化认同影响跨文化沟通中的行为和效果。文化认同包括范围、重要性和强调性。不同学科对文化认同研究的角度是不同的。社会科学角度重点放在文化归属方面，人类学的角度关注的是文化与沟通的关系，而批评学的角度涉及强势文化与弱势文化在话语权、媒体影响和抵制行为方面的关系。

无论是旅游、留学，或者移民，文化冲击是必不可少的经历。文化冲击包括蜜月、危机、调整、适应四个阶段。当某人重新回到本土文化后，还可能经历"倒转文化冲击"。

文化与思维方式密切相连。根据"萨皮尔-沃尔夫假说"，使用不同的语言，生长在不同的文化环境里，人们就会有不同的思维方式。中西方学者普遍认为西方人重视逻辑思维，东方人（尤其是以汉语为母语的人）重视形象思维。美国人的沟通行为受美国文化的影响，比较直接、个性化，重视问题的解决和个人感受。

跨文化沟通能力包括具有很强的驱动力去了解别的文化，包括具体的文化知识，具体的沟通技能，对不同文化观念和习惯的宽容态度，换位思考，自觉地抵制自我文化中心主义的倾向和自觉地培养文化多元化的意识。跨文化沟通为我们提供了学习和成长的机会，帮助我们实现世界和平，使我们的生活更美好。

关键词

文化、跨文化沟通、价值观、传教士、大熔炉、文化差异、自我文化中心主义、文化倾向、价值选择、高语境、低语境、个性特征文化、群体特征文化、权力距离、女性特征文化、男性特征文化、短期生活目标、长期生活目标、文化认同、认同范围、文化归属、弱势群体、刻板印象、文化冲击、倒转文化冲击、萨皮尔-沃尔夫假说、语言与思维、文化扩散、文化霸权、全球化、文化多元化、快餐文化、慢餐文化、换位思考

讨论题

1. "文化"的定义都有哪些？
2. 西方传教士在中国起了什么作用？

3. 高语境和低语境的区别都有哪些?
4. 跨文化沟通研究都有哪些发展?研究什么内容?
5. 文化的种类都有哪些?
6. 文化认同的研究都涉及哪些方面?
7. 文化冲击有几个阶段?每个阶段都有什么特点?
8. 文化、语言、思维三者之间相互关系是什么?
9. 文化霸权和抵制文化霸权的例子都有哪些?
10. 怎样提高跨文化沟通的能力?

练习题

1. 采访3名外国留学生或者在中国工作的外国人,询问他们中国文化和他们本国的文化有什么不同,中国人与他们国家的人在沟通上有什么不同?

2. 从中国历史上找出中国人"走出去"与其他文化交流的例子,分析这类跨文化沟通对中国社会发展的意义。

3. 分析经济全球化是否会促进国家之间、文化之间的相互了解,是否会有助于世界和平。讨论中国是全球化的受益者还是受害者。

4. 分析跨文化沟通过程中的障碍,讨论如何处理文化差异,寻求文化理解。

5. 描述和分析你所经历过的一个"文化冲击"的过程。比如,从农村到城市,从北方到南方,从依赖父母到独立生活。分析文化冲击的不同阶段,讨论你是怎样处理文化冲击的挑战的。

6. 你是否同意学者们提出的中西方由于不同文化、不同语言而造成不同思维的观点?如果你同意,举出更多的例子。如果不同意,说出你的理由。

参考书目

关世杰.跨文化交流学:提高涉外交流能力的学问.北京:北京大学出版社,1995
贾玉新.跨文化交际学.上海:上海外语教育出版社,1997
李海林.言语教学论.上海:上海教育出版社,2006
易中天.读城记.上海:上海文艺出版社,1997
Adler P S. *The transitional experience: An alternative view of cultural shock*. Journal of Humanistic Psychology,1975,15(4),13~23
Anderson J W. *A comparison of Arab and American conceptions of "effective" persuasion*. In Samovar L A and Porter R E(Eds.). *Intercultural communication: A reader*(8th ed. 98-106),Belmont, CA:

Wadsworth Publishing Company,1997

Chen L. *How we know what we know about Americans: How Chinese sojourners account for their experiences*. In Gonzalez A, Houston M, and Chen V(Eds.). *Our voices: Essays in culture, ethnicity, and communication*(3rd ed.),Los Angeles: Roxbury,2000

Chinese Culture Connection. *Chinese values and the search for culture-free dimensions of culture. Journal of Cross-Cultural Psychology*,1987(18)

Collier M J. *Cultural identity and intercultural communication*. In Samovar L A and Porter R E(Eds.). *Intercultural communication: A reader*(8th ed. 36-44). Belmont, CA: Wadsworth Publishing Company,1997

Ericson E H. *Identity: Youth and crisis*. New York: W. W. Norton and Company,1968

Guan Shijie(关世杰). *A comparison of Sino-American thinking patterns and the function of Chinese characters in the difference*. In D R Heisey (Ed.), *Chinese perspectives in rhetoric and communication*(25-44),Stamford,Connecticut: Ablex Publishing Corporation,2000

Gudykunst W B and Kim Y Y. *Communication with strangers*. [s. l.]McGraw-Hill,1984

Hall E. *The silent language*. Greenwich,CT: Fawcett,1959

Hall E. *Beyond culture*. New York: Anchor,1976

Hall E. *The hidden dimension*. New York: Anchor,1966

Heider E R and Oliver D C. The structure of the color space in naming and memory for two languages. *Cognitive Psychology* 8(April),1972. 337~354

Hofstede G. *National cultures in four dimensions. International Studies of Management and Organization*,1983(13)

Hsu Francis L K. *Americans and Chinese: Passage to differences*(3rd ed.) Honolulu: University of Hawaii Press,1953

Kim Young Y. *Identity development: From cultural to intercultural*. In Mokros H B(Ed.). *Interaction and Identity*(347-369),Transaction Publishers. 1996

Kim Y Y. *Intercultural communication competence: A systems-theoretic view*. In Ting-Toomey S and Korzenny R (Eds.). *Cross-cultural interpersonal communication*, Newbury Park, CA: Sage Publications,1991

Kincaid D L. *Communication theory: Eastern and western perspectives*. New York: Academic Press,1987

Kluckhohn F and Strodtbeck F. *Variations in value orientations*. Chicago: Row,Peterson,1961

Kroeber A C and Kluckhohn C. *Culture: A critical review of concepts and definitions*. Harvard University Peabody Musium of American Archaeology and Ethnology Papers,1952,47,181

Lu Xing. *An interface between individualistic and collectivistic orientations in Chinese cultural values and social relations*,The Howard Journal of Communications,1998,9(2),91~107

Lu Xing. *Rhetoric of Chinese culture revolution: The impact on Chinese thought, culture, and communication*. SC: The University of South Carolina Press,2004

Martin J and Nakayama T. *Intercultural communication in contexts*(4th ed.). Boston: McGraw Hill,2007

McLuhan M. *The medium is the message*. New York: Bantan Books,1967

Miele Mara and Murdoch Jonathan. *Fast food/slow food: Standardizing and differentiating cultures of food* In *Reidar Almas*(Ed.). *Globalization, localization and sustainable livelihoods*, Ashgate, England, 2003

Moon D. *Thinking about 'culture' in intercultural communication*. In Martin J, Nakayama T, and Flores L(Eds.). *Readings in intercultural communication: experiences and contexts*. 3rd ed. Mayfield, 1998

Pedersen P. *The five stages of culture shock: Critical incidents around the world*. Westport: Harper and Row, 1995

Rodda M and Grove C. *Language, cognition, and deafness*. Hillsdake, N. J.: Lawrence Erlbaum, 1987

Samovar L A and Porter R E. *Intercultural communication: A reader*(8th ed.). Belmont, CA: Wadsworth Publishing Company, 1997

Sapir E Language. In Blount B G(Ed.). *Language, culture and society*(46-66), Cambridge, Mass.: Winthrop Publishers, 1974

Shi Xiaowei and Lu Xing. *Bilingual and bicultural development of Chinese American adolescents and young adults: A comparative study*. The Howard Journal of Communication, 2007, (18)

Stewart E and Bennett M J. *American cultural patters: A cross-cultural perspective*. Yarmouth, Maine: Intercultural Press, 1991

Spitzberg B H. *A model of intercultural communication*. In Samovar L A and Porter R E(Eds.). *Intercultural communication: A reader*(9th ed.), Belmont, CA: Wadsworth Press, 2000

Ting-Toomey S. *Identity and intergroup bonding*. In Gudykunst W B and Kim Y Y(Eds. 119-132). *Readings on communication with strangers*. New York: McGraw-Hill, 1992

Triandis H. *Culture and social behavior*. New York: McGraw-Hill, 1994

Whorf B L. *The relation of habitual thought and behavior to language*. In Blount B G(Ed.). *Language, culture and society*(67-87), Cambridge, Mass.: Winthrop Publishers, 1974

Witteborn S. *Of being an Arab woman before and after September 11: The enactment of communal identities in talk*. The Howard Journal of Communication, 2004(15)